개·정·판

유아교육과정

김숙이 · 고문숙 · 김수향 · 손수민 · 이춘옥 · 전정민

Early Childhood Curriculum

태영출판사

머리말

우리나라 영유아를 위한 국가수준의 교육과정은 교육과학기술부에서 제정한 유치원교육과정과 보건복지가족부가 제정한 표준보육과정으로서 이분화되어 있었으나 유아에게 적용하는 국가적 수준의 유치원교육과정과 표준보육과정의 통합방향에 대한 필요성을 느낀 나머지 2012년 3월부터 통합된 교육과정이 시행되고 있다. 이는 곧 추구하는 인간상이 일원화되어야 하는 과제와 또한 종일제가 일반적으로 시행되고 있는 현실에서 유치원과 어린이집을 위한 교육 및 보육과정을 함께 개발하여야 할 상황과 관련된 것으로 본다. 아울러 국가수준의 교육 및 보육과정의 본래 취지에 맞게 초등학교와 연계가 이루어질 수 있는 유아교육 및 보육과정의 필요성도 작용되었을 것으로 보기 때문에 만 3세 미만과 3-5세 대상의 보육 및 교육과정 간에 연계성을 갖추고 각 연령의 발달단계에 적합한 교육과정의 필요성하에 새로운 교육과정이 탄생된 것으로 유추할 수 있다.

그러므로 본 책에서는 유아들의 기본생활습관과 질서, 배려, 협력 등 바른인성을 기르는데 중점을 두고 사람과 자연의 존중 및 우리문화 이해와 전인발달, 창의적 인재, 초등학교와의 연계성 및 5개영역(신체운동 · 건강, 의사소통, 사회관계, 예술경험)을 중심으로 주도적인 경험을 강조하고, 전인교육 중심의 통합적인 유아 교육과정으로 집필하고자 노력하였다.

따라서 본 책은 유아들의 발달과 흥미를 고려하여 단계별 내용중심의 통합적인 교육활동, 하루의 교육활동 운영에서 동적인 활동과 정적인 활동의 조화와 균형, 실내활동과 실외활동, 개별활동과 소집단 및 대집단활동, 유아 주도활동과 교사 주도활동 등이 균형있게 이루어지도록 하는 내용도 첨가하였다.

또한 유아와 유아또래, 교사 및 주변 환경과의 다양한 상호작용, 긍정적이고 수용적이며 사랑과 정성이 담긴 언어와 태도로 유아를 대하기, 교육활동별 특성에 따라 다양한 질문을 하여 창의적 사고를 유도하기 및 개별 유아의 잠재력이 최대한 발현될 수 있도록 하는 바램에서 본 책을 집필하게 되었다.

본 저서의 구체적인 장르별 내용은 제1장에서 유아교육과정의 기초인 유아교육의 개념, 유아교육의 특성이 포함되어 있고, 제2장은 유아교육과정의 동향으로서 1960년대 이전의 동향 및 1960년대 이후의 변화로 구성되었다. 제3장은 유아교육과정의 이론적 기초로서 철학적 기초인, 프뢰벨의 유아교육사상, 듀이의 철학적인 이념, 몬테소리의 유아교육적인 사상, 루소의 유아교육적인 사상, 코메니우스의 유아교육적인 사상, 페스탈로치의 유아교육이념, 로크의 유아교육사상, 오웬의 유아교육사상, 피바디의 유치원 운동 등이 포함되었다. 또한 제4장에서는 유아교육과정의 구성으로 사회적 기초에서 현대사회의 변화 및 유아교육과정 구성의 사회적 기초와 심리적인 기초, 그리고 유아교육과정의 구성에서 필요한 환경체계를 포함시켰으며, 제5장에서는 우리나라의 유아교육과정이 포함되었다. 아울러 제6장은 유아교육의 프로그램 및 프로그램의 종류로서 프로젝트 접근법, 디스타 프로그램, 숲유치원을 다루었다. 마지막 제7장에서는 유아교육 프로그램에 대한 전체적인 평가내용으로서 평가에 관한 내용을 심층적으로 다루어 유아교육과정으로서의 적절한 내용을 면밀히 포함시켰음을 강조하고 싶다.

이 책이 완성되어 세상에 빛을 볼 수 있도록 허락해 주신 하나님께 무한한 영광을 돌려 드리며 아울러 많은 수고를 아끼지 않으신 태영출판사 사장님, 편집부장님, 그리고 실장님께도 감사를 드리고자 한다. 뿐만 아니라 향후 독자 여러분들의 발전적인 고언 및 질타도 가장 낮은 자세에서 겸허히 독자들을 섬기는 마음으로, 아낌없이 수용할 것임을 약속드리며 머리말을 마치려 한다.

2012년 8월

저자일동

차례

제1장 유아교육과정의 기초

제 1 장

유아교육과정의 기초

1. 유아교육의 개념
2. 유아교육과정의 개념
3. 유아교육의 특성
4. 현대 유아교육과정의 특성

1. 유아교육의 개념

유아교육은 유아를 대상으로 하는 교육으로 대상 유아의 연령 범위는 학자마다 각기 다르게 규정하고 있지만 모리슨(Morrison,1976)은 0세부터 8세까지로 주장한 이후 대체로 이에 합의하고 있다. 유아교육의 개념에 대해 여러 학자들의 주장을 살펴보면 다음과 같다.

이영석 · 이항재(1998)는 유아교육의 개념을 첫째, 양육으로서의 유아교육이 어머니의 기능을 대신 또는 대행하는 기능을 갖고 있는 것이며, 유아의 신체적 · 정서적인 보호에 초점을 둔 것이다.

둘째, 훈육으로서의 유아교육은 중세기에 정립되기 시작한 개념으로 엄격한 통제와 체벌적 훈련에 의해 나쁜 심성을 순화시켜 나가는 교육이 유아에게 필요하다는 것이다.

셋째, 보육으로서의 유아교육은 여성의 경제 참여와 맞벌이 부부의 증가와 함께 점차적으로 그 중요성이 부각되는 기능이다.

넷째, 조기교육으로서의 유아교육은 유아의 잠재 능력을 조기에 계발 · 훈련시키려는 적극적인 교육적 개념을 강조하는 개념으로 유아교육을 음악, 미술, 무용, 운동 등의 특별한 재능을 개발시키는 것으로 보는 관점이다.

다섯째, 준비교육으로서의 유아교육은 유아교육을 초등학교를 위한 준비교육으로서 후속 교육의 성공을 위한 수단으로 보는 입장이다.

한국유아교육학회(2003)는 유아교육을 다음과 같이 정리하고 있다.

첫째, 유아 개개인이 가지고 있는 잠재 능력을 최대한으로 계발하여 전인으로 성장하도록 돕는다.

둘째, 부모가 가정에서 유아를 전인으로 기를 수 있도록 다양한 방법으로 가족을 지원한다.

셋째, 유아들이 민주시민으로서의 소양을 갖출 수 있도록 다양한 사회적 경험을 제공한다.

넷째, 국가의 인적 자원이 될 수 있도록 유아의 잠재 능력을 최대한 계발한다.

김금주 등(2009) 은 첫째, 유아교육은 0세에서 8세까지의 유아와 부모, 그리고 때에 따라 가족구성원들까지를 대상으로 하는 포괄적 성격을 갖는 교육이다.

둘째, 유아교육은 유아의 전인적 성장 · 발달을 목표로 둔다.

셋째, 유아교육은 유아의 관심과 욕구를 최대한으로 반영하고자 하는 아동중심 교육이다.

넷째, 유아교육은 형식적인 교육 이외에 자연스러운 비형식적 교육도 중시한다.

다섯째, 유아교육은 결과중심의 교육성과보다 유아의 활동과정 그 자체에 더 의미를 부여한다.

여섯째, 유아교육의 궁극적 목표는 유아의 행복한 삶이다.

현대적 유아교육의 개념을 이윤경 등(2005)은 현대적 유아교육의 개념이 갖추어야 할 기본 조건들을 제안하였다.

첫째, 유아교육은 평생교육의 일환이며 인생의 기초와 터전을 마련하는 것으로 유아의 전인적 성장 · 발달을 목표로 둔다.

둘째, 유아교육의 궁극적 목표는 유아의 행복한 삶이며, 다른 목적을 위한 수단이 아닌 그 자체로서 목적이 되어야 한다.

셋째, 유아교육은 유아의 관심과 욕구를 최대한으로 반영한다.

넷째, 유아교육은 유아의 전인적 발달을 조력하는 형식적 · 비형식적 교육과정의 총체이다.

유아교육은 현대사회의 특징을 반영하는 것이다. 이에 대해 지옥정 기타 학자들(2008)은 유아교육이 현대사회의 특징을 반영해야 한다고 제안하였는데 그 이유로 첫째, 취업모의 증가로 인한 핵가족화로 가족지원체제가 확립된 유아교육을 필요로 한다.

둘째, 교육의 기회균등에 따른 유아교육의 기능 변화가 요구된다. 교육의 기회균등은 일반적으로 무상 공교육을 통해 실현된다.

셋째, 유아의 권리를 옹호하기 위한 유아교육의 기능이 확대되어야 한다.

이와 같이 다양한 유아교육의 개념을 종합하면 유아기라는 생의 중요한 시기에 자연의 신비와 아름다움을 놀이와 생활을 통해 안전하고 다양한 활동경험으로, 인간존중과 행복의 가치를 키워 신체와 정신이 건강한 사회인으로 키울 수 있는 기초지식과 인성을 길러주는 것이라고 볼 수 있다.

2. 유아교육과정의 개념

유아교육과정은 유아교육 대상이 지니는 특수성 때문에 초 · 중등 일반 교육과정의 의미와는 차이가 있다. 유아교육과정은 지식이나 숫자와 언어습득보다는 관찰과 경험을 통해 감각과 일상생활 속에서의 사건이나 현상을 체험하면서 얻어지는 지식을 경험중심, 활동중심, 놀이중심에서 개념과 기초적인 이해가 중요한 활동이므로 유아교육기관에서는 유아들의 개인교과서가 없다. 유아기는 대상 연령이 다양하고, 유아교육의 직접적인 대상인 유아를 포함하여 부모의 요구가 다양하여 매우 복잡하다고 할 수 있다. 이에 2012 만 5세 누리과정을 개발하고 발표하여 교사 지도서와 자료집을 보급하고 유치원과 어린이집 만 5세 담당 교사연수를 실시하였고, 2013년부터는 3~4세 공통과정 실시를 통해 통합적 운영을 제시하고 있다.

유아교육과정의 특성을 살펴보면 다음과 같다(이영석 · 임명희 · 이정화, 2003; 임미혜 · 이혜원 · 황윤세, 2008).

첫째, 유아교육과정은 대상 범위가 다양하다. 유치원의 입학연령은 만 3세부터 만 5세까지이며, 어린이집인 경우는 출생 후 혹은 출생 후 3개월 후부터

만 6세 미만까지를 대상으로 한다. 또한 일반 영유아뿐 아니라 장애아 및 취업부모, 빈곤가정, 위기가족 등 요보호 상황의 영유아 모두가 유아교육과정의 대상에 포함하는 개별성과 특수성을 고려한 유아교육과정 구성이 필요하다.

둘째, 유아교육과정은 하루 종일 지속되는 종일 프로그램이다. 유치원 및 어린이집은 최근 급증하고 있는 취업여성의 자녀를 위해 시간 운영상 방과후 프로그램 등 종일보육을 기본으로 하여 융통성 있게 운영되고 있다. 따라서 유아교육과정은 영유아의 일상생활 전반을 포함하고 보호와 교육 간의 균형을 고려하여 계획 · 운영되어야 한다.

셋째, 유아교육과정은 교사 주도적 활동보다 유아 주도적 활동을 중시한다. 따라서 교사 학습과정에서 계획, 전개, 정리 및 평가 단계에서 유아의 자발적인 참여와 활동을 전제로 하고 있다.

넷째, 유아교육과정은 개방적, 비형식적이다. 즉, 유아의 학습흥미 · 욕구가 교육과정에서 중시되는 것을 의미하며, 피동적으로 기억되는 지식보다는 유아의 성장과 발달에 직접 관련된 경험과 활동이 중요시되는 것을 뜻한다. 따라서 유아교육과정은 교육목적이나 교육목표를 설정하고 있지만 교육의 주안점을 교육목표 달성에만 두기보다는 교육의 과정 그 자체에 주안점을 두어 유아가 관심을 갖는 학습과제 또는 학습대상을 중시한다.

다섯째, 유아교육과정은 교육활동의 선정에 있어서 유아의 발달적 적합성을 중요시한다. 즉, 유아의 연령, 발달수준, 개인차 등에 최적한 교육활동을 선정해야 한다.

여섯째, 유아교육과정은 학습의 결과(product)보다 학습의 과정(process)을 중요시한다. 따라서 정해진 지식을 익히기보다는 유아의 지적 호기심, 내적인 욕구 등을 마음껏 발현할 수 있는 놀이나 활동을 중요시하게 된다.

일곱째, 유아교육과정은 초 · 중등학교 교육과정처럼 교과영역 위주로 학습내용이 구성되지 않고 유아의 전인적 발달 증진을 위하여 발달영역이나 생활영역 또는 프로젝트 중심으로 교육활동이 구성된다.

여덟째, 유아교육과정은 편의상 건강생활, 사회생활, 표현생활, 언어생활,

탐구생활 등으로 분류하여 교육내용 및 교육활동을 설정하고 있지만, 각 영역을 별도 학습하는 것이 아니라 통합적으로 교육한다. 즉, 유치원과 친구들, 교통기관 등 통합된 주제에 따라 제 발달영역의 경험들을 균등하게 체험할 수 있게 한다.

아홉째, 유아교육과정은 교사 ↔ 유아의 일방적 관계보다 다양한 쌍방적 관계, 즉 교사 ↔ 유아, 유아 ↔ 유아, 유아 ↔ 교구 · 교재 등을 중요시한다. 따라서 교사는 지식의 전달자, 훈육자의 역할보다 안내자, 조력자의 역할로 유아와 동등한 관계를 유지해야 한다.

그러므로 유아교육과정은 유아기의 특성을 고려하여 세계화 시대에 맞는 건전한 사회인을 육성하는데 필요한 기초적인 통합발달에 근거를 두고, 유아들의 삶 속에서 이루어지는 생활과 놀이를 통해 건강한 신체와 인격을 기르고 자연과 함께 합리적이고 창의적인 사고를 자유롭게 경험할 수 있는 목표와 내용으로 다양한 활동을 실천할 수 있는 교육과정으로 이루어져야 한다.

3. 유아교육의 특성

1) 대상 연령의 다양성

유아교육의 대상 연령은 매우 다양한 관점에서 정의되고 있다. 초등학교에 입학하기 전의 취학전 유아를 지칭하기도 하고, 유치원에 다니는 만 3세에서 취학전까지의 유아를 말하기도 한다. 또는 어린이집에 다니는 출생에서부터 만 8세까지의 유아나 더 나아가 12세까지의 아동 전기를 모두 유아기로 보기도 한다. 그러나 일반적으로 유아교육은 출생에서 만 8세까지의 유아를 대상으로 하는 교육이라고 정의하고 있다(이기숙, 2000; Morrison, 1988). 이전에 사용되었던

'취학전'이나 '학령전'이라는 용어는 유치원 이전의 3~4세 유아를 대상으로 하는 유아원 교육을 지칭하는 것으로 해석되기 쉽고, 유치원은 이미 학교 체제 안에서 이해되고 있기 때문에 보다 폭넓은 의미의 유아교육으로 대치되고 있다(Decker & Decker, 1992).

2) 교육기관과 프로그램의 다양성

대상 연령이 다양하고 각 연령의 특성을 고려한 교육이 요구됨에 따라 유아교육은 가정, 유치원, 어린이집, 초등학교 저학년 교실 등의 다양한 기관에서 이루어지고 있다. 이처럼 다양한 기관에서 교육이 이루어지기 때문에 대상 연령에 따라, 기관 유형에 따라, 운영 시간에 따라 다양한 프로그램이 존재한다.

유치원이나 어린이집의 경우에는 국가수준에서 유치원교육과정과 표준보육과정을 통해 교육 목표와 내용 및 교수방법과 평가에 대한 전체적인 기준을 제시하고 있지만 개별 유아교육기관에서 이를 각 기관의 운영 철학, 운영 형태, 영유아의 연령, 가족 및 지역 특성 등에 맞게 적용하기 때문에 프로그램은 다양할 수밖에 없다.

3) 가르침과 보살핌의 역할 수행

유아교육의 가장 큰 특징 중의 하나는 유아를 교육할 뿐 아니라 보호해야 하는 것이다. OECD 국가들은 보호와 교육은 분리될 수 없는 개념이고 양질의 서비스는 이 두 가지를 모두 제공해야 한다는 입장에서 '유아교육과 보호(early childhood education and care)'라는 용어를 사용하고 있다. 이 개념에는 환경, 재원, 운영 시간, 프로그램의 내용과 상관없이 초등교육 단계 이전의 유아를 위해 제공하는 일체의 보호와 교육 서비스가 포함된다(나정 · 장영숙, 2002).

과거에는 유아원과 유치원은 중산층의 유아를 대상으로 교육 프로그램을 운영하고, 어린이집은 저소득층의 자녀를 대상으로 단순히 취업모를 대신하여 신체적 필요를 충족시켜 주는 프로그램을 운영한다고 인식되어 왔다. 그러나 유아교육의 확장과 취업모의 증가로 인해 어린이집이 보편화되면서 이러한 구별과 편견이 없어지고 있다.

한편, 일부에서는 유아교육을 초등학교에 가기 위한 준비교육 또는 특기교육으로 보고 유아에게 발달에 적합하지 않은 자극과 경험을 강요하거나 보살핌을 비전문적인 것으로 생각하는 경향이 있다.

4) 교수방법과 교재 · 교구의 차별성

유아교육에서의 교수방법과 교재 · 교구는 초 · 중등 교육에서 사용되는 것과는 상당한 차이가 있다. 초 · 중등학교에서의 교육은 교과중심으로 주로 교과서를 통해서 이루어지지만 유아교육기관에서는 교과서가 없으며 교사들을 위한 지도서가 있다. 유아들은 일상생활의 경험과 활동 속에서 놀이를 통해서 이루어지기 때문에 유아교육기관에서는 교사가 모델이며 걸어다니는 교과서이고 환경이 변화하는 다양한 교과서라고 할 수 있다. 즉, 유아교육에서는 유아 – 교구와의 상호작용, 유아 – 교사와의 상호작용, 유아 – 유아의 상호작용과 같은 다양한 상호작용이 중요한 교육 내용이자 교수방법이 된다(이기숙 · 김정원 · 이현숙 · 전선옥, 2010).

4. 현대 유아교육과정의 특성

유치원 및 어린이집에서 관심과 활발한 논의가 이루어지고 있으며, 이들을 반영한 유아교육과정이 개발되고 있는 내용들을 살펴보면 다음과 같다.

1) 다양한 요구를 반영한 유아교육과정

사회의 변화는 여성의 사회참여, 핵가족화 및 다양한 가족의 유형, 사회 · 경제적인 변화 등에 따라 자녀양육의 문제가 가정이라는 개인의 사적인 영역에서 사회와 가정이 함께 책임지는 공적인 영역으로 확대되었다. 이로 인해 유아교육과정은 시간적인 측면과 대상의 측면에서 더욱 다양해졌다.

(1) 운영시간의 다양화

최근 영유아를 둘러싼 경제적 · 사회적 · 심리적 변화, 즉 영유아기 자녀를 둔 취업모의 증가와 가족 구조의 변화, 유아교육의 중요성에 대한 새로운 인식 등으로 우리나라에서 뿐 아니라 세계적으로 종일제 프로그램에 대한 요구가 급격히 증가하고 있다. 이러한 시대적 요청에 의하여 많은 연구 결과와 정책들이 제시되면서 유아교육기관에 종일제 프로그램이 확산되고 있으며(이기숙 · 김정원 · 이현숙 · 전선옥, 2010) 앞으로 야간 유치원 운영도 증가추세에 있다.

어린이집의 경우 시간 연장 보육, 휴일 보육, 24시간 보육 등 운영시간이 다양한 보육서비스가 이루어지고 있다.

(2) 대상의 다양화

어린 영아기 자녀를 둔 기혼 여성의 취업률 증가, 이혼, 취업, 경제적 여건 등으로 인한 한부모 자녀의 증가, 그리고 핵가족화 등과 같은 최근 우리 사회의 사회 · 경제적 변화로 인해 출생에서부터 초등학교 아동에 이르기까지 영유아교육에서 담당해야 할 대상 연령의 범위가 점점 확대되고 있다. 이로 인해 만 3세에서 취학전 유아를 대상으로 하는 좁은 의미의 유아교육 프로그램뿐 아니라 3세 미만 영아를 대상으로 하는 영아 프로그램, 초등학교 아동을 위한 방과후 아동지도 프로그램까지 다양한 연령층의 유아를 위한 영유아 프로그램의 개발이 필요하다(이기숙 · 김정원 · 이현숙 · 전선옥, 2010).

2009년 발표된 영유아보육법에는 방과후 교실의 대상이 만 12세 미만의 학령기 아동을 대상으로 가정과 같은 안락함을 제공해 주는 서비스를 실시하고 있다.

최근 유아교육과정은 출생에서 12세 미만의 초등학교 학생, 특수아동에 이르기까지 교육 및 보육의 대상이 다양해짐에 따라 발달적 특성과 요구를 고려한 교육과정 개발에 많은 관심과 연구가 이루어지고 있다(임미혜 · 장미아 · 신혜영, 2010). 특수아동을 대상으로 하는 통합교육은 특수교육 대상자의 정상적인 사회적응 능력의 발달을 위하여 일반학교에서 특수교육 대상자를 교육하거나 특수교육기관의 재학생을 일반학교의 교육과정에 일시적으로 참여시켜 교육하는 것을 말한다.

2) 다양한 목적을 위한 유아교육과정

특정 유아들을 대상으로 다양한 목적을 가진 프로그램들이 개발되고 있다(김명순 · 이기숙 · 이옥, 2005). 예를 들면, 자연에 대한 친밀감과 아름다움을 느낄 수 있는 감성 계발 및 자연을 보호하는 태도를 길러주기 위한 생태교육과정(임재택, 2005), 인간의 다양성을 수용하고 편견을 방지하기 위한 다문화적 교육 혹은 반편견 교육과정(김영옥, 2002), 특수아동을 대상으로 하는 통합교육 프로그램(이소현, 2005) 등이 있다.

(1) 자연 친화교육

인간은 자연과 함께 살고 있다. 그러나 자연에 대한 인간의 물질적인 사고와 활용의 태도는 자연환경의 파괴로 인한 위험뿐 아니라 인간의 인간다운 삶에도 부정적인 영향을 주고 있다. 인간은 자연과 친밀한 관계에 있을 때 자연으로부터 풍부한 감성과 지혜를 얻게 된다. 유아교육기관에서도 영유아들에게 자연친화를 교육형태로 시행하는 노력을 기울이고 있다.

임재택(2005)은 생태교육이야말로 영유아교육 및 보육의 새로운 패러다임으로써 전 지구적 위기를 가져온 현대 산업문명의 최대 피해자로 대두된 영유아들의 생명을 살리고 삶의 질을 높일 수 있는 최선의 길임을 제안하고 있다.

특히 숲유치원은 우리나라 환경과 정서에 적합하며, 어릴 때부터 자연에 대한 관심과 경험적 생활은 인성에도 많은 영향을 미치므로 자연을 접하며 활용하는 교육과정이 연구되고 있다.

(2) 다문화와 반편견 교육

1960년대 포스트모더니즘은 인권옹호와 여성해방운동, 다문화, 반편견 교육과정에 영향을 미쳤다. 반편견 교육이란 충분한 근거 없이 통용되고 있는 기존의 선입견, 고정관념 및 편견에 도전하는 능동적이고 적극적인 접근 방식이다(임미혜 · 장미아 · 신혜영, 2010).

우리나라의 유아교육에서 다문화, 반편견 교육과정에 대한 관심은 1990년대 초에 나타나기 시작했다. 이 교육과정의 목적은 모든 영유아들이 획일성을 지양하고 다양성을 존중하며 상호작용하고, 특정 문화나 집단, 개인의 소외나 불이익을 거부하고, 바람직한 방향에서의 공존을 모색하는 것이다. 아울러 불공평한 상황에 직면할 때 자신을 물론 다른 사람을 지지해 주는 비판적 생각과 기술을 발달시키는 데 있다(윤희경 등, 2005). 우리나라는 농촌을 중심으로 다문화가정이 급격하게 늘어나고 다문화가정의 자녀들을 위한 다양한 형태의 교육이 요구되고 있다. 개정된 국가 교육과정에 다문화교육이 도입되면서 다양성 추구와 다문화교육 프로그램이 유아교육기관에서도 이루어지고 있다.

제 2 장

유아교육과정의 동향

1. 우리나라 유아교육과정의 동향
2. 외국 유아교육과정의 동향

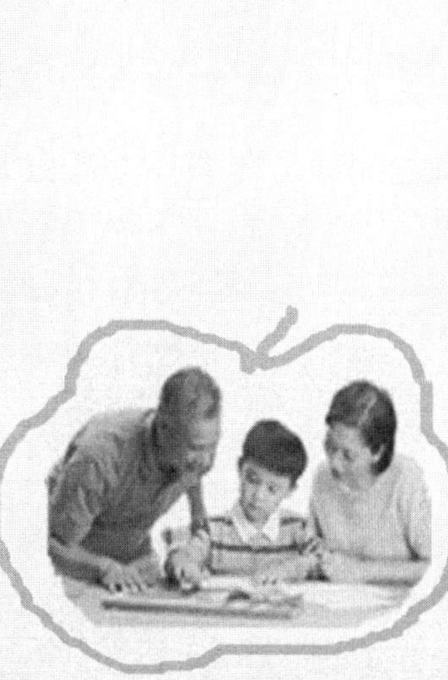

1. 우리나라 유아교육과정의 동향

우리나라 유치원교육과정은 1969년 처음으로 제정, 공포된 이후 1979년, 1981년, 1987년, 1992년, 1998년, 2006년까지 여섯 차례에 걸쳐 개정, 고시되어 현재 2007개정 유치원교육과정을 운영하고 있다. 또한 2012년 3월부터 유아교육과 보육의 통합교육과정인 '만 5세 누리과정'으로 유아교육기관에서 교육이 이루어지고 있다. 이러한 유아교육과정의 동향을 1차 유치원교육과정 제정 이전의 시기부터 현재 2007개정 유치원교육과정, 5세 누리과정이 실시되고 있는 이후 현재까지 유아교육 관련 법규 및 제도를 중심으로 살펴보면 다음과 같다.

1) 대한민국 정부수립 이전

대한민국 정부수립 이전(1908-1946)은 우리나라 유아교육 시작의 시기로 유아교육과 관련한 체계적인 정책이나 유아교육과정 등은 살펴볼 수 없지만, 어떠한 방법으로 진행되고 있는지를 유아교육 관련 법규 및 제도를 중심으로 유아교육의 동향을 이해하고자 한다.

우리나라 최초로 유아교육의 시작은 한성고등여학교로부터 시작이라고 볼 수 있다. 1908년 4월 2일에 칙령 제22호로 대한제국은 '조선여학교령'을 제정 · 공포하였으며, 동령 제1조에 "고등여학교에 부속유치원을 설(設)함을 득(得)함"이라고 명문화하여 고등여학교에 부속유치원을 설립할 수 있는 법적 근거를 마련하였다. 이 법적 근거에 따라 이 땅에 최초의 여자 관립학교와 부속유치원이 탄생되었다. 이에 대하여 경기여고 60년사에는 다음과 같이 기록되어 있다.

우리나라 최초로 관비에 의하여 조정이 의욕적으로 설립한 한성고등여학교는 초기 예과 1학급, 부속유치원 약간 명으로 조촐하게 출발되었다.

위와 같은 학교령에 따라 1908년 4월 7일부터 전문 24조로 된 관립 한성고등여학교의 학칙이 시행되었다. 여기에는 유아의 연령, 정원, 교육내용, 1일 보육시간, 보모 1인당 유아수, 보육료, 기타 사항을 규정하고 있다(김옥련, 1983).

1910년 한 · 일 합방으로 인해 우리나라의 형편은 나라의 주권을 상실하였다. 따라서 이 시기에는 한국인이 아닌 일본 총독부에 의해 결정되고 집행된 내용들이다. 1911년 일본은 '제1차 조선교육령'을 공포하였으나 그 안에 유치원 관련 내용은 포함되지 않았다.

이 시기의 유아교육은 민간인들에 의해서 자생적으로 유치원교육이 이루어졌다. 이 시기에 설립된 유치원은 설립 및 교육 목적에 따라 세 가지로 대별되는데 다음과 같다.

· **경성유치원**(1913) : 친일파 한국인이 설립한 것으로 일본인 원장과 보모 밑에서 일본의 풍습과 습관을 가르쳤으며, 이른바 '식민지 동화정책'을 위한 조기교육 실시
· **이화유치원**(1914) : 미국인 선교사 브라운리(Brownlee)에 의해 기독교 선교를 목적으로 설립
· **중앙유치원**(1916) : 민족의식을 고취시키기 위한 일환으로 한국인 자녀의 유아기 단계의 교육을 실천한 유치원으로 박희도에 의해 설립

1922년 이후의 변화는 다섯 가지 유형으로 살펴볼 수 있는데 다음과 같다.

첫째, 1922년 2월 16일에 제2차 조선교육령이 공포되었고 이 속에 소학교령으로 유치원에 관한 규정(총독부령 제11호)이 포함되었다. 이 규정은 1908년 4월 2일에 대한제국이 공포한 칙령 제22호에 나타난 유치원 관계 규정과 비교해 볼 때, 취원 연령, 설립요건과 절차, 폐원 절차, 보육 요지와 목적, 보육항목

등에 대해 보다 구체적으로 밝히고 있다.

둘째, 1922년 2월 23일 조선총독부령 제17호로 공포된 '사범학교 규정'에는 부속유치원을 설치할 수 있는 조항이 7개조로 명문화되어 있다. 동년 공포된 '조선공립학교관제'에는 공립인 사범학교 부속유치원의 직원에 관한 정원, 지위, 봉급 등을 규정하고 있다.

셋째, 1922년 4월 1일 조선총독부령 제54호 '조선공립학교직원 정원규정'에 의해 공립유치원의 보모 정원을 규정하였고, 동년 8월 11일에는 조선총독부령 제100호로 '공립유치원 보모의 자격 · 봉급에 관한 건'이 제정되었으나 재한 일본인 유치원을 위한 것이었으며 실제로 광복 전에 사범학교 부속유치원은 설립되지 않았다(이상금, 1987). 1929년까지 한국인에 의해 70개의 유치원이 설립되었고 일본인에 의해 42개의 유치원이 설립되었다. 1920년에 일본이 관립유치원까지 개설하면서 유치원의 수를 늘린 것은 한국인의 일본인화 교육정책 때문이었다.

넷째, 유치원 교사 양성기관의 변화는 1915년에 신설된 이화유치원 사범과가 1928년 이화보육학교로 바뀌었고(이상금, 1987), 1922년에 설립된 중앙유치원 사범과가 중앙보육학교로 승격되었으며, 1924년에는 숭의여학교가 평양에 2년제 보육과를 신설하였고, 1926년에는 서울에 경성보육학교가 설립되었다(김경철, 1991).

다섯째, 식민지시대 36년간을 통해서 유치원교육에 관한 지침이었던 소학교령 속의 유치원 규정(1922)은 1931년 4월 1일 조선총독부령 제39호에 의해 개정되었는데 문구 수정에 그쳤을 뿐 실질적인 내용의 변화는 없었다(이상금, 1987). 그리고 1936년 10월 16일 훈령 제31호에 의해 유치원교육에 관한 업무는 조선총독부 학무국 학무과에서 담당하게 되었다.

1931년에 일제가 만주사변을 일으키고, 1937년에 중 · 일전쟁, 1941년에 태평양전쟁을 치르면서 한국을 대륙 침략을 위한 병참기지화 함으로써 식민지적 수탈관계가 더욱 강화되어 유아교육은 앞의 확산기와는 달리 침체현상을 보였다. 1940년 시작된 창씨개명으로 유치원 어린이들의 이름도 대부분 일본식으로 개명되었고, 집단생활의 질서, 규율훈련, 생활훈련을 중시하면서 유아의 개별적인 성장 · 발달은 경시되었다.

이리하여 1920년대에 기독교계 유치원을 중심으로 질과 양의 양면에서 향상되고 개화하려던 유치원교육은 많은 피해를 입고 변질되었으며 그 영향이 광복 후 오랫동안 지속되었다(김옥련, 1983).

1946년 10월 16일(군정법령 제64호)부터 유치원교육에 관한 업무를 문교부 보통교육국 초등교육과에서 담당하게 되었다.

2) 대한민국 정부수립 이후

1948년 대한민국 정부수립 이후 현재(2011년)까지 유아교육과정의 동향을 유아교육의 주요 정책 변화를 중심으로 제1기에서 5기로 나누어 제시하면 다음과 같다. 제1기에서 4기는 이대균 · 송정원(2004)과 김수향 · 이은진 · 이용주(2008)가 제시한 것을 토대로 하면서, 제5기는 유치원 및 보육의 통합과 관련하여 제시하고자 한다.

(1) 제1기(1948-1961년) : 유아교육정책 등한기

정부는 1949년 12월 31일 민주국가 발전의 기반이 되는 교육의 기본법인 교육법을 법률 제86호로 공포하였다. 전문 11장, 제173조로 구성된 이 교육법 제5장 제10절 제146조, 147조, 148조에 유치원에 관한 조항을 삽입하였다.

이로써 유치원은 교육법 속에 그 자리를 차지하고 유치원교육의 목적, 목표 등을 정하였으며, 1952년 대통령령 제633호로 공포된 교육법시행령을 통해 유치원 설립인가, 원아수, 교육과목, 교육일수 등에 대한 규정으로 균등한 교육 기반의 법적 근거가 마련되었다.

그러나 1950-1953년까지 전쟁을 치르는 동안 우리 사회는 극도로 불안하고 빈곤하여 유치원교육에 대한 관심은 지극히 저하되어 있었다. 따라서 1950년대에 정부나 문교당국에 의한 뚜렷한 유아교육정책은 없었다(1950년에 문교부에서 국립유치원 설치 계획을 발표하였으나 전쟁으로 실현되지 못함). 거기에다 부모의 무관심과 유아교육을 담당했던 교사와 원장까지도 전문지식이 부족하고 사명의식이 투철하지 못함으로 인해 우리나라 초기 유아교육의 발달은 상당 기간 부진을 면할 수가 없었다(한국교육개발원, 1986).

1955년 2월 17일부터는 대통령령 제1000호로 공포된 교육법시행령에 의해 문화국 사회교육과에서 유치원교육에 관한 업무를 담당하게 되었다.

(2) 제2기(1962–1975년) : 유아교육체제 정비기(1차 유치원교육과정 제정 · 공포)

이 시기는 유아교육체제 정비기로 1962년 8월 문교부령 제106호로 '유치원 시설기준령'이 공포되어 1963년부터 시행하게 되었다. 이로써 그 동안 무질서하게 설치 · 운영되었던 유치원에 대해 유치원교육에 필요한 최소한의 시설기준을 정함으로써 유치원의 교육적 환경을 개선하는 데 중요한 법적 근거가 되었다. 이 시설기준령은 유치원의 위치, 원사, 시설과 설비, 완구와 교구, 소방시설 등에 대하여 구체적으로 명시하였다.

그 후 1967년 10월 26일 대통령령 제3253호로 공포된 유치원 '외곽시설기준령'에 의해 유치원 외곽시설을 정비하려 하였으나 현실과 너무 거리가 먼 이상형이란 비판을 받았으며 제대로 시행되지 못하였다.

1968년 2월 8일 문교부령 제188호로 '유치원 수업료 및 입학금 정액표'가 정식 발표되었다. 그러나 이것은 당시의 물가에서 볼 때 매우 비현실적인 수준이어서, 1급지인 서울의 수업료 월 790원으로는 도저히 유치원을 운영할 수 없는 금액이었다.

이 시기의 교육과정에 대한 정책 변화는 1966년 문교부에서 유치원교육의 외적 기준과 함께 내적 기준을 마련키로 하고 1966년 7월 15일에 제1차 유치원 교육과정을 제정키로 결정하였다. 이 때까지 유치원의 교육내용은 이론 구성의 단계를 밟지 않고 이미 성립된 내용을 손쉽게 받아들였기 때문에 설립인가

청이 설립인가 당시 결정하는 내용이 교육과정으로 통용되었다(중앙교육연구원, 1976).

1969년 2월 19일 문교부령 제207호로 제1차 유치원교육과정이 제정 · 공포되었다. 건강한 신체와 정신으로 생활하는 유능한 한국인 양성을 일반목표로 설정하고, 구체적인 목표로는 튼튼한 몸과 마음, 기초적인 생활습관, 올바른 사회적 태도와 도덕성, 자연 및 사회의 제 현상에 관심 가지기, 과학적이고 민주적인 사고력, 심미적 태도, 창조적인 표현능력을 기르는 것이었다. 교육과정의 조직은 이러한 구체적 목표와 연관지으면서 동시에 생활 영역에 의하여 구분함으로써 건강, 사회, 자연, 언어, 예능으로 조직되었다. 그리고 연간 교육일수는 200일 이상, 1일 교육시간은 3시간을 기준으로 정하였으며, 생활중심, 경험중심, 놀이중심의 학습 형태를 강조하였다.

(3) 제3기(1976-1987년) : 유아교육 공교육 확대기 및 유치원교육과정의 개정(2차, 3차, 4차)

① 유치원 확대 및 지원

이 시기는 유아교육 공교육 확대기로서 정부는 유아교육의 공교육화 정책을 추진하기 위해 1976년 공립유치원인 초등학교 병설유치원은 5개 초등학교(서울 4개소, 부산 1개소)에 설치한 것을 시작으로 매년 그 수를 늘려 갔다. 1980년에 전국에 설립된 공립초등학교 병설유치원은 40개로 늘어났으며, 공교육의 혜택을 받는 유아수도 2,324명으로 전체 원아의 3.5%에 달했다. 정부는 또한 제4차 경제개발 5개년 계획(1977-1981년)의 일환으로 유엔아동기금(UNICEP)의 재정적인 지원을 받아 전국에 69개의 시범유치원을 설치 · 운영할 계획을 세워 이를 추진하였다(김경철, 1991).

공교육 확대기의 주요 유아교육 지원 정책을 보면, 1981년 제5공화국이 출범하면서 청와대에 '교육 · 문화 비서실'이 신설되었고, 대통령 국정연설에서 취학전 교육에 대한 강화방침이 발표되었다. 이에 대한 정부는 1982년 3월 26일

'유아교육진흥 종합계획'을 발표하였고, 이 종합계획에 의거하여 문교부와 내무부는 유아교육진흥 세부추진계획을 마련하였다. 문교부는 제5-6차 경제사회개발계획(1982-1991년)의 일환으로 1, 2차 유아교육진흥 종합계획에 따라 다원화된 유아교육기관의 불합리성을 해소하기 위해 종전의 새마을 협동유아원, 어린이집, 농번기 상설유아원 등을 내무부 산하의 새마을유아원으로 통합하고, 1982년부터 공립유치원을 전국에 걸쳐 설립하였다(김경철, 1991).

1982년 12월 31일 법률 제3635호로 '유아교육진흥법'이 제정 · 공포됨으로써 유아교육기관을 유치원과 유아원으로 이원화하고 정부의 행정지원 및 재정지원을 체계화하였다.

1983년 2월 23일에는 정부의 이러한 유아교육 진흥정책에 따라 대통령령 제11057호에 의거 문교부 산하의 유아교육행정전담 부서가 신설되었다.

이로써 보통교육국 의무교육과에서 담당했던 유치원교육 업무는 보통교육국 산하의 '유아교육담당관'으로 이관되었다. 그리고 각 시 · 도 교육위원회에는 유아교육담당 장학관과 장학사를, 각 지역 교육청에는 담당 장학사를 배치하였다. 1985년 2월 25일에는 사립유치원 납입금 자율화를 시행하였고, 1986년 1월 31일에 공립유치원 전임강사 운영지침을 마련하고 전임강사의 자격기준을 유치원교사 자격증 소지자로 규정하여 1986년에 공립유치원에 1,465명이 있던 초등학교 겸직교사를 1988년까지 유아교육을 전공한 전임강사 및 정규교사로 대치하였다.

② 유치원교육과정 개정

이 기간 동안에 세 차례에 걸쳐 유치원교육과정이 개정되었다. 1979년 3월 1일 문교부 고시 제424호로 제2차 유치원교육과정이 공포되었으며, 제1차 교육과정이 5개의 생활 영역별로 편성되어 있던 것과는 달리 사회 · 정서 발달 영역, 인지 발달 영역, 언어 발달 영역, 신체 발달 및 건강 영역으로 전인적 발달을 강조하여 영역을 구분한 것이 특징이었다. 교육일수와 시간은 제1차 교육과정과 운영지침 역시 같은 맥락에서 이루어졌으며, 제1차 유치원교육과정에 비해 정서 발달과 인지 발달을 새롭게 강조한 특징이 뚜렷하였다. 이는 그 동안 유치원교육에서는 유아의 정서 발달을 꾸준히 도모해 왔으며, 1970년대부터 인지 발달을 강조하는 세계적 추세에 힘입었기 때문이었다고 볼 수 있다.

1981년 12월 31일 문교부 고시 제442호로 제3차 유치원교육과정이 공포되었으며, 이 교육과정은 처음으로 초 · 중등학교 교육과정의 개정에 발맞추어 함께 고시된 교육과정이었다. 이전까지는 초등학교 교육과정과 유치원을 전혀 무관한 것으로 생각해 오다가 비로소 상호 연계성 속에서 논의하고 검토하였다는 데 그 의미가 있다. 제3차 교육과정은 제2차 교육과정의 사회 · 정서 발달 영역을 사회성 발달과 정서 발달 영역으로 나누고, 신체 발달 및 건강 영역은 신체 발달 영역으로 바꾸어 신체, 정서, 언어, 인지, 사회성 발달 등 5개의 발달 영역으로 편성되었다. 제3차 유치원교육과정에서는 연간 교육일수를 180일 이상으로 규정하여 제 1, 2차 교육과정에 비해 20일 단축하였는데, 이는 유아의 발달단계에 비추어 무리하지 않도록 융통성을 주기 위한 조정이었다.

1987년 6월 30일 문교부 고시 제87-9호로 제4차 유치원교육과정이 공포되었다. 제4차 교육과정은 제3차 때와 같이 신체, 언어, 인지, 정서, 사회성 등 5개의 발달 영역 그대로 편성되었으나 이 교육과정에서는 전인 발달을 위한 교육을 더 강조하기 위하여 각 발달 영역별 내용은 제시하지 않았고 영역별로 일반 목표와 하위 목표로 구성하였다. 제4차 유치원교육과정은 교육목표를 지침으로 교사들이 교육내용을 자율적으로 설정할 수 있게 함으로써 다양성을 가질 수는 있었으나, 일정 수준의 질적 수준을 유지하기가 힘든 단점을 드러냈다. 그것은 유치원교사들의 학력과 경험, 그리고 자질에 따라 교육내용이나 활동 선정 시 큰 폭의 차이를 보인 것이 이와 같은 목표 중심의 교육과정에 의한 문제점이었다. 제4차 유치원교육과정의 편제와 시간, 운영지침은 제3차 유치원교육과정과 유사하였으나, 유아의 발달수준, 지역사회의 실정, 유치원의 특성, 활동내용 및 계절 등에 따라 하루 교육시간은 3시간을 기준으로 조정 가능하도록 하였다.

(4) 제4기(1988-2007년) : 유아교육 질적 고양기 및 유치원교육과정 개정(5차, 6차, 2007개정 유치원교육과정)

① 유아교육의 질적 고양 및 유치원교육과정 개정(5차, 6차)

1987년에 5,831(3, 4, 5세)학급이던 공립유치원의 학급 수는 2003년에 6,122학급으로 5%가 증가하였으나 취원 원아수는 1987년에 169,243명에서 2003년에 121,053명으로 28%가 감소하였다. 이에 따라 공립유치원 취원율은 5세 기준 1987년 17.7%에서 2003년에 13.6%로 감소하였다. 이것은 1980년부터 1987년까지 같은 기간(7년) 동안 100배(59학급이었던 학급수가 5,831학급으로 증가됨) 가까이 늘어났던 것에 비추어 보면 정부의 유아교육에 대한 정책적 변화를 쉽게 파악할 수 있다.

1990년 2월 5일에는 전국 179개의 지역 교육청 중에서 서울 9개, 부산 4개, 인천 2개, 대전 2개, 경기 4개, 경남 2개 등 모두 23개의 지역 교육청에 유아교육계를 설치하였으며, 1991년까지 대구 2개, 광주 2개, 전북 1개가 추가되어 총 28개의 교육청에 유아교육계가 설치되었다.

1991년 1월 14일 영유아보육법이 제정되어 내무부가 관장하던 새마을유아원은 1993년까지 교육부 산하의 유치원이나 보건사회부 산하의 어린이집으로 전환하게 되었다.

1991년 12월 31일에는 법률 제4474호로 교육법이 개정되어 유치원 취원 연령이 만 4세, 5세에서 만 3세, 4세, 5세로 조정됨으로써 1992년 3월부터 유치원에는 만 3세 유아가 입학하게 되었다.

1992년 9월 30일에는 교육부 고시 제1992-15호로 제5차 유치원교육과정이 제정 · 공포되었다. 이 교육과정은 유치원 취원 연령에 포함된 3세 유아를 위한 교육 내용의 선정, 기본 생활교육의 강조, 종일반 운영의 강조, 유치원 교수-학습원리 제시에 초점을 두어 구성되었다.

그 후 1998년 6월 30일에는 교육부 고시 제1998-10호로 제6차 유치원교육과정이 제정 · 공포되었다. 이 교육과정은 수준별 교육 내용의 적절성 도모, 교육시간 운영의 다양화, 기본생활습관 및 협동적인 생활태도 강조, 감성계발 교육의 강조, 창의성 함양 교육의 강화, 세계화에 대비한 전통문화 교육의 충실 등을 강조하고 있다.

1997년 이후 국회상정과 폐기를 거듭해 오던 유아교육법이 2004년 1월 8일 국회 본 회의를 통과하였고 동년 1월 29일 노무현 대통령은 이를 법률 제7120호로 공포하였다. 유아교육법 제정은 다음과 같은 이유에서 그 의미가 크다(이원영, 2004).

첫째, 유아교육법은 초 · 중등교육법, 유아교육진흥법 등 여러 곳에 산재되어 있는 유치원 관련법 조항을 체계적으로 정비하여 국가인적자원의 기본 틀을 유아 단계부터 체계화하여 교육법 체계를 완성하게 한 것이다. 즉, 교육인적자원부는 그 동안 교육기본법, 초 · 중등교육법, 고등교육법, 평생교육법 4법에 의해 교육을 하여 왔으나 100년이 넘는 역사를 가진 유치원에 대한 독립된 법이 없었다. 유아교육법 제정으로 교육인적자원부는 교육5법을 완성하게 되었고 국가인적자원의 기초 수준 교육을 탄탄히 할 수 있는 계기를 마련하게 된 것이다.

둘째, 유아교육법이 제정됨으로 인해 유아교육 공교육 체제 구축의 법적 근거가 마련되었고 유아들은 보다 질적 수준이 높은 유아교육기관에서 균형적이고 조화로운 발달을 조장하는 교육을 받을 수 있게 되었다. 그 동안 유치원은 독립된 모법이 없어 재정 지원과 교육예산 편성상 불이익을 받아 왔었다. 1990년 영유아보육법이 제정된 이후, 시설의 확대, 보육재정의 확충 등 괄목할 만한 발전을 해온 어린이집과 비교할 때 그 차이는 더욱 극명하다. 2004년 현재 어린이집에 투입되는 예산은 지방재정까지 합하여 약 4,000억 원이지만 유치원에 투입되는 재정은 그 1/12 정도인 약 300억 원인 것은 좋은 예이다. 유아교육법이 통과됨으로 인해 유치원은 행 · 재정적 지원을 받을 수 있는 기반을 마련하게 되어 유치원 교육의 질적 수준은 높아질 가능성이 많아졌다.

셋째, 유아교육법은 만 5세 유아를 위한 무상교육을 의무조항으로 규정하고 있고 만 3, 4세 유아도 저소득층의 자녀부터 점진적으로 무상교육을 실시할 수 있도록 하였기 때문에 학부모들은 무상 또는 저렴한 비용으로 좋은 유아교육기관을 선택할 수 있게 되었다. 지금까지는 집 가까운 곳에 유치원이 있어도, 또 그 곳의 교육활동이 자신의 자녀에게 더 적합하여도 무상교육비가 지급되지 않아 먼 곳에 있지만 무상교육비가 지급되는 어린이집으로 자녀를 보낼 수밖에 없었다. 학부모들은 유아교육기관 선택의 기회가 많아진 것이다.

넷째, 유아교육법에는 "국가 및 지방자치단체는 대통령령이 정하는 바에 따라 사립유치원의 설립 및 유치원 교사의 인건비 등 운영에 소요되는 경비의 전부 또는 일부를 보조한다"라는 조항이 있어 사립유치원의 경쟁력 제고에 좋은 계기가 되었다. 현재 사립유치원은 전국 사립유치원의 약 10%에 해당하는 10학급 이상의 대규모 유치원을 제외하고는 영세하여 교사 인건비가 열악한 실정인데 사립유치원에 인건비를 지급할 수 있는 법적 근거가 마련되었으므로 교사 처우 개선이 될 것이고, 교사 처우가 개선되면 교사의 사기가 진작되어 유아교육의 질적 수준은 높아질 것이다.

② 영유아교육과정의 새로운 변화(표준보육과정 및 2007 개정 유치원과정 개정)

유아교육법이 통과되고 유아교육의 질적 수준향상에 따라 영유아교육과정은 새로운 변화를 보였다. 어린이집에서 최초로 보육과정을 개발하였고, 유치원교육과정은 7차의 개정을 시행하는 계기를 마련하였다.

즉 영유아보육법 제4장 제29조에 따르며, 보육과정은 영유아의 신체 · 정서 · 언어 · 사회성 및 인지적 발달을 도모할 수 있는 내용을 포함하여야 하고, 여성가족부(현 보건복지가족부)장관은 표준보육과정을 개발 · 보급하도록 되어 있다. 여성가족부(현 보건복지가족부)는 중장기 보육계획 및 매년 제시하는 보육사업 안내를 통해 표준보육과정의 개발과 보급을 위해 추후사업을 계획하고 있는 표준보육과정에 근거한 연령별 보육프로그램이 개발되고 있으며 보육교사 교육을 위한 교육용 영상자료 개발 등을 추진하고 있다. 특히 유치원의 장학지도를 포함한 질적 관리 차원에서 시행 중인 평가인증제도의 평가지표에는 표준보육과정의 요소가 많은 부분을 차지하고 있다. 표준보육과정은 정부차원에서는 2002년도에 개발은 하였으나, 2004년 개정된 영유아보육법에 주무부처 장관의 표준보육과정 개발 보급의 의무조항이 없었던 시기에 개발된 것이어서 시행하는 데 한계가 있었고, 어린이집에 확산되지 못하였다(보건복지부, 2002).

이후 2004년에 개정된 영유아보육법은 표준보육과정의 개발 보급을 여성가족부(현 보건복지가족부)장관의 의무로 규정하여 국가수준의 보육과정으로 시행할 수 있는 발판을 마련한 계기가 되었다. 표준보육과정에 대한 법적 필요 이외에도 시대적 · 문화적 필요, 어린이집의 보편적 보육목표에 대한 지침 필요, 발달이 급격한 영유아기의 세분화된 보육목표 필요, 영유아기 경험의 연계성과 계열성 필요, 양육의 사회화에 대한 관점의 합의 필요, 영유아 심신의 건강 및 더불어 사는 삶 강조 필요, 아동중심 체험을 통해 제공되는 총체적 경험 강조 필요 등이 제기되었다(여성가족부, 2005). 영유아가 기본적으로 배우고 경험해야 할 보편적 보육내용을 국가 차원에서 마련하여 제공함으로써 일정 수준 이상의 보육서비스 질을 유지한다는 취지 아래, 여성가족부(현 보건복지가족부)가 6개 보육관련 학회를 통해 전문가 추천을 의뢰하여 2005년도 추천받은 학계, 현장전문가 31인이 연구에 참여하고 그들의 다양한 학문적 배경과 관점을 기초로 하여 전국 6개 지역협의회 150명 자문위원을 통한 각계의 의견수렴을 거쳐 영유아를 위한 보육과정과 이와 연계성이 있도록 유아를 위한 보육과정을 마련하였고, 이를 법적인 자문과 국문학적인 검토를 받아 수정 · 보완하여 2007년 1월부터 실행하였다.

표준보육과정에서 추구하는 인간상은 영유아의 전인적인 성장과 발달을 돕고 민주시민으로서의 자질을 길러 영유아가 심신이 건강하고 조화로운 사회 구성원으로 자랄 수 있도록 하는데 있다. 보육과정의 목표는 다음과 같다.

· 건강하고 안전하며 바르게 생활하는 태도와 습관을 가진다.
· 자신의 신체에 대해 긍정적으로 인식하고 기본 운동 능력을 기른다.

· 자신을 존중하고 다른 사람과 더불어 생활하는 태도를 가진다.
· 기초적인 언어능력을 기르고 바른 언어생활 태도와 습관을 가진다.
· 주변 환경에 호기심을 가지고 탐구하는 능력과 태도를 기른다.
· 자연과 예술작품의 아름다움에 관심을 가지고 창의적으로 표현한다.

보육과정의 내용은 6개영역으로 기본생활, 신체운동, 사회관계, 예술경험, 의사표현, 자연탐구 영역으로 구성되어 있다.

유치원교육과정은 1969년 처음으로 제정 · 공포된 이후 1979년, 1981년, 1987년, 1992년, 1998년, 2006년까지 여섯 차례에 걸쳐 개정 · 고시되어 현재 2007개정 유치원교육과정을 운영하고 있다. 2007개정 유치원교육과정은 사회변화에 부응한다는 교육과정 개정의 일반적 필요성 외에 실질적으로는 초 · 중등 교육과정과의 동시개정 및 고시에 대비한 것이며, 유치원 공교육화 및 학제개편 논의 등의 시대적 · 사회적 요구상황에 따른 것이다.

유치원교육과정 개정연구는 2006년 4월 교육과학기술부로부터 한국교육과정평가원이 위탁받아 수행하게 되었고, 개정 연구진 구성은 한국교육과정평가원 유치원교육과정 개정연구팀에서 한국유아교육학회에 연구진을 추천, 의뢰하여, 학회에서 추천된 자 중에서 연구 구성 조건에 따라 선정하였다. 한국유아교육학회에 개정 연구진을 추천 의뢰한 것은 유아교육 관련 학회 중에서 가장 오래되고 회원수가 많으며, 포괄적이어서 유아교육의 대표성을 지닌 학회라고 판단되었기 때문이라고 밝히고 있다(한국교육과정평가원, 2006, 재인용). 연구에 참여한 사람은 한국교육과정평가원 연구원 4인과 유아교육전문가 21인 등 총 25명에 의해서 진행되었으며, 200여 명의 연구 협력진의 의견을 반영하였다고 한다.

2007개정 유치원과정은 유아를 교육하고 유아에게 알맞은 교육환경을 제공하여 심신의 조화로운 발달을 조장하는 것을 목적으로 한다. 이를 실현하기 위하여 다음과 같은 교육 목표를 두었다.

· 몸과 마음을 건강하게 하며 기본생활 습관을 기른다.
· 더불어 사는 태도와 우리 전통문화를 사랑하는 마음을 가진다.
· 자신의 생각과 느낌을 자유롭고 창의적으로 표현하는 경험을 가진다.
· 의사소통을 위한 언어능력을 기르며, 바른 언어생활 습관을 가진다.
· 호기심을 가지고 탐구하며 자연을 존중하는 태도를 가진다.

구성은 6차와 동일하게 건강, 사회, 표현, 언어, 탐구영역으로 되어 있다(김수향 외, 2007).

(5) 제5기(2008년~현재) : 유아교육 및 보육 통합시기

우리나라의 유아교육은 100여 년간 많은 성장을 해 왔고 시대의 흐름과 요구로 유아교육이 공교육화되었으며, 영유아 보육 또한 보육의 질적 제고와 공공성 신장을 위해 많은 노력을 하고 있다. 이는 아이들을 양육 교육하는 일이 개인만의 문제가 아니며 국가가 관여해야 할 중요한 정책이 되었음을 의미하는 것이다.

그리고 한편으로 국가의 유아교육과 보육정책이 양분되어 실시되고 있는 우리나라의 현실에서 국가정책의 효율적 시행과 유아교육과 보육의 수혜자에 대한 공평성 제고를 위한 유아교육과 보육 통합의 필요성 또한 그 동안 꾸준히 제기되어 왔으며, 2012년에는 5세 누리과정 실시를 앞두고 완전통합은 아니지만, 부분통합은 이루어졌음을 인식할 수 있다.

1949년 제정 · 공포된 이후 현재까지 유아교육기관의 많은 법령이나 정책상의 중요한 변화를 하나의 표로 정리하면 〈표 2-1〉, 〈표 2-2〉와 같다.

표 2-1 유치원의 법령 및 정책의 변화(1949년부터 현재까지)

연도 및 날짜	법령 및 정책의 변화
1948 – 1961	유아교육정책 등한기
1949. 12. 31	교육법(법률 제86호) 제정 · 공포
1962 – 1975	유아교육체제 정비기
1962. 8	유치원 시설기준령 공포, 63년 시행
1969. 2. 19	유치원교육과정(문교부령 제207호) 제정 · 공포
1970. 2. 12	교육법 시행령(대통령령 제4589호) 제정 · 공포
1976 – 1987	유아교육 공교육 확대기
1976	유아교육 공교육 확대기-초등학교 병설유치원 설치(서울 4개, 부산 1개)
1979. 3. 1	제2차 유치원 교육과정 공포, 전문대학 및 4년제 대학에 보육과 설치 권장 - 비전공 교사 해소
1981. 12	제3차 유치원교육과정 공포
1982. 12. 31	유아교육진흥법(법률 제3635호) 제정 · 공포
1983. 6. 9	유아교육진흥법 시행령(대통령령 제11141호) 제정 · 공포, 전국단위 유아교육 교재 · 교구 전시회 개최
1987. 6. 30	제4차 유치원교육과정 공포
1988 – 1998	유아교육 질적 고양기
1990. 2. 5	지역 교육청에 유아교육계 설치
1992. 3. 1 1992. 9. 30	유치원 입학연령을 만 4세에서 만 3세로 한 살 낮춤(교육법 개정) 제5차 유치원 교육과정 제정 · 공포
1996. 3. 1	만 5세아 초등학교 조기입학 시행(교육법 개정)
1997. 12. 13	초 · 중등교육법(법률 제5438호) 제정 · 공포(기존 교육법 폐지)
1998. 3. 1	만 5세아 유치원 무상교육 시행(초 · 중등교육법)
1998. 6. 30	제6차 교육과정 제정 · 공포
1998. 9. 17	유아교육진흥법(법률 제5567호) 전면개정 · 공포

연도 및 날짜	법령 및 정책의 변화
2004. 1. 8	유아교육법 국회 본회 통과
2004. 1. 29	유아교육법 공포(법률 제7120호) 공교육으로서의 기본 틀 마련 * 공교육체제 확립의 필요성 ① 교육의 기회균등 ② 유아교육에 대한 가정의 교육비 부담 해소 ③ 여성취업을 위한 사회적 변화에 부응하기 위해서 ④ 교육에 대한 투자가치 극대화 * 공교육의 방향 ① 초등학교 취학전 1년 무상교육-출발점 평등의 원칙 구현, 국가 지방자치 단체의 지원확대, 교육예산 확충필요 ② 교원의 전문성 신장, 신분보장, 복지향상 ③ 유아교육 관련 행정조직을 확충하여 유아교육의 질을 고양할 수 있는 체제 확립, 담당인력의 전문화, 장학체제 보강 ④ 유치원의 유아 보호기능 강화-종일반 전담인력, 시설 · 설비 확보
2006. 4	7차 유치원교육과정 개정 시안
2007	2007개정 유치원교육과정 고시
2011	5세 누리과정 고시

표 2-2 어린이집의 법령 및 정책의 변화(1962년부터 현재까지)

연도 및 날짜	법령 및 정책상의 변화
1962 - ‘81	아동복리법에 의거 보사부 주관으로 탁아사업 실시
1981. 4. 13	아동복지법(법률 제3438호로 아동복리법을 전문 개정함)
1982년 이후	유아교육진흥법에 의거 ‘어린이집’ 691개소를 ‘새마을유아원’으로 흡수 · 운영, 법제정 및 장학지도는 교육부가 맡고 시설운영은 내무부가 담당
1988. 12. 4	남녀고용평등법에 의한 직장탁아제 도입
1989. 9. 19	아동복지법 시행령에 탁아사업 실시 근거 부활

연도 및 날짜	법령 및 정책상의 변화
1990. 1. 15	탁아시설 설치 · 운영규정 제정
1991. 1. 14	영유아보육법 제정 · 공포, 보육사업을 보건복지부로 일원화, 종전의 단순 '탁아'에서 보호와 교육을 통합한 '보육'의 기능으로 확대
1991. 8. 1	영유아보육법 시행령 제정 · 공포
1998. 3. 1	만 5세아 유치원 무상교육시행(초 · 중등교육법)
1998. 7. 1	어린이집 신고제 전환
2004. 1. 29	영유아보육법 공포(법률 제7120호)
2004. 6.	영유아보육사무국이 보건복지부에서 여성부로 이관
2004. 10.	한국여성개발원 내 '어린이집평가인증사무국' 설치
2005.	어린이집평가인증 시범운영 실시
2005. 11. 30	표준보육과정 개발
2006	표준보육과정령 마련(영유아보육법 시행규칙 별표 8의 2)
2007	표준보육과정의 구체적 보육내용 및 교사지침 여성가족부장관 고시
2011	5세 누리과정 고시

2. 외국 유아교육과정의 동향

외국 유아교육과정의 동향은 우리나라 유아교육과정에 가장 많은 영향을 미친 미국과 일본의 교육과정의 동향을 중심으로 살펴보고자 한다.

1) 미국 유아교육과정의 동향

미국 유아교육과정의 동향은 1920년부터 현재까지의 변화를 중심으로 살펴보고자 한다. 미국의 유아교육과정은 1920년대 사회재건주의, 1930년대 교육과정이론의 혼재와 혼합, 1940-50년대 Tyler의 교육과정 개발이론, 1960년대 Bruner의 학문구조이론과 Schwab의 실제성이론, 1970년 교육과정의 재개념화, 1980년대 발달에 적합한 실제, 90년 이후 특정한 요구의 유아들에게 적절한 유아교육과정 운영으로 나누어 고찰하고자 한다.

1920년대부터 1970년대 이전 시기는 양옥승(2008)의 연구 중심으로 제시하고자 한다.

(1) 1920년 사회재건주의

1920년대 미국의 교육계를 보면 사회적 효율성을 주창하면서 과학적 교육과정이 필요하다고 보는 보수적 학자들과 아동중심이나 사회개혁을 주장하는 진보적 교육과정학자들 간에 대립각을 형성하고 있는 것으로 나타났다. 1920년 초반에는 사회적 효율성을 추구하는 보수주의자와 아동중심이나 사회개혁을 주장하는 진보주의자 간에 팽팽한 대립이 있었지만 현대적 의미의 교육과정 논의는 제26차 연감이 이보다 늦은 1928년 '아동중심 학교'의 출판과 더불어 시작되었다고 할 수 있다.

1928년 Rugg는 Dewey(1916)의 진보적인 '민주주의' 정신에 기초하여 Shumaker와 공동으로 '아동중심 학교'(The child-centered school)를 집필하였다(양옥승, 2008, 재인용).

(2) 1930년 교육과정이론의 혼재와 혼합

교육과정 개혁이 국가적 관심사였던 1930년대 미국의 교육과정 분야는 사회 경제적 위기 및 정치적 소용돌이 속에서 다양한 이론들이 요동하는 '위기'(crisis)와 '변형'(transformation)의 시대를 맞았다. 또한 이 시기는 어느 한 이론이 승리하거나 독주하기보다는 여러 교육과정이론과 관점들이 혼재, 혼합되어 있는 '하이브리디제이션'(hybridization) 시기로 특징지을 수 있다.

① Dewey와 진보주의

교육과정이론에서 Dewey의 민주적 이상을 실현하는데 가장 중요한 개념은 경험이었다. 진보주의 교육과정이론은 아동의 경험의 질 향상에 큰 비중을 두고 있다는데 특징이 있다. 경험에 대한 Dewey의 이러한 생각들은 현대 교육과정 이론가들이 공감하는 부분이다. 즉 유아교육이 그 자체로 본질적 가치가 인정되어, 유아의 삶이 성장하고 성장은 교육으로써 교육은 그 자체가 내재적 목적을 가짐으로써 현재 삶에서 교육적 경험으르 충실히 할 수 있도록 하는 것이 목적이다. '수단으로써의 유아교육이 아닌 유아에게 의미있는 활동을 통해 경험을 할 수 있도록 하는 것'이 Dewey의 '유아교육이론'이라고 할 수 있다.

② 진보주의 교육과정 개혁에 대한 평가도구 개발(1933-1941)

1933-1941년 8년 동안 진보주의 교육과정에 대한 평가도구 개발과 관련한 연구가 시작되었다. 이 평가도구 개발과 관련한 연구의 책임자로 과학적 교육연구로 명성을 얻고 있던 Tyler가 초빙되었다. Tyler는 학업성취도 측정전문가로서 행동적인 언어로 목표를 명확하게 진술하고 행동유형에 대한 증거를 얻는 방법들을 찾아내는 것을 중요시여겼다. 이러한 입장에서 평가위원단은 7년 동안 반복적인 실험을 거쳐 200가지에 달하는 정제된 검사도구를 개발하였다.

③ 절충주의

1930년대에 접어들면서 진보주의 또한 주창자들 사이에, 특히 사회재건주의자들과 아동중심주의자간에 발생된 내분으로 인해 그 근간이 흔들리기 시작했다. 사회재건주의자들은 이론적으로나 도덕적으로 중요한 위치에 있었지만 교사들이나 학교이사회의 강한 저항에 부딪혔다.

이러한 위기적 상황 속에서 NSSE의 '26차 연감' 및 Caswell과 Campbell의 『교육과정 개발』(curriculum development), 『교육과정개발 독본』(readings in curriculum development) 등이 출판되어 나오자 절충주의가 표면으로 부상되기 시작하였다(양옥승, 2008, 재인용).

절충주의는 교육과정 개발을 위한 기본 단위는 개별 학교가 되어야 한다고 주장하였다. 이들은 이전에 형성된 모든 교육과정이론들을 조리 있게 조화시킴으로써 이론적으로 절충주의를 확립하였다. 절충적 관점에서 보면 교육과정은 아동의 흥미, 사회적 요구, 교과에 대한 지식 등을 종합하여 구성해야 한다고 주장하였다(양옥승, 2008, 재인용).

(3) 1940-50년 Tyler의 교육과정 개발이론

1940년대 초 교육과정의 중심에는 진보주의가 있었지만 제2차 세계대전을 거치면서 출발과 다르게 진보주의 세력은 많이 약화되었다. 세계대전이 종식되자 사회적 효율성을 추구하는 교육과정 운동이 생활적응을 중시하는 사회적 분위기에 편승하여 재등장하였다. 생활적응 운동은 비록 오래 지속되지 못했어도 교육과정 연구에서 사회적 기능을 강조하는 경향성은 계속 유지되었다. 이러한 경향을 가장 잘 보여주는 사례가 바로 Tyler의 교육과정 개발이론이다.

Tyler의 교육과정 개발이론은 교육과정을 어떻게 구성하고 어떻게 현장에 적용할 것인지 교육목표 설정에서부터 학습경험의 선정과 조직을 통한 교수실제, 교육평가에 이르기까지의 일련의 교육과정 개발과정을 기술하고 있다.

Tyler의 이론은 실제성만 있지 교육과정의 본질을 밝히는 이론적인 측면이 부족하고, 교육현장에서의 높은 활용도에 비해 인간에 대한 존재론적인 성찰이 부족하다는 비판을 받기도 한다.

(4) 1960년 Bruner의 학문구조이론과 Schwab의 실제성 이론

1960년대 교육과정 개혁을 위한 최초의 시도는 Bruner에 의하여 『교육의 과정』(The process of education)으로 출판되었다. 이 책에서 그는 교육과정의 이론의 기초로 '학문의 구조'라는 개념을 도입하였고, 모든 학문에는 그 나름대로의 독특한 지식구조를 가지고 있으므로 교육은 학생이 이 구조를 이해하는데 역점을 두어야 한다고 주장하였다. Bruner(1960)에 따르면 "지식의 기본 구조를 반영하는 교육과정을 설계하기 위해서는 그 분야의 본질을 이해해야 하는데, 그것은 그 분야의 뛰어난 학자와 과학자들의 적극적인 참여가 있을 때 가능하다"고 하였다.

학문구조 이론의 형성은 교육과정 분야의 주도권을 목표중심에서 학문중심으로 넘기는 계기가 되었다. 학문구조이론은 아동이 학문의 구조적 특성이라 할 수 있는 지식에 동화하는 것은 그보다 한 차원 높은 지식 습득을 가능케 한다는 것을 의미한다.

(5) 1970년 교육과정의 재개념화 및 인본주의 심리학과 인간중심 교육과정

1970년대 미국의 교육과정은 열린교육운동, 인본주의 심리학의 적용과 인간중심 교육과정 등을 들 수 있는데(양옥승, 2007) 그 중 유아교육과정에 영향을 미친 재개념화 및 인본주의 심리학, 즉 인간중심 교육과정을 살펴보고자 한다.

① 1970년 교육과정의 재개념화

교육과정 분야를 살리기 위한 운동은 '재개념주의자'라고 불렸던 교육과정

이론가들에 의해 주도되었다. 재개념주의자들은 관료주의적인 교육개혁이나 학문중심 교육과정 운동에 대한 거부와 함께 Tyler식의 목표진술 방식과 교육평가에 대한 양적 접근방식에 대해 강한 불만을 표시하고, 정치, 경제 사회적 맥락에서의 교육과정 이해와 재개념화를 주장하였다. 이러한 상황에서 순수이론에 기초한 학문중심 교육과정을 주창했던 Bruner가 빈민과 소외 계층의 문화를 반영한 교육의 필요성을 강하게 주장하고 발달에 대한 Vygotsky의 사회 문화적 접근을 적극적으로 미국사회에 소개했던 사회 변화에 대한 대처로 이해될 수 있을 것이다(양옥승, 2008).

② 1970년 인본주의 심리학과 인간중심 교육과정

1970년대 제3심리학파라 불리는 인본주의 심리학자들은 19세기 말과 20세기 초 인문학에 기초하고 있는 고전적 인문주의자와 전혀 다른 시각에서 교육과정을 조명하고자 하였다. 오늘날 인간중심 교육과정으로 명명되는 인본주의 심리학에 기초한 교육과정 연구에서는 가치의 명료화라든가 유아의 자아실현, 인격교육, 학습에 대한 내적 동기화, 교육의 인간화 등을 강조하였다. 이러한 입장을 가졌던 대표적인 인본주의 심리학자는 Rogers와 Maslow를 들 수 있다(양옥승, 2007).

인본주의 심리학에 기초한 인간중심의 교육과정 연구는 대체로 학습자의 관점에서 그 동안에 시도된 다양한 교육과정 이론과 실제를 분석하여 문제점을 제시하고 그 문제를 극복할 수 있는 대안을 제안하는 방식으로 이루어졌다는 특징이 있다. 그리하여 인본주의 심리학은 섬머힐학교나 대안학교 교육에 대한 교육과정이론으로 인식되기보다는 인지주의에 치우친 기존의 교육과정의 불균형을 바로 잡을 수 있는 교수-학습이론으로 인식되었다(양옥승, 2007). 인본주의 심리학을 생태학적 모델이나 반응모델을 개발하는데 적용될 필요가 있다는 제안을 하였다(Goodlad, 1975, 재인용).

(6) 1980년대 발달에 적합한 실제

1980년대에 들어와서 탁아 및 유아교육기관에 등록된 영유아의 수가 증가하고 공립학교에서 유아교육 프로그램을 제공하는 수가 증가되었다. 따라서 유아원이나 유치원 프로그램에서 유아의 사고발달과 학습과정을 고려하지 않은 채 다음 단계를 위한 준비의 개념으로 유아교육을 인식하여 편협한 학업수행 기술을 강조하는 형식적인 교육의 경향이 두드러졌다. 이에 적합한 유아교육 실제에 관한 명확한 정의가 필요하게 되었다. 그 결과 나타난 개념이 "발달적 적합성(developmental appropriateness)"의 개념이다.

발달에 적합한 실제에서 강조하는 것은 다음과 같다(Kostelinlk, Soderman, Whiren, 1999).

첫째, 전인교육으로 유아의 정서, 사회성, 인지 그리고 신체발달을 통합할 수 있는 교육

둘째, 각 유아마다 개별적인 차이를 가져오는 변인에 대해 집단 속에서 개별 유아가 갖고 있는 능력이나 흥미, 욕구 등에 대한 인정을 통한 교육

셋째, 유아 참여 활동의 중요성

넷째. 학습의 도구로써 놀이의 중요성

다섯째, 융통성 있고, 자극적인 교실환경 구성

여섯째, 통합된 교육과정

일곱째, 유아의 경험에 의한 학습

여덟째, 학습에 있어 목적, 방법을 유아들에게 선택권 부여

아홉째, 각 반별 유아와 전체 프로그램에 대한 계속적인 평가

열번째, 부모와 협력적인 프로그램 운영

(7) 1990년대 이후 : 특정한 요구의 유아들에게 적절한 유아교육과정 운영

1990년대 이후 최근의 유아교육과정 모델은 특정한 목표 성취를 위해 혹은 특정한 유아들의 요구에 맞도록 개발한 유아교육과정 실시를 위한 노력을 볼 수 있다.

① 평화교육과정

이 모델은 평화적인 공존에 초점을 두고 협동과 존중, 그리고 문화의 유사성과 이질성을 가르치며, 더 나아가 이 모델은 협상, 갈등해소, 문제해결 기술을 가르친다.

② 반편견 교육과정

이 교육과정은 성, 인종, 장애, 문화에 관련된 편견을 타파하는 목적으로 제공하는 유아교육과정이다(이경우 · 이은화, 1999).

③ 이중언어 교육과정

미국 이중언어교육의 역사는 소수집단의 사회운동 역사와 그 흐름을 같이 하는데, 특히 20세기 중반을 기점으로 큰 변화를 겪었다. 1950년대 이전에는 이민자들이 모국어를 사용하는 것에 대하여 억압적 정책을 실시하였던 반면, 1960년대에 들어서면서부터는 소수집단의 권익신장을 위한 다양한 운동이 펼쳐지면서 영어의 언어를 사용하는 이민자들을 위한 언어정책이 실시되었다(염철현, 2008). 유아대상 이중언어교육은 스페인어, 프랑스어, 한국어 등의 교육 프로그램이 있다(이순형 외, 2010).

④ 낙오된 유아를 위한 프로그램

이중언어 사용, 이민온 유아, 10대 부모 또는 편부모, 유치원에서 소외된 아동, 저소득층 가정이나 장애아동을 위한 유아교육과정 운영이다.

2) 일본 유아교육과정의 동향

일본의 유아교육은 프뢰벨의 교육사상을 중심으로 시작되었지만, 일본은 점차 일본 독자의 것으로 만들어 나갔다. 일본은 1945년 종전(終戰)을 계기로 일본 독자의 것을 만들어 보자는 움직임이 일고 일본 고유의 유아교육과정 요령을 수립해 나가기에 이르렀다. 일본은 1956년 유치원 교육요령을 시작으로, 1964년, 1989년, 1998년에 이르기까지 총 4번의 개정을 이룩해 왔고 2008년에는 다시 새로운 개정이 있을 예정이라고 한다.

일본 유아교육과정의 동향을 1989년 이전과 이후로 나누어 고찰한 이성한(2008)의 연구를 중심으로 제시하고자 한다.

(1) 1989년 이전

① 보육요령 이전의 시기

일본에서 가장 오래되었으며 현존하는 유치원은 1876년(명치 9년)의 동경여자사범학교(현 오차노미즈 여자대학) 부속유치원이다. 이 시기의 유아교육기관은 엘리트계층 가정의 자녀들에게 한정되어 있었다. 보육내용은 은물을 중심으로 한 프뢰벨식 유치원을 거의 그대로 도입한 것이었으며 유치원교육은 놀이와 학습과 관련된 양상을 풍부하게 가지고 있었다. 보육내용으로서는 물품과(物品科: 주변 물품의 이름), 미려과(美麗科: 아름다운 색채), 지식과(知識科: 물체의 특성에 관한 지식)의 3과목과, 오채구(五彩球)의 놀이, 삼각물(三角物)의 이해, 점토세공, 창가, 설화 등의 25개의 자목(子目)이 준비되었다. 이 당시는 다분히 교과적인 성격이 강했다. 1876년(명치 9년)에 창설된 동경여자사범학교 부속유치원은 학제 시행 후 4년밖에 지나지 않은 때였으나 유아기의 교육에도 구미의 새로운 사상을 도입하고자 한 것으로서 당시 구미에서 행해졌던 프뢰벨식의 유치원 교육을 형식적으로 모방한 것이었다. 1879년(명치 12년)에는 가거시마 여자사범학교 부속유치원, 오사카 시립유치원이 생겨났다. 그러나 대부분이 귀족 취미적, 상류계급적 색채를 가진 것으로서 일반 유아교육의 관심이라고는 말하기 어려웠다.

1893년(명치 26년)에는 프뢰벨의 20가지 은물을 중심으로 한 경험활동이 주된 교육내용으로서 6과목 담화(談話), 서물(庶物), 행의(行儀), 수기(手技), 창가(唱歌), 유극(遊劇)이란 이름으로 유아교육이 이루어졌다. 명치 정부는 경제적으로 풍부하지 못한 일반가정의 자녀를 대상으로 한 간이유치원의 설립을 제안하고 동경여자사범학교에도 그 취지에 근거한 보육료를 무료로 한 분원이 1892년(명치 25년)에 만들어졌으며 학령 미만의 유아를 데리고 초등학교에 다니는 학생에 대한 대책으로서 '초등학교 부설유치원과'도 만들었다고 한다.

1899년(명치 32년) 6월에는 문부성령에 의해 현재의 유치원 교육요령에 해당되는 '유치원 보육 및 설비규정'이 제정되었다. 이 규정에 근거해 '유치원은 만 3세부터 초등학교에 입학하기 전까지의 유아를 보육하는 것'이라고 규정하고 보육시간은 1일 5시간 이내, 보모 혼자서 보육하는 유아의 숫자는 40인 이내 등으로 규정되어, 이것은 그 후 오랫동안 일본 유치원교육 방향의 기본이 되었다.

1926년에는 일본국 최초로 유치원독립법령으로서 유치원령이 공포되고 유치원 숫자도 1,066유치원으로 증가하면서 유아 숫자도 전국에 10만 명 가까이 증가했다.

1947년에 신헌법이 발포(5월 3일), 교육기본법 및 학교교육법이 공포되고 새로운 헌법에 근거한 학제개혁이 이루어지고, 유치원은 문부과학성의 관할하에 학교교육법 속에 '학교'로 인정되게 되었다. 단 보육소는 아동복지법의 공포에 의거 후생성의 관할하에 두게 되고 보모자격을 필요로 하며 유치원교사와는 별도자격이 되었다. 1947년 학교교육법 제정에 의해, 유치원은 단순한 가정교육을 보충하는 것이 아니라 '유아를 보육하고 적당한 환경을 주어 심신의 발달을 조장하는 것을 목적'으로 한 학교교육체계의 일환으로서 자리매김을 하였다.

② 1956년 유치원 교육요령

1952년 5월 일본은 미국과의 평화조약이 체결되고 일본의 베이비붐의 제1세대가 유치원 연령에 달한 시기가 되었다. 전국적으로 유치원, 보육소 등의 기관이 증가하고 유아교육에 관심이 높아졌다. 따라서 문부성은 1951년에 설치한 교재 등 조사연구회인 유치원 소위원회의 심의를 거쳐 보육요령을 개정하여 1956년 2월 유치원 교육요령을 발표, 4월부터 시행하도록 하였다. 1956년 유치원 교육요령은 국가적 기준성이 보다 강해진 학교로서의 유치원교육과정을 위한 기준을 나타낸 것이었다.

1956년도 유치원 교육요령의 목표는 다섯 가지로 첫째는 건강하고 안전한 생활을 할 수 있게 한다.

둘째, 유치원 내외에 있어서의 친근한 집단생활에 적응할 수 있게 한다.

셋째, 친근한 자연에 흥미나 관심을 갖게 된다.

넷째, 말을 바르게 사용하고 동화나 그림책 등에 흥미를 갖게 된다.

다섯째, 자유로운 표현활동에 의하여 창작성을 풍부하게 한다. 그리고 유치원교육의 내용은 건강, 사회, 자연, 언어, 음악리듬, 회화제작의 여섯 가지이다.

③ 1963년 유치원 교육요령

1956년 유치원 교육요령이 나오고 7년만인 1963년 10월에는 새유치원 교육요령이 제정되고 1964년에 고시 · 공포되었다. 개정의 이유는 현저한 사회변화 속에 아동이 살아가는 상황이나 둘러싼 사회의 유아교육에 대한 견해에 왜곡되어 있지나 않은가 하는 것에서 비롯되었다. 1963년 개정된 유치원 교육요령은 이후 1989년 개정이 있을 때까지 24년 동안 일본 유아교육계에 계속적으로 적용되었다.

1963년의 요령은 1956년의 요령과 대동소이(對同小異)하지만, 몇 가지 특징이 있다. 첫째, 1963년 유치원교육과정은 영역의 성격을 분명히 하였다. 둘째, '집단생활'이라는 용어가 사라지고 사회생활이라는 용어가 등장했다.

1963년 유치원 교육요령의 내용은 다음과 같다. 제1장 총칙(기본방침, 교육과정의 편성), 제2장 내용(건강, 사회, 자연, 언어, 음악리듬, 회화제작), 제3장 지도 및 지도계획 작성상의 유의사항(지도상의 일반적 유의사항, 지도계획 작성상의 유의사항)의 순서로 제시되어 있다.

(2) 1989년 이후에서 현대까지

① 1989년 유치원 교육요령

1989년은 문부성 고시 제23호로서 학교교육법 이행규칙 제76조의 규정에 근거하여 유치원 교육요령의 전부를 개정하고 평성 2년부터 시행되었다.

1989년 유치원 교육요령은 유치원에서는 유아 발달의 특성을 충분히 고려할 것, 특히 환경을 통해서 행할 것이 중요하다고 되어 있다.

1989년 유치원 교육요령은 첫째, 유아기에 적합한 생활이 전개되도록 할 것, 둘째, 놀이를 통한 종합적인 지도가 되도록 할 것, 셋째, 한 명 한 명의 발달특성에 근거한 지도를 할 것의 세 가지 점에서 구체적인 방향성이 설명되었다. 또한 유치원교육을 통해 유아가 가질 것이 요구되는 '심정', '의욕', '태도' 등을 목표로 하여 그것을 달성하기 위하여 교사가 지도하고 유아가 경험을 하여 몸에 익혀 가는 것이 바람직한 내용으로 간주하였다.

1989년 유치원 교육요령은 유치원교육의 기본은 환경을 통해서 하는 것이라는 지침하에 교사와 유아와의 신뢰관계 구축과 보다 나은 교육환경의 창조가 기술되어 있다. 유치원교육의 기본은 발달, 유아의 주체적 활동으로서의 놀이를 통한 지도, 유아 한 명 한 명의 특성에 맞는 지도이며, 유치원교육의 목표는 사람에 대한 기본적인 생활습관, 태도, 사람에 대한 애정과 신뢰감 자립에 대한 협동과 도덕성, 자연에 대한 심정사고력, 언어감각, 감성과 창조성이 목표가 된다. 내용은 유아의 발달 측면에서 심신의 건강에 관한 영역, '건강' 사람과의 관계에 관한 영역, '인간관계'에 가까운 환경과의 관계에 관한 영역, '환경' 언어 습득에 관한 영역, '언어' 및 감성과 '표현'에 관한 영역이었다.

② 1998년 유치원 교육요령

1989년 유치원 교육요령에 대한 이해가 깊어지고 그 취지를 살린 착실한 실천이 거듭되었으나 도시화, 핵가족화, 소자화, 정보화라고 하는 사회의 발전은 가정이나 보호자의 의식 혹은 지역사회에도 영향을 미치고, 유치원에 있어서도 이러한 사회적 상황의 변화에 대응하여 나갈 것이 필요했다. 1998년 유치원교육과정은 12월 14일 고시되고 평성 12년 4월 1일부터 시행되었다. 1998년 유치원교육 요령 개정의 요점은 어린이들의 발상, 아래에서의 발상이 토대가 되어 있는 점이다. 한번 더 아동중심으로 생각해 보고자 하는 것으로서 그것은 유치원교육의 역사 속에서 중요하게 생각되어 온 것이며 동시에 각각의 사회적 상황 속에서 잘못 인식되어 온 것이 있었다(이성한, 2008, 재인용). 본문조항에서는 살아가는 힘, 초등학교와의 연계, 유치원 운영의 탄력화, 3세아 입학, 유치원의 지역사회와의 연휴 등이 중요시되었다.

1998년 개정된 교육요령의 내용은 5가지 영역인 심신의 건강에 관한 영역인 '건강', 사람과의 관계에 관한 영역인 '인간관계', 가까운 환경과의 관계에 관한 영역인 '환경', 언어의 획득에 관한 영역인 '언어' 그리고 감성과 표현에 관한 영역인 '표현'의 5가지로 나누어서 각각에 관한 목표와 내용이 제시되었다. 총칙에는 '유치원교육은 학교교육법에 규정하는 목적을 달성하고자 유아기의 특성을 포함한 환경을 통해서 행하는 것을 기본으로 한다'고 되어 있다. 환경이란 의미는 각각의 유아가 자신의 흥미에 따라서 적극적으로 환경과 관련하는 것을 통하여 체험적으로 많은 것을 배우라는 의미이다. 이 견해는 간접교육의 원리라고도 말하며 교사의 움직임은 직접 아동에게 작용하는 것보다는 풍부한 환경을 제공하여 그 가운데 유아는 자신의 흥미에 따라 적극적으로 환경과 관련하여 성장해 나가라는 것이다.

③ 2008년 이후 유치원 교육요령

2008년 3월에 학교교육법 등의 일부를 개정하는 법률안이 상정될 예정이며 일본 유치원 교육요령이 개정될 예정이다.

일본의 유치원 교육요령의 개정변화를 살펴볼 때 일본의 유아교육은 국가주의적 색채에서 벗어나 아동중심주의, 놀이중심을 표방하면서 정착되어감을 알 수 있었다.

제 3 장

유아교육과정의 이론적 기초

1. 철학적 기초
2. 사회적 기초
3. 심리적 기초

1. 철학적 기초

1) 프뢰벨의 유아교육사상

프리드리히 프뢰벨(Friedrich Froebel)은 플라톤 시대부터 그의 시대에 이르기까지 수많은 교육사상가들에 의해 논의되었던 단편적인 유아교육사상들을 자신이 직접 고안한 유아교육 프로그램 속에 집대성하였다. 프뢰벨은 또한 유아를 위한 교육과정을 최초로 제시하였으며 그의 교육과정 속에는 플라톤의 조화로운 상호작용의 개념, 코메니우스의 감각적 실재론, 루소의 자연주의 사상, 그리고 페스탈로치의 '실물학습단원' 등과 같은 개념들이 포함되어 있다고 학자들은 시사하고 있다. 이 당시의 유아교육 프로그램의 원리는 철학적 사조나 신비주의 사상 그리고 직관적 아동관 등에 기초하여 구성되었다.

프뢰벨은 유아교육사상을 유아교육의 실제에 효과적으로 접목시킨 대표적인 유아교육자이며 인간의 천부적 권리, 개인의 자유 그리고 인본주의와 자유주의 사상을 바탕으로 낭만주의와 이상주의의 정신을 엿볼 수 있다. 뿐만 아니라 세계 최초의 유치원을 창설했던 사람으로서 프뢰벨은 유아교육의 아버지라고 불리게 되었으며 인간으로서의 유아가 아니라 어디까지나 한 사람의 독립된 인격으로서 받아들여지길 간절히 소망했던 한 사람이기도 하다. 프뢰벨의 세계관, 인간관, 유아관, 교육관은 모두 당시의 철학이나 종교 혹은 예술을 토대로 하고 있으며 그는 이미 유아들에게 인간에 대한 존엄성을 부여하여 신으로부터 주어진 절대적인 어떤 것이 감추어져 있다고 해석하였다. 그리고 그 절대적인 인간성을 존중하고 유아 각 개인에게 내재되어 있는 잠재력과 가능성을 신장해야 할 것을 강조하기도 하였다. 그러면서도 프뢰벨은 가정교육을 중시 여겨 어머니로부터 교육이 비롯되어야 함을 부르짖었으며 1836년

초에 「생명의 혁신」이라는 논문에서 유아교육의 중요성을 발표하고 "국가의 개혁은 인간의 개혁에서, 인간의 개혁은 가정의 교육에서부터, 나아가 유아기의 교육에서부터"라고 시사하기도 하였다. 프뢰벨은 유희를 유아기와 아동기의 가장 순수한 활동으로 간주했으며 인간생활의 전형적인 모습을 전체로 생각했다는 것이다. 외적인 권위에 의하여 형성된 힘보다 내적인 자아의 자발적인 활동의 결과로서 나타나는 발달이 창조의 개념과 관련된다고 보고 인간의 중요한 욕구 중의 하나가 바로 유희이며 그 유희를 통한 자기표현과 자기실현에 의해 창조성이 개발될 수 있다고 하였다. 여기서 유희는 성인생활에 필요한 사고와 행동의 토대를 제공하게 되며 그 유희는 교육적 가치로서 평가할 수 있음을 말하고 있다. 프뢰벨의 유치원은 유희와 함께 은물을 중시하게 되었고 궁극적으로 그 은물은 유치원에서 일반적으로 공작을 할 수 있는 간단한 자료와 도구로서 조작과 탐구활동을 하게 했을 뿐만 아니라 유아들에게 즐거움을 제공하여 자아실현의 과정에까지 이르게 하였다.

프뢰벨은 인간의 삶 전체가 교육적인 삶이라고 했으며 특히 유아교육은 성인의 삶의 세계에서 파생되는 위험성으로부터 보호되고 자연스럽고 안전하게 성장하도록 마치 꽃밭의 꽃들과 같이 키워야 한다고 했다. 여기에서의 꽃은 꽃 그 자체로서의 가치를 중요시하고 있기 때문에 교육 그 자체보다도 유아들이 좀 더 유아답게, 즉 유아 본연의 형태를 취하면서 자연성이 교육과 더불어 중시되어야 함을 강조했다.

프뢰벨의 주 교육사상은 신관에 기초하고 있으며 자연과 인간은 이 신을 중심으로 하여 통일을 이루는 것으로 만물 속에는 영원한 법칙이 있기 때문에 모든 것은 신에 의하여 작용한다는 것을 갈파하였다. 프뢰벨의 종교는 신을 대상으로 하고 있어서 그의 신관은 신비스러울 정도로 절대적이며 인간과 자연원리의 주체는 신이라고 또한 묘사하였다. 그러므로 신과의 관계는 경건하고 거룩한 삶이어야 하며 창조주인 신은 정원의 교육자이고 빛과 영양을 공급하여 생명력을 제공하는 절대자로 생각해야 된다는 것이다. 종교는 또한 인간의 정신이 신과 합일하려고 하는 노력이 있어야 하며 인간의 영혼은 신과 하나의 것이었다는 명확한 의식과 더불어 깨끗하고 진실된 삶을 추구하는 것이어야 한다고 강조하였다. 즉 인간은 태어날 때부터 신에게 받은 무한한 가능성을 지니고 있으므로 그 가능성을 "신성"이라고 한 다음 그것을 인간의 본질로 보았다는 것이다. 인간은 신과 같은 형상으로 창조되었기 때문에 인간의 내면에는 신과 같은 창조의 힘과 표현력이 내재되어 인간의 본질인 이 "신성"을 발휘시켜 나가는 것이 곧 '교육의 힘'이라는 것이다.

프뢰벨의 종교관은 곧 교육과 연결되며 신이 창조한 근본적인 형태를 은물이라고 하였으며 은물을 통하여 내적, 외적인 힘을 유아들에게 체험하게 한 다음 물체에 내재하는 힘과 유아들의 활동을 연결시키려 하였다. 곧 물체의 힘에 의하여 창조력이 형성되고 외계의 자연과 인간에 대해 눈을 뜨게 하여 자신과 외부, 전체와 부분, 분해와 조합, 균형과 안정 등 미적 관념을 높이는 진리에 이를 수 있는 교육을 실현하려고 하였다.

프뢰벨의 교육사상의 중심은 신성이다. 루소(Jean Jacques Rousseau, 1712-1778)의 사상은 자연성이고 페스탈로치의 사상이 인간성이라면 프뢰벨의 사상은 신성이라고 아니할 수 없다. 그에게 있어서 신은 우주를 지배하는 영원한 법칙의 주체로 해석할 수 있는데 그가 추구하는 인간상은 신성의 발현이라고 볼 수 있다. 인간 속에 신의 본질이 내재해 있으므로 인간의 창조활동으로 이어지며 이 창조활동의 하나가 바로 유아기의 놀이임을 강조하고 있다. 프뢰벨은 놀이의 출발을 자기 실체, 즉 손, 손가락, 입술 나아가서는 눈과 얼굴모양으로 시작된다고 보고 이러한 신체적인 놀이에 이어 언어가 시작되면 인간의 내적 표현이 구체화된다고 하였다. 유아들의 놀이는 세계를 재창조하고 그것을 이해할 수 있는 경지로까지 확산된다고 하였으며[1] 무엇인가를 성취하고 편안함을 느끼는 최초의 시도이기 때문에 자신의 세계를 구축하여 혁신하고 변화시켜 나갈 수 있다고 시사하였다. 그에 의하면 유아들에게 있어서 놀이는 가장 고귀하고 순결한 활동이며 동시에 모든 인간이나 대상들 속에 잠재하고 있는 자연성의 발로라는 것이다. 그러므로 놀이는 즐거움, 자유, 만족, 휴식, 평화를 가져

---

1) 서석남, 인간교육, p. 62-63.

다 주며 선의 모든 원천이며 인간본성이 내면생활의 발로로 나타나고 있다는 것이다. 프뢰벨의 놀이 및 노작교육은 유아발달에 있어서 인간발달의 최고의 단계이며 인간의 가장 순수한 정신적 소산이며 동시에 인간생명 전체로서의 인간과 모든 사물 속에 숨어있는 내적인 것과 숨겨져 있는 자연의 생명이 그 원형이며 모사라고 하였다.

이에 본 연구에서는 프뢰벨의 신관에 기초한 종교교육, 놀이교육 및 노작교육과 현대 유아교육에 영향을 미치고 있는지를 고찰해 보고 재조명해 보고자 한다.

(1) 프뢰벨의 교육내용

프뢰벨은 독실한 기독교 신자로서 예수님의 가르침에 순종하였으며 기독교란 순수하게 인간적인 생명의 표현으로 작용하는 것이라고 보았다. 그는 종교를 이미 인간 본질 속에 내제하여 인간과 일체를 이루고 있는 것이라고 하였으며 인간 안에 내재해 있는 것이어서 동시에 지속적으로 추구해 가야 하는 노력이 요구되는 것이라고 표현하였다. 그리고 그의 저서 『인간의 교육』(The Education of Man)에서 "종교란 인간의 정신이 원래는 신과 하나였다는 예감을 분명한 의식으로 높이고자 하는 노력, 그러한 의식을 바탕으로 신과 하나가 되려는 노력, 나아가 신과의 합일 속에서 어떠한 상태에서나 삶의 관계를 밝고 강하게 이끌어 가는 노력"이라고 정의하였다.[2]

프뢰벨은 종교를 교육의 기초로 보고 모든 교육이 종교 위에 기초를 두지 않을 때 결실을 얻을 수 없으며 종교 위에 기초를 둔 교육은 창조적이고 생산적인 것이 된다고 하였다.[3] 그러므로 프뢰벨은 교육내용 중에서 종교를 가장 우선적이고 근본적인 것이라고 설명하였으며 학교의 교육은 모든 것에 앞서서 기독교의 종교를 가르쳐야 한다고 종교교육의 우위성을 주장하였다. 프뢰벨은 어떤 특정한 수단과 방법으로 종교교육을 실시하여야 한다고는 하지 않았지만

---

2) F. Froebel, The Education of Man, p. 140.
3) 고후순, 프뢰벨 유아교육사상, p. 44.

그의 유아 종교교육관은 유아의 생활 속에서 자연스럽게 이뤄져야 하며 부모와 함께 하는 유아의 일상생활 가운데서 구하는 것이 바람직하다고 하였다.

프뢰벨은 유아의 초기단계에서부터 유아들 속에 내재해 있는 종교 감정을 일깨우도록 부모들을 촉구하는 내용은 다음과 같다.

어린 시절에 종교를 위한 준비를 시킴이 없이는 진정한 종교와 신과의 어떤 조화를 이루는 삶이 인간에게 있다는 것은 불가능하다. 신에 대한 믿음은 모든 사람에게, 모든 유아들에게 있다. 그것은 바른 방법으로만 일깨워질 수 있고 깨우칠 수 있음에 틀림없다. 그렇지 않으면 그것은 죽은 채로 남아있게 된다.[4)]

프뢰벨에게 있어 유아 종교관은 미래의 삶을 준비하는 기간이며 이 시기에 부모는 유아가 종교에 대한 신념과 철학을 소유할 수 있도록 일깨워 주어야 하며 책임과 의무를 수반해야 한다는 것이다. 유아기 때의 종교심은 생의 초기부터 양육되고 강화되어야 한다는 그의 종교관을 정의해 보고자 한다.

종교심, 모든 환경과 생활의 여건 가운데서의 삶, 신 안에서의 삶, 그리고 신과 함께 하는 열정적인 삶이 어린 시절부터 한 인간과 함께 성장하지 않는다면 그 후의 삶에서 그것은 왕성한 삶으로 거의 자라지 않을 것이다. 반대로 유아 시절부터 양육되고 강화된 종교심은 삶의 모든 걱정과 위태로움 속에서도 최상의 상태로 자랄 것이다. 유아가 알아차리거나 이해하지 못하는 것처럼 보일지라도 이것이 부모 편에서는 좀더 일찍 시작한, 그리고 가장 빨리 시작한 종교교육의 결실이다.[5)]

프뢰벨의 견해에 의하면 부모들은 일찍 유아에게 잠재되어 있는 종교심을 신장시켜 미래를 위한 삶의 질을 생의 초기부터 양육시켜 나가야 한다는 것이다. 또한 그의 종교관에 기초한 어머니를 통한 공동감정의 발달은 부모와 자녀 사이의 공동 느낌이며 이것이 바로 종교심의 발아라고 설명하였다. "공동감정이라는 이 최초의 감정은 먼저 유아와 어머니, 그리고 아버지와 형제자매에게 결부되어 나아가서는…… 인류와 신과의 일체를 느끼는 의식이 된다…… 이

4) 이상욱, 프뢰벨과 기독교 유아교육, p. 279.
5) F. Froebel, The Education of Man, p. 26-27.

공동감정이야말로 모든 참된 종교심, 즉 영원한 신과의 완전한 결합을 구하는 최초의 노력의 발아이다.[6)]

프뢰벨은 어머니를 통한 유아의 공동감정(feeling of community)이야말로 참된 종교관의 기초로 보았으며 유아와 어머니 사이의 유일한 애정관계, 즉 영적인 결속체로 보았다. 다시 말하면 유아가 어머니와의 내적 연합과 연대성을 경험할 때만 신과의 결합을 경험케 하는 종교관의 밑거름이 된다는 것이다. 더 나아가 프뢰벨은 부모와 유아 사이의 영적인 연합을 통해서만이 견고하고 참된 종교적 감정의 기초를 형성할 수 있다고 주장하였다.

프뢰벨의 가족관계는 종교적인 관계의 특별한 소재이다. 그는 신, 인간, 부모, 자녀들 관계 속에 깊은 의미의 종교관이 내재해 있으며 인간의 관계 속에서 유아들은 신과 인간에 대한 이해를 인식하게 되고 직관력이 형성된다는 것을 암시하기도 하였다. '순수한 인간의 부모-자식관계는 신적인 부자간의 관계와 생명을 실현하는 첫 조건이며 열쇠이다…… 그러므로 참된 부모와 자식관계를 이해하는 것이야말로 신과 인간의 관계를 인식하고 파악하는 유일한 열쇠를 제공한다…… 예수와 신 사이의 친밀한 통일적 관계를 인간적으로 표현하기 위해서는 부모-자식간의 관계에 의한 것이 가장 포괄적이며 진실한 것이다.[7)]

프뢰벨은 부모와 자녀 관계 속에서 유아들에게 신을 이해하고 인식시킬 수 있는 유일한 방법으로 보았고 진실된 부모와 자식 관계의 형성을 통하여 신과의 관계를 이해하는 종교교육이 될 수 있다고 갈파하였다.

(2) 놀이교육

프뢰벨은 유아들을 놀게 하면서 지도할 것을 강조하였으며 노는 가운데 창조적인 충동이 일어난다고 하였다.

---

6) Ibid, p. 25.
7) Ibid, p. 145-147.

노는 것 또는 유희는 이 시기에 있어서 인간의 발달, 즉 아동생활의 최고단계이다. 왜냐하면 유희(Spiel)라는 독일어는 이미 그 말에 나타나는 것처럼 아동이 자기 내면을 스스로 자유롭게 표현하는 것, 자기의 내면적인 본질의 필요와 욕에 내면을 외면으로 표현한 것이기 때문이다. 유희는 이 시기의 아동의 가장 순수한 정신적인 생산이고 동시에 또 인간생활 전체의 모범이라고 해야 할 것이다. 나아가 유희는 인간 및 모든 사물의 내면 깊은 곳에 감추어져 있는 자연적인 생활의 모범이다. 그 때문에 유희는 그 자체가 기쁨이고 자유이며, 만족이고 평정이며 나아가 외계와의 평화이며, 보는 사람들에게 그러한 느낌을 주는 것이다. 또 유희는 모든 선의 원천이다. 그렇기 때문에 신체가 피로해질 때까지 묵묵히 안정적으로 잘 노는 아이는 반드시 성장 중에 있고 희생적으로 타인의 안녕과 행복을 바라고 자신의 행복도 증진시키는 침착하고 끈기 있는 유능한 사람이 될 것이다. 아동이 열심히 놀이에 몰두하여 충분히 놀고 그 후 피로하여 잠을 자고 있는 모습은 이 시기 아동생활의 가장 아름다운 현상이 아니겠는가(Froebel, 1826)?

이와 같이 프뢰벨은 유아교육에 있어서 유희의 가치를 매우 높이 평가하였고 그 의의가 매우 깊다고 생각하였다. 프뢰벨의 유희에 대한 요점은 유희에 의한 안에서부터 밖으로 표현과 유희와 생활 활동의 동일화였다. 그는 안에서부터 밖으로의 표현에 대해서는 유아의 유희에서야말로 인간의 가장 순수한 소질과 가장 내적인 정신이 발휘된다고 하였다.[8]

실제로 놀이는 인간생활의 표현이며 인간은 놀이를 통해서 자기를 표현하고 자기형성을 한다. 이 자기 표현과 자기 형성은 항상 스스로 생명화를 요청하고 있다. 이와 같이 하여 놀이는 인간의 내적 생명을 형태화하고 외적 소재로 생명화한다. 더욱이 이러한 놀이에 참여하고자 하는 노력은 어린이처럼 왕성한 시기가 없다. 즉 유아기의 생활은 놀이로 채워져 있다고 해도 과언이 아닐 것이다. 프뢰벨의 놀이관에 의하면 유아는 활동적이기 때문에 눈에 비치는

8) 팽영일, 유아교육사상의 이해, 창지사. p. 181.

모든 것을 생명과 연관시키고 있으며 이때 유아들은 자기를 형성하기 위해서 놀이생활로 들어간다는 것이다. 유아들의 놀이는 유아의 삶의 일부분이고 때로는 전체일 수도 있다. 유아들이 노는 가운데 가장 순수한 소질과 오묘한 정신이 나타나며 창조력을 기를 수 있다고 하였다. 유아는 또한 놀이 가운데서 활동충동, 창조충동, 그리고 학업충동 등이 일어나고 있기 때문에 유아를 잘 놀도록 인도해야 하며 즐겁고 행복하게 해 주어야 할 것을 강조하였다.

프뢰벨은 놀이를 정신적인 자기 활동적 표현이라는 점에서 어린이의 자연스런 삶으로 보았으며 유아들에게 있어서 가장 귀하고 순수한 활동이며 모든 인간이나 대상물 속에 잠재하고 있는 자연성의 발로이며 모든 선의 원천으로 보았다. 그는 또한 놀이를 아동생활의 거울이라고 보고 "놀이는 자기 및 타인의 삶, 내면 및 외면의 삶의 거울이다…… 잔잔한 호수가 그 주위의 경치를 모두 반사하고 있는 것과 같다. 삶은 놀이에 의하여 모습이 보여지는 것이다." 라고 갈파하기도 하였다.

프뢰벨의 교육의 핵심이라고 할 수 있는 놀이의 특징 중 하나는 생명활동으로서의 놀이이다. 소년의 놀이, 즉 자발적으로 행하여지는 여러 가지 활동에는 자발적인 응용 및 각종 재료에 의하여 이뤄지는 표현활동이라고 할 수 있다.

이 때의 놀이는 놀이대상과 놀이의 재료 자체에 따라 행하여지며 인간의 사고와 감정과도 관계가 되는 것으로 알려지고 있다. 이 시기의 놀이는 생명력과 생명에서 나오는 기쁨의 열매로서 내적인 생명과 활발한 생명력을 부여하고 현실 속의 외적인 생명을 전제로 하고 있다. 이 생명력이 결핍되거나 과거에 부족한 경우에도 생명을 환기하고 기르는데 있어서 퇴색되어 버리고 만다.

"봉오리와 가지처럼 내부로부터 솟아 나와 피어나는 소년 같은 놀이를 해야 할 시기에 오히려 이미 소년으로 되어 버린 꽃처럼 청년의 관찰에 몰두해 버린 소년은 이 놀이의 연령에 있으면서 놀이에 대한 생명이 죽어 있는, 즉 환기되어 있지 않은 소년이라고 할 수 있다"고 보았다.[9] 이는 놀이 자체가 자연스런

9) 서석남, 인간교육, p. 389-390.

생명활동으로 왕성한 생명력의 표현임을 시사하고 있다.

(3) 프뢰벨의 교육사상이 현대 유아교육에 미친 영향

세계 최초의 유치원 설립자 프뢰벨은 독일 낭만주의 교육철학의 이론과 실천의 기초를 닦은 위대한 교육자였다. 그의 교육이론은 초기 낭만주의와 관념론이라는 토양 속에서 잉태되고 발전되었으며 당시 독일 교육사상적 배경하에서 유기론적인 세계상에 근거하는 인간내부로부터의 조화로운 성장을 강조하기도 하였다. 프뢰벨에 의하면 인간은 태어나면서 신에게 받은 무한한 가능성을 가지고 있다고 믿고, 그 무한한 가능성을 신성이라고 명명하여 그것을 인간의 본질로 간주했던 것이다. 따라서 인간내면에는 신과 동일하도록 끊임없이 창조하고, 일하고, 표현하는 힘이 내재하고 있으며 이 인간의 본질인 신성을 발휘하는 것이 교육의 힘이라고 생각하였다. 그리고 이 신성을 이미 유아에게서 발견한 것이 프뢰벨의 독자적인 교육관이면서 이를 유아 종교교육의 기초로 여기고 있는 것이다.

프뢰벨의 교육철학적 사상은 신에 그 기초를 두어 만물 가운데 영원한 법칙으로 정하여 자연은 외계 속에 그리고 정신은 내계 속에 부착시켜 내외 양계를 결합하는 형식으로 밝혀 내고 있다. 내외 양자를 지배하는 이 법칙은 필연적으로 보편적이고 자각적이며 영원히 존재하는 존재자가 신인 것으로 생각하였던 것이다. 이것은 곧 프뢰벨의 세계관, 인생관을 상징하며 모두 신적 통일에 그 기초를 구축하고 있다.

프뢰벨이 기본적인 종교관 혹은 종교교육에서 인류를 하나님의 자녀로 부르고 사람을 하나님이 사랑하시는 대상으로 나타내고 있는 것이다. 즉 어린이를 단지 받아들이는 자로만 보지 말고 더욱 특별하게 창조적이고 생산적인 존재로 여겨야 함을 지적하였으며 이것을 그는 다음과 같은 방식으로 기술하고 있다.

> "하나님께서 인간을 그의 형상대로 창조하셨다. 그러므로 사람은 하나님처럼 창조해 내고 생산해야 한다. 이것이 작업과 근면에서 생산적이고 창조적 활동에서 가장 높은 의미이며 깊은 중요성이 있고 가장 큰 목적이다. 우리들은 부지런함과 성실함에서와 작업과 행동하면서 진실로 거룩하게 된다."

사람이 하나님의 형상으로 지음을 받았다는 프뢰벨의 믿음은 창의적 활동의 중요성, 유아의 놀이, 사람의 활동이나 목적, 그리고 그의 교육의 목적과 같은 교육이론의 요소에 매우 본질적인 기초의 하나로서 표현하고 있는 것이다.

프뢰벨은 종교를 인간이 신과 합일하려고 노력하는 것이라 보았고 이미 성립되어 버린 것이 아니라 영원히 추구해 나가는 것이라고 하였기 때문에 그의 종교교육은 신과 인간에 대한 관계를 통찰시키는 것, 그리고 그 관계의 통찰에 대한 인식을 생명 자체에 적용하고 인류에 한층 더 높은 발전과 형성을 꾀하여 신과 참된 합의를 유지하면서 살려고 하는 노력으로서 수단과 방법을 제공하고 지시하는 것이 그의 참된 종교교육으로 정의할 수 있겠다. 또한 프뢰벨에 의하면 교육을 통해서 인간이 신의 아들로서 자신을 더욱 명확하게 인식하고 이 인식에 따라서 행동하고 생활한다면 그것이야말로 그리스도의 종교에 합당할 것이라고 갈파하기도 하였다. 그러므로 프뢰벨의 순수한 의미에서 아버지와 또는 어머니와 자식으로서의 인간적인 관계를 철저히 하는 것이야말로 신과 인간과의 관계를 인식하고 예감하기 위한 유일한 것으로 보았다. 그러므로 그의 유아 종교교육은 가정을 떠나서는 의미가 없으며 부모와 함께 포괄적이면서 진실하고 적절한 통일자로서의 신의 존재를 인식시키는 것이야말로 삼위일체적인 방식으로 생각하였던 것이다.

프뢰벨의 유아 및 아동교육 사상이 현대의 유아교육에 크게 영향을 미치고 있는 점으로는 아동중심이 교육과 아동이 자기표현 및 창조적 자기활동이 원리, 유희의 교육적 가치에 대한 인식과 은물, 즉 장난감의 교육적 의의, 노작교육의 정신, 그리고 교육에서의 개성과 사회성의 존중과 생활중심의 교육과 교육에서의 창의성, 통일성, 협동교육의 원리의 강조와 교육과 종교의 깊은 관련성, 즉 종교의 교육적 기능과 교육의 종교적 측면을 새롭게 인식시켜 주었다. 그리고 신, 자연, 인간이 합일적인 인간교육 원리를 제시한 것, 그리고 생명의 교육, 힘의 교육, 발전과 성장, 진보중심의 교육원리는 교육의 이론과 실천적인 면 그리고 교육학의 분야에 새로운 시각으로 교육을 조명하는 교육적 영향을 제공해 주었다고 볼 수 있다.

프뢰벨은 활동충동, 노작충동을 도모하기 위해서는 무엇보다도 우선 어린이를 놀이하게 하면서 유도하는 것, 놀이를 지도하는 것, 또 즐겁게 하면서 동시에 힘(能力)을 발전시켜야 한다고 보았다. 놀이는 어린이의 가장 순수한 정신적 표현임과 동시에 인간생활 전체의 모범이 되어야 하며, 그런 까닭에 놀이는 그 자체가 즐거움이 되어야 한다는 것이다. 그는 활동충동, 노작충동을 도모하기 위해서는 놀이가 중요하다고 주장하고 그들을 도모하기 위한 수단으로 은물(Gabe)을 고안하였다.

프뢰벨은 정신이 자기표현에 의해서 자각하기 위해서는 교구를 필요로 하며, 재료를 통해서만 자기를 표현할 수 있고 또한 교구를 가공하는 것에 의해서만 이들은 발전할 수 있는 것이라고 주장하였다. 따라서 그는 유아교육을 형성시키기 위한 적절한 교구를 주지 않으면 안 된다고 주장하고 유아를 위한 은물의 고안과 제작에 착수하였다. 프뢰벨은 은물을 흥미 본위로만 만들지 않았다는데 역사적 의미가 있다. 은물을 줄 때 단계적으로 주어야 하는 것이 무엇보다 중요하다. 왜냐하면 발달은 비약이 없기 때문이며 연속적 발달에 따라 각 연령단계에 맞추어 배열되어 있기 때문이다. 프뢰벨의 '은물'은 역사상 유아교육에 가장 중요한 역할을 했다. 은물 사용의 목적은 무엇보다도 우선 자연을 인식시키고 일, 즉 자연의 법칙(신)을 인식시키고 신과 같이 창조하는 일이다. 은물에는 여러 가지 모양이나 뾰족한 점이라든가, 평면이라든가, 간단한 모양이 있어 이것은 분리되었다가 다시 결합으로 되돌아가면서 놀 수 있다. 여기에서 프뢰벨은 『어머니의 노래와 사랑의 노래』를 발간하고, 이 저서에서 어머니의 마음 깊숙한 곳에 머물러 있으면서 신적인 모성적 본능 속에 잠재되어 있는 숭고한 정신적인 것을 추구하고 있다. 프뢰벨은 부모 중에서도 아버지보다 어머니 교육을 특히 중요시했고, 이 교과서는 프뢰벨의 발달 단계 중 첫 단계인 유아(infant)를 중심으로 썼으며, 유아기에 있어서는 시와 노래, 그림과 유희를 통하여 신체를 단련하고, 마음을 수련하고 정신을 강하게 하도록 지시하고 있다. 프뢰벨은 자신이 만든 놀이라든가 게임, 이야기 등은 어린이가 어머니 품에 있을 때부터 어린이의 생을 형성시키도록 해야 한다고 주장하였다.

프뢰벨의 삶은 출생에서 임종까지 기독교와 밀접한 관련을 맺고 있으며 종교를 떠나서는 그의 생애나 교육을 생각할 수 없다. 그의 생애를 반추해 보면 그는 루터파 목사의 가정에서 태어나 어린 시절부터 기독교적인 가르침과 경건생활을 중시하는 생활을 배우며 자라났다. 프뢰벨의 종교생활은 아버지와 교인들 간에 나눠지는 상담이나 대화를 통해서 자연스럽게 종교적인 지식을 습득하게 되었고 교회와 학교에서의 종교적인 가르침에 깊은 감명을 받게 되었으며, 그 가르침이 예수님의 삶과 업적과 성품에 대해 깊이 알게 되는 순간으로 작용하였다는 것이다.

프뢰벨의 교육관이나 교육원리가 확고하게 정립된 것은 페스탈로치의 교육사상에 영향을 받은 것도 있지만 페스탈로치 역시 종교교육을 받은 신앙인이었고 또한 프뢰벨과 깊은 우정을 나누었던 친구 밋덴도르프와 관계된 신학생들이었기 때문인 것으로 널리 알려지고 있다. 프뢰벨은 평생 기독교 신앙을 지킨 사람이었으며 철저하게 진실된 경건의 사람으로 자신의 삶을 일관하였다. 그의 전 생애는 우주의 통일과 조화라는 신비스러움을 찾아내기 위한 노력으로 묘사되고 있다.[10)]

프뢰벨은 그의 종교 교육사상에서 신관, 자연관, 인간관을 주장하게 되었는데 신이 우주를 지배하는 주체가 되기 때문에 신-인간-자연의 관계는 불가분의 관계라는 것이다. 즉 만물에는 영원한 법칙이 있고 그 법칙에 의하여 만물은

10) 권소영, 프뢰벨과 몬테소리의 종교교육에 관한 비교연구, 장신대학원 석사논문, p. 16-17.

움직이며 작용하고 내부에 있는 정신이 자연에 의해 외부로 보여지고 외부에 있는 자연이 정신을 통하여 내부로 드러난다고 하였다.[11)]

프뢰벨에 의하면 신은 만물 중에 존재하고 만물은 신 가운데 존재한다는 만유재신론적 세계관도 주장하였으며 신(God)은 신성의 근원으로 만물을 초월한다고 하기도 하였다. 즉 만물은 신에 의해 창조되었기 때문에 만물의 내계와 외계의 형성법칙이 신성으로 연결되며 그 신성이 창조적인 자기 활동으로 전환되고 있다는 것이다.

프뢰벨의 자연관은 신의 정신을 보다 명확하게 관철시키고 있고 인간은 자연 속에서 자연을 관찰함으로써 자신의 본질을 명확히 깨닫게 된다고 시사하였다. 프뢰벨의 자연관은 또한 자연 가운데서 보다 순수하게 나타나며 자연은 곧 신의 정신이기 때문에 인간의 고귀한 본질과 품위를 거울에 비추어 보듯 볼 수 있다고 설명하고 있다.

또한 프뢰벨에 의하면 인간은 신의 형상을 모방하여 창조한 존재이므로 모든 인간은 은혜의 징표로 신의 창조물 속에 포함되며 다른 피조물과 구별되는 존재로 부각시키고 있다고 하였다. 뿐만 아니라 프뢰벨의 인간관이란 인간성 속에 신의 본질이라고 할 수 있는 고유하고 독특한 개성과 다양성이 잠재되어 있고 그 잠재 가능성을 표현하는 것이 자기 발전의 길이라고 표현하였다. 프뢰벨의 인간관의 또 다른 특징은 인간을 관계성의 관점에서 보았고 인간을 인류의 '부분적 전체'라고 언급하고 있다. 프뢰벨의 인간교육에서는 "인간과 인간에 내재하는 인간성은 외적 현상으로서 이미 완전히 나타난 것, 완전히 생성되고 고정화된 것, 그리고 부동한 것으로써가 아니라 앞으로 끊임없이 생성을 계속하고 있는 것, 발전해 나아가는 것, 영원히 산 것으로서 무한과 영원 속에 안주할 목표를 지향하면서 발전과 형성의 한 단계에서 다른 단계로 변함 없이 전진을 계속하는 모습으로 고찰되어야 한다."고 서술하였다.

---

11) F. Froebel, Die Mensch enerziehung, Froebels Ausgewahite Schriften, Band Ⅱ. herausgegeben Von E. Hoffmann, Dusseldorf und Munchen : Verlag Helmut Kupper, 1968, p. 37.

이와 같이 프뢰벨에 있어서의 종교는 그의 교육원리의 기초를 이루게 하였으며 그의 교육원리를 이해하기 위해서는 그의 종교의식이나 종교관을 먼저 살펴보아야 할 것이다. 프뢰벨의 세계관과 인생관은 신적인 통일에 기초를 두고 있어서 "어린아이와 같지 않고서는 천국에 들어갈 수 없다"고 하였고 가정을 신의 동산으로 명명하되 가정에서 부모의 신앙과 종교적인 삶을 통하여 유아에게 잠재된 종교적 감정을 일깨워야 한다고 강조하였다. 프뢰벨의 종교교육은 삶이 주어지는 모든 여건과 환경 속에서 이루어지는 신을 향한 열정과 경건의 모습을 통한 교육을 부르짖었고 부모의 모범적인 종교적 삶을 보고 듣고 느끼는 것이 자연스런 신앙으로 자리잡을 수 있다고 강조하였다.

프뢰벨의 유아 종교교육은 한 마디로 함축하자면 가정 내에서 부모와 함께 하는 "관계중심"의 신앙교육이라고 할 수 있겠다. 그리고 그의 종교관의 중요한 요소는 부모가 유아와 함께 하는 신앙을 부모와의 인격적인 사랑의 관계가 신을 이해할 수 있는 관계로 이어진다고 하였으며 이는 곧 유아에게 돈독한 신앙심과 종교심의 토대를 구축할 수 있다고 설명하고 있다.

프뢰벨의 유아 종교교육에서 볼 수 있듯이 인간의 모든 활동은 신의 활동을 상징하는 것으로 어린이의 활동, 창조, 표현 충동은 놀이와 노작으로서 나타나며 어린이의 창조적인 자기 활동을 교육의 중추로 생각하였다. 즉 놀이와 노작(작업)을 통하여 성장의 초기부터 어린이의 활동충동이 올바로 형성되고 도야되어야 할 필요성을 느꼈다는 것이다. 유아에게 어떤 것을 가르치는지 보다는 무엇을 통해서 배우는가를 더 중요시 여기고 놀이기구를 고안 · 제작하였다.

프뢰벨은 놀이를 단순한 쾌락의 추구로 보지 않았기 때문에 놀이는 지극히 진지한 것이고 깊은 의의를 동시에 수반한다고 하였다. 다시 말하면 놀이는 어떤 것에도 걸림돌이 되지 않아야 하며 자유롭게 자발적이며 자주적인 인간의 활동으로서 유아의 욕구를 충족시켜 주어야 하고 유아의 미래 생활을 이끌어 낼 수 있어야 된다는 것이다.

프뢰벨은 특히 놀이가 갖는 내면적이고 정신적인 가치에 중점을 두었고 유아 내면 세계의 각성자로서 놀이의 기능을 강조하였다. 그는 유아의 놀이에서

극히 중요한 것은 놀이하는 사이에 유아의 마음 속에 생성되는 것과 유아 마음의 눈이 뜨이고 각인되는 것이라고 주장하면서 놀이는 유아의 의식을 확대하고 심화시키고 행동에 대한 통제력을 증대시키는 중요한 기회가 된다고 역설하였다.[12)]

그러는 가운데 프뢰벨은 현대교육의 가치를 새롭게 부각시킨 노작교육을 창안하게 되었는데, 프뢰벨에 의하면 노동을 통한 생활학습이야말로 힘차고 구체적인 학습으로 생생하게 발전을 계속할 수 있다는 것이다.

프뢰벨에게 있어 노작은 정신적인 것이면서도 인간의 본질에 관한 의식발전의 원동력으로 간주하고 있다. 그에 의하면 신이 창조한 인간은 항상 일하는 존재로써 신적인 본성은 인간 안에도 내재해 있기 때문에 노작(일, 행위)이라는 것은 인간의 본성을 외계에 발현시켜 창조적인 활동으로 연계해야 한다고 하였다. 프뢰벨의 노작교육은 유아가 참된 인간으로 발달하기 위한 노력의 표현이며 노작충동에 몰두해야 한다고 하였다. 그는 단순한 유아의 생명활동의 모두를 노작으로 보았으며 나아가 생명을 활동, 작업, 창조라는 신성의 표현으로 인식했다. 그러므로 프뢰벨의 노작교육은 인간 생명의 원리이며 생명의 발전을 이루기 위한 교육의 원리로 부각시켰다고 볼 수 있다. 그는 노작을 인간의 본질로 보았으며 어떤 목적을 위한 수단이 아니기 때문에 인간생명의 창조적이며 자발적인 활동으로 간주하고 있는 것이다.

이처럼 노작교육은 창조적인 자기 활동으로서 단순히 신체나 손발의 감각을 키우는 것만이 아니라 심정의 발달과 정신도야 그리고 내적 감각을 일깨우게 되며 내면적, 정신적인 의의가 있다고 볼 수 있겠다. 노작교육의 내면적 세계는 놀이와도 깊은 관련이 있어서 프뢰벨은 놀이를 통하여 유아의 내적 세계를 스스로 표현하고 정신적인 산물을 창출할 수 있다고 하여 인간 생활 전체의 규범이라고 논의하기도 하였다.

마지막으로 프뢰벨의 유아교육이 현대 유아교육에 미친 영향을 정리해 보면

12) 권소영, 프뢰벨과 몬테소리의 종교교육 비교연구, 장신대학원 석사논문, p. 32-33.

첫째, 유아기에 대한 깊은 사랑과 이해를 보였다는 점을 지적하고 있으며 누구보다도 어린이를 사랑하고 개성을 존중한 프뢰벨은 인간의 신성을 믿었기 때문에 어린이를 소중하게 교육해야 할 대상으로 보았다는 점이다. 둘째, 유희의 교육적 가치를 인정하고 정당한 위치를 부각시켰다는 점이다. 셋째, 자기활동의 원리인데 유아로 하여금 스스로 생각하고 창조하며 표현할 수 있도록 활동중심의 원리를 인지시켜 나갔던 점이다. 넷째, 표현을 강조한 점으로써 페스탈로치는 직관의 입장을 정당화시켰지만 표현을 강조한 최초의 사람은 프뢰벨이라는 것이다. 다섯째, 매우 뛰어난 교육원리로 지적되는 것이 사회적인 관계에 관한 고찰이다. 여섯째, 암기중심의 탈피를 시도한 사람으로써 당시의 형식적 종교교육이나 암기식 교육방법을 거부한 것은 큰 결단이고 용기였다고 지적하지 아니할 수 없다. 일곱째, 프뢰벨의 가장 큰 공헌으로는 어린이의 집단이 교육활동을 하면서도 행복할 수 있는 사실을 알려준 일을 지적한다. 특히 어떻게 하면 즐겁게 노작할 수 있는가를 구체적으로 유치원에서 보여준 것은 특기할 만한 일이라고 하였기 때문에 이러한 정신들은 오늘날의 유아교육의 흐름과 교육에 크게 공헌했다고 볼 수 있다. 즉 다시 말해서 아동중심의 교육과 아동의 자기 표현 및 창조적 자기활동의 원리, 유희의 교육적 가치에 대한 인식과 은물, 즉 교재 · 교구의 교육적 의의, 노작교육의 정신 그리고 교육에서의 개성과 사회성의 존중과 생활중심의 교육과 교육에서의 창의성, 협동교육의 원리의 강조와 종교의 깊은 관련성 등을 새롭게 인식시켜 주었다고 말할 수 있다.

2) 듀이의 철학적 이념

(1) 머리말

듀이는 그의 교육철학의 대표적인 저서인 『민주주의와 교육』 및 『교육철학』에서 현대 사회생활이 가지고 있는 여러 가지 문제점들을 고려하여 올바른 지적, 도덕적 습관을 형성하는 데에 관련된 문제들을 명백히 체계화하고 있다. 철학은 가장 일반적인 수준에서 교육이론이라고 정의할 수 있으며 교육철학은 철학적 방법으로 철학적 수준에서 교육의 기본적이고 교육현장의 문제를 다루는 학문이라고 할 수 있다. 철학과 교육철학의 양자 사이의 차이를 조화시키고 경험의 일관성이나 계속성을 회복할 필요를 느끼게 된다. 이러한 필요성에서 현시점에서 교육을 재구성해야만 하며 또한 전통적인 철학체계의 기본적인 아이디어를 시급히 재구성하도록 요구되고 있다면, 이것은 과학의 발달, 산업혁명, 민주주의의 발달 등에 수반되는 사회생활의 변화 때문이다. 교육은 무엇이 바람직한가에 관한 가설을 제시하는 것으로 그치는 것이 아니라 실제로 필요한 경험과 지식의 변형을 일으키는 과정이기 때문에 교육은 의도적으로 수행되는 실제요, 철학은 교육의 이론이라고 진술하는 것이 타당하다. 그의 철학의 근본적 특색은 과거의 개념적인 철학적 용어를 씻어 내고 시민의 경험으로부터 그보다 더 풍부한 철학 내용을 쌓으려는데 있었다.

(2) 생애와 활동

John Dewey(1859-1952) 그는 New England(뉴잉글랜드) 지방 Vermont(버몬트)주의 Burlington(버얼링턴)에서 태어나 미국의 개척시대의 분위기 속에서 성장하였다. 듀이는 농촌출신으로 농촌 분위기에서 교육되었다. 듀이가 6세 때 남북전쟁이 일어나고 그의 아버지가 참전하게 되었으며, 3년간 떨어져 살았고 전쟁이 끝난 후에도 2년간 가족이 같이 살지 못했다.

15세가 되는 해에 버몬트 주립대학(University of Vermont)에 들어가 Huxley(헉슬리)의 진화론에 영향을 받았다. 1879년 20세로 학사학위를 받았으며. 대학을 졸업하고 오일시(Oil City)에 있는 작은 고등학교에서 1880년에서 1881년에 이르는 약 2년간 교사로 근무했다. 그 곳에서 듀이는 학생들 사이에서 인기가 좋았다. 그러나 그는 이곳 교사생활에 정착하지 않고 철학연구에 흥미를 가지게 되면서 당시 유일하게 대학원 교육과정이 있는 존스 홉킨스 대학교(Johns

Hopkins University)에 진학하기로 결심하였다. 1882년에는 Johns Hopkins(존스 홉킨즈) 대학 연구과에서 철학, 심리학, 역사를 공부하였다. 프래그마티즘의 창설자로 널리 알려지고 그 대학원에서 그의 스승이었던 퍼스(Charles Peirce)의 논리학 강의에 대해서 방법적인 면에 있어서 그것은 수학적이고 과학적이지 철학적이 아니라고 비판적 입장을 취했다. 그러나 20년 후에 듀이는 퍼스의 논리학 연구의 중요성을 인정하고 자기 철학의 기초가 되었다고 시인했다. 그리고 약 2년간에 걸친 존스 홉킨스 대학원의 연구생활을 통해서 그의 사고 발전에 많은 진전을 보았다. 1884년에 철학박사가 되었으며 미시건 대학(University of Michigan)의 모리스(George S. Morris) 교수는 형이상학 클럽에서 듀이가 발표한 논문을 통해 그의 자질을 높이 평가하였다. 또한 이것이 듀이와 모리스 교수 사이의 친밀한 인간관계를 형성하는데 하나의 계기가 될 수도 있었다. 듀이는 그의 자녀 6명 중 한 아이의 이름을 모리스 교수의 이름을 따라 모리스라고 명명하기까지 했다.

듀이는 1884년 9월 미시건 대학에 철학과 전임강사로 부임하여 1930년 컬럼비아 대학에서 교수직을 은퇴할 때까지 무려 46년간이란 거의 반세기에 걸쳐 대학교단을 떠나지 않았다. 교수와 연구뿐만이 아니고 국내, 외적으로 많은 여행을 하면서 학술강연을 하였고 이들 내용이 수많은 저서와 논문으로 출판되었다. 학문적인 활동 이외에도 정의로운 사회실현을 위한 조직적인 시민활동에도 참가하였다. 듀이는 1884년 모리스 교수와의 인연으로 시작된 미시건 대학의 교수생활은 1894년 그가 시카고 대학(University of Chicago)에 부임할 때까지 9년간이다. 1894-1904년 동안은 시카고 대학의 교수가 되어 '시카고 학파'의 대표적 일원으로 특히 실험주의 교육자로 활약하였다. 시카고 대학 재직 당시 듀이는 교육학 발전에 특별한 관심을 가지고 교육 전문가로서의 교육학 교수, 교육감, 학교장 및 교사교육을 위한 교육학부의 독립을 주장했다. 그는 또 교육적 발견 혹은 이론의 발전을 위한 교육 실험실과 최신 교재, 참고서, 기계적인 도구 등의 전시를 위한 교육박물관의 설치를 주장했다. 듀이의 교육적 제안은 하퍼총장과 이사회의 승인을 얻었고, 1895년 시카고 대학은 듀이학교 또는 실험학교로 알려진 대학부설 초등학교를 개설했다. 시카고 대학시절의 듀이는 활발한 학문적인 활동을 하였고 철학, 심리학, 교육학에 있어서 그의 명성은 대단하였다. 이 대학에서 1896년에 그는 실험학교(University Laboratory School)를 설립하였다. 그의 실험학교는 어린이의 새로운 환경을 고려하는 것을 목적으로 하였으며, 새로운 아이디어와 방법의 실험 및 연구를 추구했었다.

듀이는 프뢰벨의 교육목적에 크게 영향을 받았으며, 그의 실험학교도 그러한 목적들을 성취하는 연습장으로 여겨졌다. 또한 1904년에는 컬럼버스 대학의 철학 과장으로 임명받아 1930년 71세로 은퇴할 때까지 그 자리를 지켰다. 그 후 그는 19년이 넘도록 저작 활동을 했고 그 분야는 교육학, 미학, 윤리학, 심리학, 역사학, 정치학, 철학에 이르기까지 다양하였다. 이러한 저작활동은 미국뿐만 아니라 전세계에 사상적으로 큰 영향을 끼쳤다. 92세까지 생존했던 그의 생애는 남북전쟁과 1, 2차 세계대전을 거쳐 현대까지 체험한 긴 일생이었으며 미국이 유럽의 열강에 뒤떨어졌던 후진국 시대로부터 전세계를 지도하는 최강국으로 발전하여 나가는 시대였고 대내적으로는 개인의 자유, 평등, 행복을 보장하는 자유민주주의적 이상과 제도가 자본주의의 발달과 함께 더욱 성장해 가는 시대에 속하였다.

주요 저서로는 1910년의 『How We Think』, 1916년 『Democracy and Education』, 1925년 『Experience and Nature』, 1932년 『Ethics, 1938년 Experience and Education』, 1939년 『Theory of Valuation』, 1946년 『Problems of Men』 등이 있다.

(3) 교육철학 배경

① 철학의 형성 3기

· **제1기**(1882년-1903년): 사상의 형성기(헤겔의 사상과 다윈의 진화론)

· **제2기**(1903년-1925년): 사상의 성장기(Cloumbia대학을 중심으로 하는 시기)

· **제3기**(1925년-그의 만년): 사상의 완성기(자연주의에로 선회)

듀이 철학의 초기 형성기에 큰 영향을 끼친 것은 헤겔의 사상과 다윈의 진화론이라고 할 수 있다. 그는 Johns Hopkins대학원 시절(1982-1984)에 그의 지도교수였던 G. S. Morris가 Hegel학파의 철학자였기에 그의 영향을 무시할 수 없는 것 같다. Kant의 실체적, 현상적 세계, 경험론자들의 사물을 인식하는 주체와 인식의 대상으로 구분하는 이원론을 비판하고 인간의 경험을 하나의 유기적 통합체로 설명하였다. 헤겔철학에 매혹되었던 듀이는 헤겔로부터 전통적인 철학의 이원론을 극복하는 계기가 되었으며, 자신이 고뇌하던 많은 철학적 문제를 유기적이고 통합된 접근으로 시도할 수 있게 되었다. Morris에 의한 Hegel사상의 영향은 Dewey의 초기 철학에서는 결정적 요인이었다. 그러나, 1880년대부터 Darwin의 진화론에 의한 생물학과 실험 심리학 그리고 현대적 사회학 등에의 과학적 관심이 커지면서 점차 자연주의적 경향으로 전향되었다. 듀이는 Darwin의 생물학적 진화론의 영향으로 헤겔철학의 관념론과 절대주의 사상으로부터 벗어날 수 있는 계기가 되었다.

다윈은 『종의 기원』(The Origin of Species)에서 유기적 세계가 변화와 과정이 하나로 되어 있음을 묘사하고 있다. 이러한 진화론에 영향을 받아 듀이는 인간이 의식적 이성의 면까지 발전되어 온 것을 하나의 진화과정으로 보고, 인간의 계속적인 향상 발전을 강조하였다. 인간의 지속적인 성장과 발전은 이성을 계속적으로 계발시키는 데서 찾을 수 있다고 주장하는 다윈의 사상은 듀이의 교육철학에 대한 진보적 원리에 영향을 주었다.

② 듀이의 교육철학

듀이의 철학적 입장은 실용주의였으며, 그의 교육원리 역시 실용적이었다. 듀이는 분명 Friedrich Froebel(1782-1852)의 영향을 많이 받았다. Froebel은 사회적 상황 속에서 교육의 문제를 보았으며, 학교를 미래 시민을 위한 육아실로 보았다. 아동교육을 위한 그의 중심 논제는 표현(Darstellung)—창조적 자기—의 개념이었으며, 여기에서 아동은 자신의 활동 속에서 자신의 경험을 살아간다. 듀이가 관심을 두었던 종류의 학교는 오늘의 세계 속에서 온전한 삶을 사는 사람을 길러 낼 수 있는 곳이었다. 그리고 그는 이상적인 가정과 같은 학교의 모형으로 생각했다. 학교는 학생들에게 흥미를 주는 다양한 추구를 포함하는 살아있는 공동체이며, 학생들 모두가 공동의 노력에 참여하고 있다는 점에서 그들을 살아있게 만들어 주는 하나의 대가족이자 살아있는 공동체이다. 모든 학생은 전체의 성공에 기여할 수 있는 중요한 무언가를 모두들 가지고 있다.

㉮ **경험과 실험주의 원리** : 듀이에게 있어서 학교는 삶을 살아가고 일을 하는 시민을 위한 장소였다. 학교는 모든 개인들이 경험을 통해서 학문을 배우는 곳이며, 결국 실험의 장소임에 틀림없다. 실제로 우리는 매우 제한된 영역에서만 거대한 사회의 상황과 경제생활들을 학교라는 소사회 속으로 들여올 수 있다. 더욱이 듀이는 자신도 인정했듯이 교육적인 경험 그 자체만으로는 불완전하다. 교육적인 경험은 경험의 종류와 경험하는 사람의 능력—Spearman의 용어를 빌리자면—자신의 경험을 이해하며 관계 및 상호 관련성에 대한 바른 교육을 하게 하는 경험을 말한다. 실제로 어떤 경험들은 비교육적이라 할 수 있다는 것은 듀이는 부인했지만, 듀이식의 교사들은 어린이들로 하여금 자신의경험을 평가하도록 돕는 책임을 가지며, 경험이 안내하는 방향으로 깨닫도록 하는 중대한 책임을 가져야 한다.

㉯ **생활의 필요로서의 교육** : 자기 존재를 계속 지키고자 하는 것은 생명의 본능적인 욕구일 것이다. 그리고 그러한 존재가 존속하는 일은 끊임없는 갱신에 의하여 확보되기 때문에 생명이란 자기 갱신의 과정이다. 사회가 그 구조와 자원에 있어서 더욱 복잡해짐에 따라 형식적이거나 의도적인 교수-학습이 한층 더 필요하게 되어진다. 그러나 형식적인 교육, 즉 학교교육이 그 범위를 점점 확장해 감에 따라 직접 사회생활에서 얻은 경험과 학교에서 얻은 경험과의 사이에 엄청난 불일치성을 일으킬 수 있는 위험은 오늘과 같이 심각한 시대는 일찍이 한 번도 없었고, 그러한 위기는 지난 2, 3세기 사이에 발전된 지식과 전문기술의 급작스러운 진보에 기인된 것으로 보고 있다. 듀이는 농업에 기초를 둔 미국의 구체적 시대가 완전히 종지부를 찍고 산업주의의 근대적 미국이

급격하게 발전하기 시작하는 것을 보고 교육을 국민생활에 필요한 것으로 인식하고 아동은 사회와 교육을 통하여 변천하는 시대에 적응해 나갈 것을 강조했던 것이다.

㉰ **사회적 기능으로서의 교육** : 사회가 존속하는 일은 자기 갱신에 의하지만 그러한 갱신은 결국 아동의 교육적 성장에 의하여 이루어진다고 듀이는 주장하고 있다. 따라서 사회생활을 유지한다든지 사회의 필요에 따라 심적 태도나 성향을 아동의 마음 속에 발전시키고자 한다면 단지 신앙, 감정, 지식을 아동에게 직접 전달해 주는 것만으로는 충분치 못하게 되며, 그것은 학교 환경을 제공해 줌으로써 성취될 수 있다고 설명하고 있다.

듀이는 학교가 일상생활이 제공하는 공동생활에 비하여 독특하다고 볼 수 있는 세 가지 기능을 다음과 같이 말하였다.

첫째, 복잡한 문명은 그 전체를 일시에 동화시킬 수 없다. 둘째, 학교는 가능한 한 기존 환경의 무가치한 특성들을 제거한다고 해서 아동의 습관에 영향을 주지 않는다. 셋째, 학교의 과업은 사회 환경들 사이의 균형을 보전하여 각 개인으로 하여금 그가 태어난 사회 집단의 제약으로부터 벗어나 보다 넓은 환경과 더불어 살아있는 접촉을 가질 수 있도록 하는 것이다. 듀이는 학교가 지닌 독특한 기능을 학교라고 하는 특수 환경의 의무로 나타내고 있는 것이다.

㉱ **지도와 성장으로서의 교육** : 듀이는 교육의 임무를 '통제', '선도'가 아니라 '지도'라는 말로 표현하였다. 교육의 임무란 지도하는 데 있는 것이다. 지도라는 것은 육체적으로 강제로 이끄는 것과는 다르다. 이는 아동이 본능적으로 나타내는 충동을 어떠한 특수한 목적에다 집중시켜 선한 습관을 만들어 주는 일이다. 아동의 무의식적 행동을 흥미 있는 방향으로 자극을 주어 도덕적 방향으로 지도하는 것이 학교교육의 임무이다. 아동은 학교사회 생활에 있어서 교사의 행위를 본받아 그 행위를 모방할 수 있다. 그렇기 때문에 교사의 행위와 아동의 행위는 똑같이 공동의 선과 도의를 확립하는 방향으로 서로 지도되어야 한다. 학교는 아동이 이러한 공동의 도덕적 행동을 조성하도록 더욱 민주적 기회를 마련하여야 할 것이다. 앞에서도 언급한 바와 같이 듀이 교육상의 핵심은 성장

과 변화에 있다. 아동의 행동 속에는 무한히 발전할 수 있는 가능성이 내포되어 있다. 따라서 아동의 행동을 지도하는 데 있어서 사회는 아동의 미래를 결정하는 동시에 사회 자체의 미래도 결정하게 된다. 그렇기 때문에 내일에 나타날 수 있는 결과를 향하여 여러 가지 활동이 누적되어지는 것을 듀이는 성장이라고 말하고 있다.

㉤ **개조로서의 교육** : 듀이의 교육에 대한 정의는 과거의 전통적 · 보수적 교육관과 대립이 될 것이다. 특히, 유럽의 교육사상가들이 주장하는 교육의 준비설, 개발설, 그리고 형식적 도야설과도 대립이 된다. 그렇기 때문에 듀이는 과거의 전통적 교육관을 극복해야 하며, 교육이란, 생활의 과정인 동시에 아동이 체험하는 경험의 끊임없는 개조(reconstruction of experience)라고 주장하고 있다.

교육이란 아동의 내부로부터 단지 잠재적인 능력을 계발하는 것도 아니고, 또한 외부로부터 오직 과거의 전통이나 문화의 유산에 입각하여 아동의 마음을 형성한다는 것도 아니다. 교육은 경험의 끊임없는 개조이다. 경험의 끊임없는 개조에는 시종일관 아동이 오늘의 생활을 어떻게 하면 보람된 삶이 되도록 할 것인가 하는 도덕적 목표가 전제된다. 그리고 어릴 때나 청년이나 노년의 각기 처해 있는 시기에서 우리는 모든 경험으로부터 학습하게 되기 때문에 그것은 가치가 있는 것이 된다. 그렇기 때문에 아동이나 교사 모두에게 있어 교육하고, 교육받는 과정은 상호간의 경험을 개조하고 경험을 다시 쌓아올리는 계속적인 성장 · 발달의 과정인 것이다. 이러한 과정을 듀이는 교육이라고 정의를 내렸던 것이다.

(4) 유아교육과 듀이와의 관계

① 듀이의 유아관과 아동관

㉮ **아동중심주의** : 그의 교육사상은 아동중심주의이다. 그는 전통적인 교육, 즉 교사와 교과서 중심주의 교육에 비판을 가하였다. 듀이는 "교육은 아동이 중심이고, 목적이며, 아동의 성장과 발달이 이상이다"라고 하고 아동중심주의

적인 입장을 명확히 표명하였다. 그의 아동중심주의 교육은 유아나 아동의 개성을 신장하고 키워 주는 것이고 아동의 실제 경험을 통한 학습, 생활 속에서 기회를 포착하는 교육이다. 그리고 그것에 의하여 생동하는 사회에 대한 적응을 가져다 주는 교육이다. 듀이는 전통적인 교육은 이에 반하여 위로부터 주어지는 것, 외부로부터의 훈련, 교사와 교과서로부터의 학습, 먼 미래의 성인이 되었을 때를 위한 준비에 지나지 않는다고 비판하였다. 루소는 교육은 자연에 따른 발전의 과정이고, 인간은 태어나면서부터 신적인 자연성을 지니고 있으며, 인간은 그것에 의해 자연스레 발달해 갈 수 있다고 하였다. 이에 비해 듀이는 인간에게 선천적으로 내재하는 자연성을 부정하였고, 아동을 자연에 내버려 두어서 방임하지 않고 적당한 환경을 제공하여야 한다고 했다. 여기에서 그가 말하는 적당한 환경이란 정신적, 물리적, 사회적인 환경이다.

㈏ **아동의 사회성** : 듀이는 아동중심주의 교육은 이와 같이 사회적인 환경을 중시하였고 이것은 아동의 편에서 보면 아동의 사회성에 눈을 돌리는 것이었다. 그에 의하면 유아는 무기력한 존재이며, 다른 동물에 비교하면 자연적인 능력은 매우 열등한 상태이다. 그러나 이러한 무력함의 이면에 풍부한 가능성(가소성)을 감추고 있다.

아동은 이 무력함 때문에 성인에게 의존할 수밖에 없는 소극적인 존재이다. 그러나 이 때문에 다른 동물들에게는 볼 수 없는 적극적인 사회관계를 만들어 가는 것이다. 인간은 자연적인 면에서의 연약함을 강력한 사회성으로 보완하는 것이다. 유아들의 세계는 객관적이라기보다 주관적 혹은 자기중심적인 세계이다. 그러나 유아가 이기적이고 자기중심적이라고 하더라도 그것이 곧 유아에게 사회적인 반응이 없는 것이 아니라 자기 자신을 위해서만 사회적으로 반응하고 있을 뿐이다. 아동들의 놀이에서는 또래들 사이에서 지켜야 할 규칙이 성립한다. 아이들은 규칙이 파괴되면 놀이를 중단한다. 아이들은 사회적인 활동에서의 불공평에 대해서 분노를 느끼는 것이다. 거기에는 이미 행동의 표준화가 생기고 있고, 질서를 수립하고자 하는 사회적인 정신도 움직이고 있다. 이처럼 아동은 사회적인 활동에 의하여 무의식적으로 충동을 억제하고 개조하는 지성을 성장시켜 간다.

㉰ **사회의 개조** : 듀이는 '사회는 아동의 행동을 지도함에 있어서 아동의 미래를 결정함과 동시에 미래사회도 결정한다'고 하였다. 교육은 단지 아동에게 현존의 습관을 재현하는 것이 아니다. 교육이라는 작용보다는 좋은 습관을 양성하는 것이고, 아동이 성장한 후 현재의 사회보다 나은 사회가 될 수 있도록 하는 '사회적 진보와 개량의 기초적인 방법'이다.

㉱ **충동** : 듀이는 교육상 아동의 내부에 있는 충동을 중시하였다. 충동적인 활동은 맹목적, 우발적으로 서로 충돌하고 직접적으로 환경에 적응하지 않고 기성의 관습과 일치하기 어렵다. 그렇기 때문에 유아를 인도하는 것이 필요한 것이다.

성인이 가지고 있는 관습과 규칙이 아동의 행위를 지도하고 환기시켜서 자극을 주면 아동 자신이 결국은 자기의 행위를 결정하는 것이다. 아동에게 어떠한 일이라도 무리하게 행동하게 할 수 없다. 그렇기 때문에 듀이는 아동의 본능적인 충동을 이용하여 지도하는 것이 현명하고 경제적인 방법이라고 하였다.

㉲ **흥미** : 듀이는 교육상 아동의 흥미를 네 종류로 대별하였다. 즉 담화와 교류의 흥미, 탐구와 사물 발견의 흥미, 제작과 구성의 흥미, 예술적인 표현의 흥미가 그것이다. 이 네 가지 흥미는 충동과 대응된다. 교사가 아동에게 제시하는 교재는 아동에게 능동적인 흥미를 촉진시킬 수 있는 것이어야 한다. 듀이의 흥미론은 이러한 흥미있는 교재만이 유아의 활동을 전진시킬 수 있다는 것에 교육적인 특징이 있다. 훈련도 교사로부터의 일방적인 강요가 아니라 아동 자신의 자발적인 목적 실현 능력을 양성하려고 하는 것이다. 여기에 적극적인 의의가 있다.

㉳ **사고작용** : 듀이는 반성적 사고를 동반한 반성적 경험의 일반적인 양상으로 의혹, 추측적 예견, 고안의 탐구, 가설의 추고, 가설의 검증이라는 다섯 가지를 들었다. 이것에 의해 전반성적인 상황에서 후반성적인 상황으로 변용되는 것이다. 사고작용은 결코 추상적, 관념적인 것이 아니다. 그것은 객관적인

상황과 상호작용을 하고, 심신의 계속적인 활동에 의하여 기초화된 경험 과정 위에서 전개된다. 교육에서 아동 자신의 사고 활동을 환기하기 위해서는 아동 자신이 생활 속에서 쉽게 얻을 수 있는 그리고 생화에 적응할 수 있는 지적 자료를 이용하는 것이 중요하다..

㈔ **미성숙** : 듀이는 인간의 아동은 매우 야만적이고 무력한 존재라고 하였다. 유아는 무력하고 경험이 더 확대되어야 할 정도로 좁고 미성숙하다. 그러나 이 미성숙이 성장의 제1조건이다. 미성숙은 결여나 부족이라는 소극적인 의미가 아니라 성숙하려는 상태나 경향이다. 적극적으로 존재하는 힘이나 발전 능력을 의미한다. 미성숙에부터 출발하는 유아의 성장은 의존성과 가소성을 갖는다. 의존성은 인간의 독자적인 사회적 관계를 형성하기 위해서, 가소성은 사회적인 환경의 개조와 인류의 발전을 위해서 없어서는 안 될 요소이다. 그의 교육학은 아동의 활동이나 성장을 적극적인 힘으로 간주하는 교육적인 특징이 있다.

② 듀이의 실험학교

4-14세까지의 어린이들을 10개 집단으로 나누어 구성한 실험학교에서, 가장 어린 집단인 4-6세까지의 어린이들은 준기초교육 학급으로 형성되었다. 듀이는 이 학급을 유치원이라고 불렀으며 이 학급의 특성은 기존 유치원의 경향과는 많이 달랐다. 듀이의 실험학교는 1903년까지 계속되었다. 이 실험학교는 1898년 가을에 재원하는 아동이 82명으로 증가하였다. 학급 집단은 소수로서 8-10명씩을 각 교사가 담당하였다. 실상 학급 집단이 작다는 것 이외에는 교육과정에 있어서나 교육방법에 있어서나 초등학교와 별로 다를 바가 없었는데 듀이는 결코 색다른 계획하에 이 학교를 운영하려는 것이 아니라, 다만 학습지도법에 있어서 좀 더 자연스러운 것을 발견해 가는 여러 조건을 찾아가려는 것이다. 따라서 교사들에게 새로운 방법을 이곳에서 실천하도록 명한 것은 아니고 다만 학교와 지역사회 사이의 장벽을 타파해 가는 방법을 발견한 것이다. 또한 암기의 어구 해석에 허덕이고 있는 어린이들에게 그 부담을 증가

시키는 일을 없애면서도 학습내용으로는 보다 풍부하고 보다 변화가 많은 것을 채택하는 방법을 발견하는 일이다. 그리고 교사로서 유의할 사항으로 읽기, 쓰기, 셈하기를 더욱 흥미 있고 생생한 활동을 통해서 습득시킬 것을 요구하였다. 읽기, 쓰기, 셈하기는 아동이 다른 것을 학습하는데 기초가 된다는 필요성을 아동 스스로가 통감했을 때 노력하게 되고 능률도 오른다고 생각하였다.

듀이의 실험학교는 교육계에 커다란 공헌을 했으며, 이 실험의 결과 교육과 교육 실천의 두 부문은 긴밀한 관계를 형성하게 되었고 더욱 융합하여 하나가 되었다. 즉 교육도 인간 및 인간사회를 연구하는 철학 영역이 될 수 있으며 개인 입장에서 보면 자기 자신과 자기 환경을 실험적으로 연구하는 영역이 된 것이다.

(5) 시사점

① 한국의 교육과 듀이와의 관계

우리나라가 교육에 있어 서양의 사상과 이론과 제도를 받아들이게 된 것은 조선시대인 1880년대이다. 이 때부터 전통적인 교육과 서양식 신교육이 병행하게 되었다. 그 후 일제 강점기에는 전통적인 교육이 급속히 단절되고 서양식 교육제도 일변도로 전환하였다. 해방이 되었지만 전통교육으로의 회귀는 없이 오히려 서양의 교육을 '새 교육'이라는 이름으로 더욱 체계적, 적극적으로 수용하게 되었다. 이때 들어온 것이 듀이의 교육철학이다. 이제 그의 교육철학이 들어온지 50년이 지났다. 한국의 현재의 사회적 조건들은 듀이의 교육철학을 탄생시킨 미국의 사회적 조건들과 중요한 점들에서 유사하다는 것을 알 수 있다. 즉, 듀이의 교육철학과 교육이론은 1980년대 중반까지는 한국의 교육현실상에 실제적 타당성이 적었으므로 교육 실제에 잘 적용되지 못하고 구호에 그친데 비하여, 1980년대 말에 와서는 실제적 타당성이 어느 때보다 높아졌다고 하겠다.

② 교육관의 변화

㉮ **진보주의 교육운동** : 진보주의 교육운동은 교사중심의 전통적 교육의 편협성과 형식주의가 낳은 비인간화에 대한 반발로 19세기 유럽과 20세기 미국에서 일어난 교육운동이다. 진보주의 교육운동은 페스탈로치와 프뢰벨을 거쳐 듀이, 니일, 몬테소리 등 자유주의 아동중심 교육사상과 같은 맥락에서 발전하였다. 이 교육운동은 모든 교육의 중심에 아동이라는 점이며, 아동의 전인적 성장 · 발달에 초점을 두었다. 따라서 진보주의 교육운동의 기본사상은 아동중심주의에 입각하여 행함으로 배우는, 즉 자기 주도적 학습을 내세웠다. 1905년 듀이가 교육철학 저서인 『민주주의와 교육』을 내놓자 그의 진보주의 사상은 구체적으로 미국 교사들에게 영향을 미치기 시작했다. 특히 1918년에는 듀이의 신봉자들이 진보주의 교육협회를 결성하여 전통적 교육환경을 개선하는데 기여하게 되었다.

㉯ **아동중심의 교육** : 1930년 진보주의교육협회는 진보주의 교육목적을 일곱 가지 항목으로 발표하였다.

- 자연적으로 발달할 수 있는 자유(Freedom to develop naturally)
- 흥미는 모든 직업의 동기(Interest, the motive of all work)
- 교사는 감독자가 아니라 지도자(The teacher, a guide not a task master)
- 학생 발달에 관한 과학적 연구(Scientific study of pupil development)
- 아동의 육체적 발달에 영향을 미치는 모든 것에 대한 적극적인 관심(Greater intention to all that affects the child's physical development)
- 아동 생활의 요구에 응하기 위한 학교와 가정과의 협력(Cooperation between school and home to meet the needs of child life)
- 진보주의 학교는 교육운동의 지도자(The progressive school, a leader in educational movements)

이러한 듀이의 교육관은 아동중심 교육사상이었다. 진보주의 학교는 아동으로 하여금 다른 학생들과 더불어 협동하며 서로 신뢰하고 각자의 인격을 존중하면서 도덕적, 민주적 사회생활을 경험할 수 있는 사회생활 자체의 광장이 되어야 한다고 하였다.

③ 교육방법의 변화

㉮ **교육내용 선정과 조직** : 듀이가 주장하는 교육내용 선정의 몇 가지를 살펴보면 다음과 같다. 첫째, 교육내용의 출발점은 아동 자신이어야 하지만 이는 교과 혹은 지식과 연결되어질 때에 가치 있다고 볼 수 있다. 둘째, 교육내용으로의 경험은 중요하나 지적 요소가 개입되어야만 교육효과를 가져온다. 셋째, 교육이란 사고하는 것을 배우는 것이기에 교육내용은 사고의 과정을 담고 있어야 한다. 넷째, 교육의 내용은 유아와 가정이 중심이 되어야 하며 아동의 사회적 활동에 초점을 맞추어야 한다. 이 모든 것은 아동의 경험이 지적요소와 연결되도록 현재의 경험에서 출발하되 능동적 학습은 나선형적으로 조직해야 한다. 또한 듀이의 교육내용 조직원리에 의해 조직되어야 한다. 위의 내용을 바탕으로 다음과 같은 시사점을 얻을 수 있다.

첫째, 유치원 교육과정의 내용은 발달적 차원, 문화적 차원, 지식차원에서 선정되어야 한다.

둘째, 유치원 교육의 내용은 과정과 결과를 중요하게 여겨야 한다.

셋째, 유치원의 교육내용은 통합적으로 운영되어야 한다.

㉯ **학습자 중심 교육방법** : 그는 교육 방법의 본질은 반성의 본질과 동일하게 봄으로써 교사중심의 교육방법보다 학습자 중심의 교육방법을 제시한다.

- 학습자는 진정한 경험의 장면을 가져야 한다.
- 학습자의 진정한 문제가 이러한 경험의 장면 속에서 사고를 자극하는 요인으로 발전되어야 한다.
- 학습자는 정보를 소유하여 그것을 활용하는데 필요한 관찰을 할 수 있어야 한다.
- 학습자는 문제해결의 단서로부터 단계별로 발전시킬 수 있는 책임감을 가져야 한다.
- 학습자는 자신의 사고를 적용하여 검증할 수 있는 기회를 지녀야 하며 스스로 의미를 분명히 알아가고 그 의미의 타당성을 찾도록 해야 한다.

이와 같은 교육방법이 학습자의 지성을 효과적으로 계발시킬 수 있는 방안이며 지성적 교육방법인 것이다. 학습과 수업의 방법을 지속적으로 개선하는 유일한 직접적 방안은 사고를 실험하고, 확장시킬 수 있는 여러 가지 물리적 조건을 조성하도록 역점을 두는 것이다.

㉰ **학습자의 사고가 계발될 수 있는 구체적인 방법** : 교육자는 다음과 같은 단계를 고려해야 한다.

- 사고라고 불리어지는 발전적 경험에 대한 최초의 단계는 경험이다.
- 사고의 자료는 사상이 아니라 여러 가지 행위, 사실, 사건, 사물의 관계이다.
- 사고와 상호 관련된 사실, 자료, 이미 습득한 지식 등은 잘 정리되어 후에 관념이 된다.
- 사고를 통한 관념은 실제로 행동해 봄으로써 검증된다.

㉱ **듀이의 교육방법적 태도** : 듀이는 교육방법이란 교육목적에 의하여 지성적으로 지도된 행위의 방법이라고 주장함으로써 이에 따른 교육방법적 태도를 밝히고 있다.

- 솔직성(directness)
- 열린 마음(open-mindedness)
- 성심성(sincere-mindedness)
- 책임성(responsibility)

㉲ **교수-학습 방법** : 듀이가 주장하는 교수방법은 정리하면 다음과 같다.

첫째, 아동의 본성에 따라야 한다.

둘째, 교육방법은 아동의 흥미를 존중해야 한다.

셋째, 교육방법과 교육내용 및 교육의 목적은 분리될 수 없다.

넷째, 교육의 개별화 방법을 찾아야 한다.

다섯째, 아동들의 자발적인 자기표현에 의한다.

이를 바탕으로 다음과 같은 시사점을 얻을 수 있다.

첫째, 유치원교육에서는 교사와 유아가 능동적으로 상호작용할 수 있기 때문에 교육의 효율성이 높아질 수 있다.

둘째, 교수-학습 과정에서 유아의 흥미는 중요하게 다루어지고 있다.

셋째, 교수-학습 과정에서 개별화 방법이 유용하다.

넷째, 유치원교육에서는 교육의 목적과 교육방법, 교육내용이 통합될 수 있다.

㉶ **경험의 재구성 및 성장** : 듀이에 의하면 이와 같이 교육의 의의와 목표는 아동의 경험을 생활(삶)과의 관계에서 생각해야 한다. 즉, 아동이 살아가고 있는 그 자체가 필연적으로 삶의 교육을 요청한다. 이러한 의미에서 교육은 생(生)의 필연성 내지 필요성으로 존재하고 있다고 할 수 있다. "사회 공동체의 성원 각자가 태어나서는 죽을 때까지 피할 수 없는 사실은 결정적으로 교육의 필연성 내지 필요성을 요구되고 있다"고 볼 수 있을 것이다. 더구나 문명이 발달됨에 따라 유아의 타고난 능력과 성인의 표준과 관습과의 간격은 점점 더 커져 갈 뿐이며, 미성숙과 성숙과의 차이는 더욱더 현저해진다. 그러므로 사회는 항상 새로운 성원들을 육성함으로써 자기 보존 및 자기 갱신을 통해 미술, 공예, 학문, 도덕 등의 성과분을 얻을 수 있다. 사회구성원들의 입장에서 보면, 사회공동체 속에서 살아가는 것이 곧 사회의 기능으로써의 교육을 스스로 받아들이고 있다는 것이다. 따라서, 사회 환경의 기능으로써의 교육은 의식하거나 관계없이 매우 자연스럽게 이루어지고 있다. 나아가 의도적으로 조직된 교육기관으로써의 유치원을 비롯한 각종 학교가 더해져 교육 환경은 한층 더 다양화되고 있다. 이와 같이 개개인의 삶과 그 생활의 장(場)과의 상호작용에 의해서 인간 형성 내지 교육이 풍부해지고 생생해진다.

④ 평가

듀이는 아동을 환경과 상호작용함으로써 스스로 갱신해 나가는 하나의 생명체로 보고 그 생명체가 반성적인 사고를 가지고 환경과 끊임없이 상호작용하면서 얻는 경험, 그리고 그 결과인 지속적인 성장의 과정을 교육의 과정이자 목적으로 보았다. 따라서 듀이의 교육관은 삶, 성장, 경험으로 압축될 뿐 아니라, 그것 자체가 목적이며 내용이며 방법이고 또한 과정이자 결과인 것이다.

3) 몬테소리의 유아교육사상

(1) 이론적 배경

몬테소리(Montessori)의 유아관은 그리스도교적 관점에 근거하며 신의 피조물인 인간은 신의 형상대로 창조되었기 때문에 신의 속성을 지니고 있고, 신의 속성을 가지고 태어난 인간 중에서도 아직 속세의 때가 묻지 않은 유아가 가장 가까운 존재로 본다. 따라서 유아의 순수한 인간 본성을 그대로 유지하여 성장시키는 것이 신의 뜻이므로 성인들은 유아의 본성을 마음대로 조작할 수 없으며, 유아들이 자연스럽게 발달할 수 있도록 도와야 한다. 또한 몬테소리는 유아의 발달을 하나의 전체로 보고, 유아의 신체적, 인지적, 사회적 발달이 상호 관련되어 있으므로, 총체적인 방법으로 교육이 이루어져야 한다고 본다.

몬테소리 교육철학에서 대단히 중요한 의미를 가지고 있는 것은 '흡수 정신'과 '민감기'이다. 다음에서 이 두 가지를 조금 자세히 살펴보자.

① 흡수 정신(absorbent mind)

몬테소리가 말하는 '흡수(absorbent)'는 마른 스펀지가 단순히 물을 빨아들이는 것과 같은 것이 아니라 '자신에게 융합되는 것(combining into itself)'을 의미한다(Gettman, 1987). 즉 하나의 물방울이 주위에 있는 물방울을 흡수하면서 커지는 것처럼, 유아는 풍부한 주위 환경에서 여러 인상을 흡수한다. 이때 흡수된 인상들은 점점 커지는 물방울처럼 인상들의 표면적이 점점 증가하고, 유아가 새로운 행동과 사고를 할 수 있도록 하며 유아의 정신적 양상과 방향을 더욱 발달시키고 넓혀 나간다.

때로 유아들은 똑같은 자극이나 인상을 반복해서 받아들이기도 한다. 하지만 어른들이 보기에는 똑같지만, 유아들에게는 매번 다르게 작용하기에 결코 똑같은 자극이 아니다. 몬테소리는 유아의 흡수 정신은 6세까지 지속되며 무의식적 흡수 정신의 단계(0-3세)와 의식적 흡수 정신의 단계(3-6세)의 2단계로 나뉘어진다고 보았다.

② 민감기(sensitive period)

민감기란 유아가 자신의 환경 속에서 다른 모든 것들을 배제하고 오직 하나의 특성에만 몰입하는 일정한 기간을 말한다. 이 기간 동안 유아는 아무런 뚜렷한 이유 없이 어떤 행동을 계속해서 반복하고 싶어하는 강한 흥미를 나타낸다. 유아들의 민감기는 인간이 주위 환경에 적응하여 생존하는 과정에서 필요한 것이다. 유아는 자신의 창조적 민감성을 통해 성장에 적합하고 필요한 것을 복잡한 환경에서부터 선택할 수 있다. 그리고 자신이 선택한 것을 민감기 동안 계속 열중하여 반복함으로써 새로운 기능을 습득하게 된다.

만약 유아가 민감기 동안에 자신의 흥미에 따라 행동하지 못하게 되면 정신적 발달과 성숙이 저해될 것이며, 이 영역에 대한 특수한 민감성과 욕구를 잃게 된다. 한편 유아가 어떤 과업을 이룩한 후에는 그 특성에 대한 민감성은 사라지게 된다.

(2) 교육 목적 및 내용

몬테소리 교육의 목적은 유아의 잠재적 가능성이 최대한 실현될 수 있도록 하는 것이며, 이러한 과정에서 교사나 성인이 교육이라는 이름으로 해야 할 일은 오로지 지켜보고 도와주는 것 뿐이라고 보았다.

즉, 교사나 성인이 도와줄 수 있는 방법은 유아들 개개인의 내면에 직접적인 지시나 조언을 하는 것이 아니라 유아들이 스스로 자신의 잠재적 가능성을 발현할 수 있는 환경을 준비해 주는 것이다.

유아는 스스로 발달할 수 있는 가능성이 있으므로 유아를 관찰하고 자극하며, 유아의 자기 발달을 돕는 것이 몬테소리 교육의 목적인 것이다. 유아가 자기 발달을 꾀할 수 있는 구체적인 방법은 자신의 요구에 맞게 준비된 교재 ·

교구를 선택해서 자유롭게 작업하는 것이며, 이 과정을 통해 전인교육이 이루어진다. 몬테소리는 이 과정을 정상화(normalization)라는 개념으로 표현했다.

정상화란 유아가 준비된 환경 속에서 손을 사용하여 실제의 교재 · 교구로 작업하는 가운데 집중력이 일어나는 정신적 현상을 말한다. 이러한 정상화에 도달한 유아는 변덕스러움, 무질서, 부끄러움, 게으름과 같은 특성에서 벗어나 스스로 행복함을 느끼고 타인을 이해하고 도우며 사회 생활에 적응할 수 있는 인격과 능력을 갖추게 된다.

몬테소리 프로그램의 교육내용은 일상생활, 감각, 수학, 언어, 과학, 미술, 음악, 체육 등 다음에 제시한 8과목으로 구성되어 있다.

① 일상생활 교육

일상생활의 내용들을 준비된 환경 내에서 사실적으로 경험하도록 하여 실질적인 삶 속의 일들을 어린이들이 쉽게 처리하도록 하는 것이며, 질서감, 근육조절, 독립심, 집중력, 사회성 발달, 인격 형성의 여섯 가지의 목적을 가지고 있다. 구체적으로 예의 범절, 근육 조절, 몸단장하기, 환경 가꾸기 등의 항목으로 분류된다.

② 감각 교육

감각 교육은 어린이들이 감각 교구를 가지고 활동함으로써, 감각기관의 기능을 세련되게 하여 주변 환경 속에서 습득한 여러 가지 인상들을 보다 잘 정리할 수 있고 환경에 잘 적응할 수 있도록 하는 것이다. 몬테소리 감각 교육은 이러한 5감각(시각, 촉각, 후각, 미각) 기관을 자극할 수 있도록 개발된 감각 교구를 가지고 체계적으로 이루어진다.

③ 수학 교육

수학 교육의 목적은 어린이들이 구체적이고 체계적인 수학적 경험을 통해 수에 대한 긍정적인 태도를 갖도록 하며, 어린이의 수학적 정신력을 지적으로 발달시키고 논리적인 사고력과 문제해결 능력을 길러주는 데 있다.

수학 교육의 내용은 크게 몬테소리 수학 교구를 이용한 활동 이전에 미리 선행되어야 할 활동과 몬테소리 수학 교구를 이용한 수 활동으로 나눌 수 있다. 수 이전의 활동에는 간단한 분류, 비교, 서열(순서짓기), 패턴 등이 있다. 분류란 물체를 어떤 속성에 따라 구분하는 활동이다. 비교란 유아가 어떤 특정한 속성에 근거해서 물체 사이에 관계를 만드는 활동으로, 비교 활동을 통해 두 사물간의 동일성 · 유사성 · 대조성 등을 찾아낼 수 있다. 서열은 여러 개의 사물을 시작과 방향, 규칙을 가지고 물리적으로 배열하는 활동이다. 패턴은 일정한 규칙에 따라 사물을 반복적으로 나타내는 활동이다.

④ 언어 교육

언어 교육의 목적은 언어를 습득하는 민감기에 해당하는 유아기의 어린이에게 올바른 언어 교육을 실시하여 언어를 바르게 사용하는 능력과 태도를 기르는 데 있다. 몬테소리 언어 교육의 내용은 크게 청각적 · 시각적 변별력 기르기와 읽기 · 쓰기의 내용으로 구성되어 있다.

⑤ 문화 교육

몬테소리는 지적 발달만 중요한 것이 아니라 유아 시기부터 문화를 인식하고 습득할 수 있는 환경을 제공할 것을 제안하였다. 3-6세까지의 시기에 문화를 쉽게 획득할 수 있는 자연적 성숙이 있다면 그것을 이용해야 하며, 그 자체 안에 문화의 역사를 전달할 수 있는 사물을 유아 주변에 배려하고 접할 수 있도록 해야 한다고 보고 있다.

(3) 교수-학습 방법

몬테소리는 유아에게 매우 특별한 환경을 준비해 주어 그 속에서 자유롭게 그 곳에 있는 것을 흡수하면서 활동하도록 하였으며, 이렇게 특별하게 마련해 놓은 환경을 '준비된 환경(prepared environment)'이라고 칭하였다. 준비된 환경의 목적은 가능한 한 유아로 하여금 어른으로부터 독립하도록 하는데 있다. 그러므로 준비된 환경은 유아가 자유로운 인격체로 발달하는 것을 돕기 위해 자유가 부여된 환경이며, 유아의 성장 단계에 알맞은 환경이다. 넓은 의미의 준비된 환경에는 유아의 발달 단계에 맞는 교구와 교구의 특성을 고려해서 배열하고 사용법을 안내할 교사의 역할이 포함된다.

유아들에게 새로운 교구를 소개할 때는 대체로 교사가 먼저 정확한 교구 사용법에 대해 시범을 보인다. 그러나 교구의 특성에 따라 교수 사용법을 끝까지 시범 보이기도 하고 중간 정도에서 그치기도 한다.

몬테소리는 유아가 올바른 교구 사용을 통해 자신의 기존 개념에 새로운 개념을 일치시키는 것을 돕기 위해 다음과 같은 3단계 교수법을 제시하고 있다.

- **1단계** : 사물과 명칭을 일치시키는 단계
  사물과 이름을 연합시킨다. "이것은 ~ 이라고 해요."
- **2단계** : 명칭에 해당되는 사물을 지적해 보고 인지하는 단계
  "~ 은 어느 것인가요?"
- **3단계** : 사물의 명칭을 기억시키고 발음해 보는 단계
  "이것은 무엇인가요?"

유아는 준비된 환경에서 자신의 발달에 맞는 교구를 선택해서 작업하는 가운데 교구에 포함되어 있는 개념을 깨닫게 되는 자기 교수(self-teaching)의 과정을 거치게 된다. 어린이에게 자기가 실수한 것을 알게 해 주고 그 실수를 바로 잡는 법을 가르쳐 주는 것은 교사가 아니라 바로 어린이 자신의 지능의 복잡한 작용이며 바로 이 시점에서 자기 교수의 과정이 시작된다.

(4) 몬테소리 교구

몬테소리 교육은 일상생활영역, 감각영역, 수영역, 언어영역, 문화영역으로 나뉜다. 각 영역에는 유아가 감각을 이용하여 자발적으로 활용할 수 있는 다양한 교구가 마련되어 있는데 몬테소리 교구의 특징은 다음과 같다. 첫째, 한 가지 학습에 대한 집중적 학습활동을 하도록 고안되어 있다. 둘째, 단순한 것부터 보다 복잡한 단계까지 조작할 수 있도록 제작되어 있다. 셋째, 장래의 학습 준비를 위하여 간접적으로 제작되어 있다. 넷째, 구체적인 것부터 점차 추상적 개념을 형성할 수 있도록 제작되어 있다.

① 일상생활교구

자기조절력, 독립성, 협동심을 높이기 위해 필요한 일상생활 훈련, 소대근육 연습교구

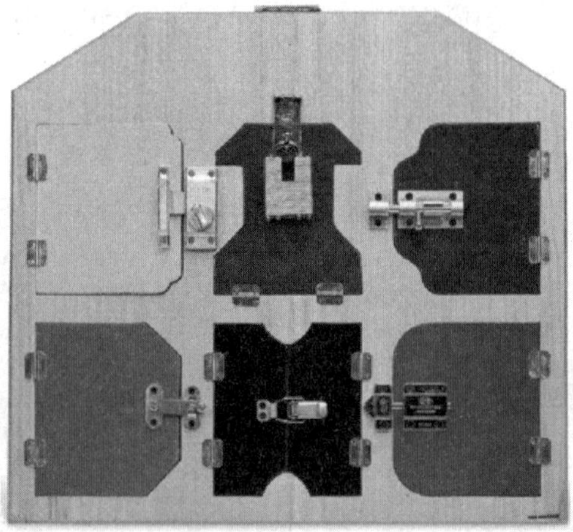

② 감각교구

시각, 촉각, 청각, 미각, 후각 등 감각기관의 훈련

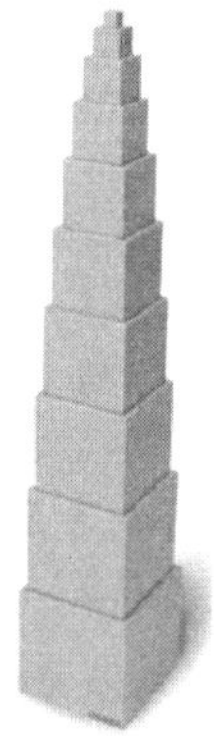

③ 수교구

수의 개념을 이해하고 논리적 사고를 발달시키는데 필요한 자료들, 수량 개념의 기본, 십진법, 수 이름과 배열, 입방체, 기하

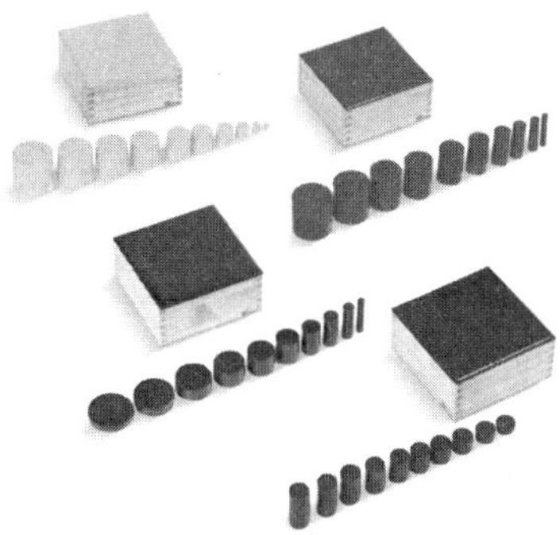

④ 언어교구

모국어 듣기, 말하기, 읽기, 쓰기, 문법

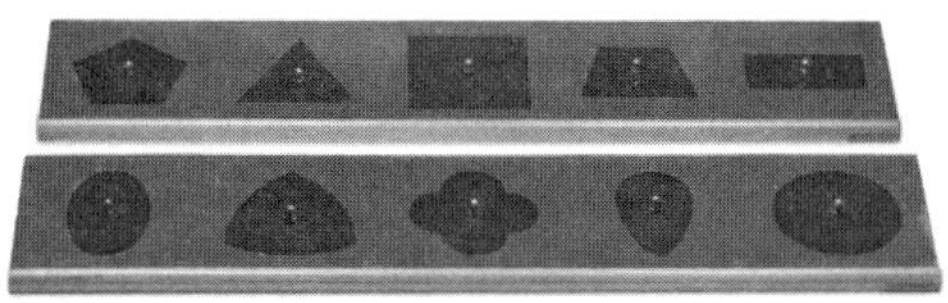

⑤ 문화교구

생물, 과학, 천체, 지리, 역사, 사회문화에 대한 이해를 돕기 위해 고안된 자료

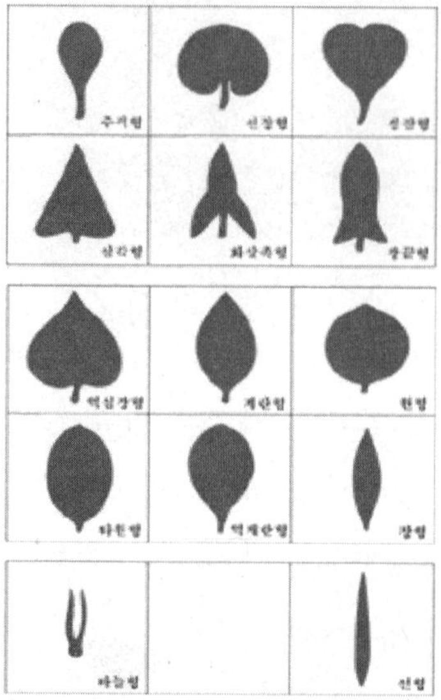

4) 루소의 유아교육사상

(1) 서론

우리 사회는 지금까지 농경사회와 산업사회를 거쳐 첨단과학 시대를 맞이하게 되었지만 인간성을 중심에 두는 새로운 인성교육의 부재와 더불어 인간실존의 심각한 소외문제까지 야기하게 되었고 물질만능주의, 현실집착주의, 이기주의와 쾌락주의에 빠지게 하는 결과를 초래하고 말았다. 이는 궁극적으로 사람이 하나의 생명체로 태어나서 삶의 의미를 되찾고 사람답게 살아가는 도리를 배우며 인격을 형성해 나가야 하는 영유아기나 아동기 때 적절한 환경

혹은 교육적인 처치가 부족했기 때문인 것으로 간주할 수밖에 없다. 인간발달의 과정에서 영유아기나 아동기 때는 급격한 발달을 가져오는 결정적 혹은 민감한 시기로서 아동에게 내재하고 있는 다양한 소질과 능력을 계발하고 발전시키는 형식적, 비형식적인 교육을 통하여 용기와 인내심을 기르게 하며 인간으로서 갖추어야 할 올바른 가치와 신념 및 도덕성을 배양한다는 것이 매우 중요한 과업임을 아무리 강조해도 지나치지 않을 것이다.

오늘날 학교교육의 와해(瓦解)와 도덕이나 정서교육의 부재인 현대 우리교육의 상황에서 아동기, 청소년, 성인으로서의 올바른 인격을 갖추어 갈 수 있는 인간교육의 기초를 형성하게 한다는 것은 인지적, 정서적, 도덕적, 사회적인 제 발달에 기여하는 종합교육의 성향을 띠게 함과 동시에 한 개인이 전체 구성원으로서 성장 · 발달에 기여하게 되는 것이라고 할 수 있다.

루소(Rousseau, 1712-1778)는 이 시대에서 자연주의 교육과 연결된 아동교육을 재조명하고 있으며 문명의 진보를 강조하여 근대 민주주의 이념인, 자유, 평등, 주권재민의 정신을 일깨워 하나의 새로운 교육 대안으로 자연주의 교육을 등장시킨 대표적인 계몽 사상가이다.

루소의 교육사상의 기초는 자연, 인간, 사물에 바탕을 두어 자유와 평등의 개념이 사회와 자연의 계발과 연결된 관계로 하면서 교육을 자연, 인간, 사물의 통합으로 나타내고 있는 것이다. 즉 완전한 교육이란 자연, 인간, 사물이 일치될 때 비로소 성립될 수 있으며 이들 중 인간과 사물에 의한 교육은 환경제약이 따를 수 있기 때문에 반드시 자연의 교육이 첨가될 때 교육의 귀착점을 끌어낼 수 있다고 시사하고 있다.

루소에 의하면 아동을 타락한 사회로부터 분리시켜 그가 주장하는 자연의 법칙에 따라 자율적으로 학습하게 해야 한다고 주장했는데, 이는 곧 그의 교육사상의 핵심이 자연에의 귀착이며 자연은 루소의 교육사상의 중핵으로서 그가 교육시키고자 했던 인간상이 '자연인'이었다고 할 수 있다. 루소는 자연성을 회복하고 구속력이 없는 자유와 평등의 사회를 실현함으로써 지배와 복종의 계급사회가 아닌 정의와 행복된 삶을 누릴 수 있는 이상적인 사회를 이루기 위해서는 교육이 필요하며 교육에 의해서만이 개조된 인간, 나아가 사회의 개혁과 이상적이고 도덕적인 사회가 건설될 수 있다고 생각했던 것이다. 이러한 그의 교육사상은 아동중심의 근대적 교육사상의 기틀을 루소의 자연주의 교육사상, 즉 현대 아동교육에의 시사점을 중심으로 마련하는데 결정적인 역할을 했을 뿐만 아니라 교육사적인 측면에서도 현대교육에 시사하는 바가 크다고 할 수 있겠다.

루소를 이해하지 않고서는 오늘날의 교육의 상황 속에서 현대교육을 이해할 수 없다는 수많은 선행연구[13]들이 그의 사상을 대변해 주고 있으며 루소로부터 현대교육이 시작되었다고 단언하고 있다. 루소가 현대 아동교육에 미친 영향은 새로운 아동교육의 패러다임을 구성하여 자연주의 교육사상과 접목시켰다는 점에서 그 의의가 있으며 합자연의 교육과 소극적 교육으로 자연주의 교육을 일관되게 서술하고 있다. 합자연의 교육이란 자연성에 따라 아동을 교육하는 것이며 타락한 사회의 관습을 떨치고 인간본연의 자연성에 일치하는 교육으로서 인간성 회복과 인간의 정직한 모습을 중시하는 것이라고 할 수 있다. 또한 자연주의 교육은 자연의 법칙에 순응하고 자연성에 근거하여 인위적, 인공적인 것에 반대하고 자유주의를 지향하며 반교육적인 어떤 행위도 용납될 수 없는 소극적 교육으로 인도하는 것을 의미하고 있는 것이다.

루소는 자연에 의해서 아동을 교육하고 나아가 아동의 개성을 존중하며 아

---

13) 국내에서 이루어진 루소의 교육이론에 대한 연구를 대표적인 것만 살펴보면 다음과 같다.
김상섭, 루소에 있어서 사적 가정교육과 공적 시민교육의 통합문제, 교육철학 제29집, 교육철학회, 2003.
김수동, 루소에 있어서의 자유와 평등, 교육학 연구 제30집 1호, 1992.
박주병, 루소 교육이론의 사회철학적 측면: 자연개념을 중심으로, 2001.
김용민, 루소: 자연, 자유 그리고 교육, 송호근 외, 시원으로의 회귀: 고전과의 대화, 나남출판, 1999.
안인희, 루소의 교육론, 양서원, 1985.
안인희, 정희숙, 임현식, 루소의 자연교육사상, 이화여대출판부, 1996.
유한구, 교육인식론 서설: 루소 교육방법의 인식론적 고찰, 교육과학사, 1989.
주영흠, 자연주의 교육사상, 학지사, 2003.
조용태, Rousseau 자연주의 교육론에서의 인간관 및 자유관, 대구, 경북교육학회 교육학논총 제8집, 1989.

동의 세계를 이해하는 것에서부터 출발하여 교육을 하는 것이 올바른 교육의 시발점임을 역설하고 있다. 그는 또한 인간내면에 잠재하고 있는 자연적인 감정을 중요하게 생각했으며 인간의 고귀한 자유와 천성을 유지하기 위해서는 자연에 의한 교육이 필수적임을 강조했다. 그에 의하면 참다운 인간을 형성하기 위해서는 아동의 성장과정에 따른 감각과 경험의 중요성을 인식해 나가야 하며 또한, 지 · 덕 · 체가 조화롭게 발달된 전인적 인간 및 인간의 고귀한 품성을 가진 인간다운 인간을 길러내기 위해서는 루소의 자연주의 교육과 접목된 상황에서만이 시사점과 교훈을 찾을 수 있을 것으로 사료된다.

뿐만 아니라 루소는 교육이란 자연이 정한 순서에 따라야 한다고 역설하고 있으며 자연의 순리를 존중하는 자연주의 교육사상에 입각하여 교육하는 것만이 우리 사회의 교육이 안고 있는 근본적인 폐단을 없앨 수 있다는 귀중한 시사를 제공하고 있다. 또한 그는 아동을 자연의 법칙에 따라 성장하는 아동의 인격존중, 개성을 중시하는 학습방법, 발달의 단계와 경험을 중시하는 교육과정, 이성적이고 창의성을 지닌 자연인을 육성하려고 한 점 등은 그의 교육사상이 지니고 있는 커다란 장점이므로 우리의 교육적 상황과 관련된 자연주의 교육사상에 따른 현대 아동교육에의 시사점을 고찰해 보는 것이 필요하다고 하겠다.

이에 본 연구에서는 루소의 자연주의 교육의 기본이념과 그의 교육사상의 특성을 정리한 다음 루소 교육사상의 의의 및 현대 아동교육에의 시사점을 재조명해 보고자 하는 것이 본 연구의 목적이다. 본 연구는 문헌연구로서 해석학적인 한계가 있지만 연구의 목적을 달성하기 위해 그의 전집 및 제 1차 문헌과 루소의 교육사상을 연구한 학위논문을 중심으로 하고 루소 관련 연구논문 등의 2차 문헌을 참조하여 분석, 종합 및 해석하는 문헌연구 방법을 사용하였다.

(2) 자연주의 교육의 기본이념

루소의 자연개념은 단순히 자연 자체에 대한 설명이 아니라, 사회, 정치, 나아가 인간의 삶 전반을 이해하기 위한 기본이며 척도로서 받아들여져야 한다. 루소에게 있어서 자연은 인간을 바르게 인도하는 척도임과 동시에 아동을 온전하게 교육하는 최고의 방법적 원리라고 할 수 있다. 루소에 따르면 교육은 인간이 타고난 착한 본성을 회복하고 실현하는 중요한 과정이므로 교육이 올바르게 이뤄지기 위해서는 자연의 원리에 따라야 한다고 주장하고 있다. '자연에 따르는 교육'을 한다는 말은 본래 자연에서 발견되는 법칙들을 교육의 과정에 적용하거나 아동의 자발적인 흥미와 본능을 있는 그대로 인정하고 그것을 바탕으로 교육한다는 말이라고 할 수 있겠다. 또한 자연주의 교육이란 교육의 기초로서, 교육 방법의 원리로서, 교육의 이상으로서의 자연의 원리인 것이다. 이는 다시 말하면 자연에 복귀하는 인간의 자연성을 바탕으로 하는 자연일치의 교육을 의미하고 있다.

루소가 추구하는 교육목적은 인위적인 것이 아닌 자연적인 선성을 바탕으로 인간성을 길러 조화롭게 다듬어진 자연인으로서 자연에 따르는 교육을 해야 한다는 것에서 루소의 자연주의 교육사상, 즉 현대 아동교육에의 시사점을 중심으로부터 출발하고 있다. 그가 말하는 자연인이란 자연과 인간의 대립에서 외부로부터의 강요가 아니라 자연적인 과정으로 진정한 인간의 모습을 성취해 나가야 하며 인위적인 과정이 아닌 자연스러운 내적인 성장·발달을 의미한다고 할 수 있다. 루소가 말하는 자연주의 교육 역시 인간이 만든 문명과 사회의 악으로부터 오염되고 타락할 수 있기 때문에 자연적인 선성이 길러질 수 있도록 해야 하고 자연권에 기초를 둔 사회를 형성해 나감으로써 자유, 평등, 박애의 덕이 구현될 수 있는 유토피아적인 사회가 실현될 수 있도록 해야 함을 말하고 있다.

'자연'(nature)은 루소의 사상에 있어서 출발점이며, 기초적이고 전 영역에 걸쳐 가장 핵심적인 개념이다. 그러나 루소는 '자연'이라는 개념을 다양한 시각과 각기 다른 목적으로 사용하여 매우 복합적인 의미를 내포하고 있고 때로는 낭만적인 성향으로까지 유추하여 학자들마다 불분명한 의미로 사용되어 왔다. 루소의 작품에서 가장 빈번히 사용된 자연의 의미[14]를 정리하자면 첫째, 자연

14) 안인희, 루소의 자연교육사상, 서울: 이대출판부, 1992. pp. 54-55.

은 생명의 원리이며 근원이고 둘째, 내부의 자연 및 인간 성장 · 발달의 자연법칙을 의미한다. 셋째, 모든 인위적인 것에 대립되는 개념으로 반사회적, 반문명적 의미를 포함하고 있으며, 넷째, 윤리적인 의미가 포함되어 있고 다섯째, 신의 의지와 관련된 신학적인 의미로 쓰이고 있다.

따라서 루소의 자연개념을 어떻게 해석하느냐에 따라 그의 사상적 성격이 달라질 수 있으며 의미나 개념적인 성향이 좌우될 수 있다. 루소의 자연개념을 종합해 보면 신성으로서의 자연, 반사회적인 의미로서의 자연, 그리고 인성으로서의 자연과 내적 발달의 자연을 의미한다고 제시하고 있다.

첫째, 신성으로서의 자연은 신학적, 도덕적 측면에서 자연과 신을 동일시하며 자연은 신이 부여한 것으로서 선하고 도덕적이며 진실되고 문명을 뛰어넘은 신의 섭리가 담겨져 있음을 시사하고 있다.

둘째, 자연과 사회문화는 대립적인 개념으로써 반사회적인 의미를 제시하였으며 인위적으로 조작했거나 계획된 것이 아니라 자발적이며 자연 속의 원초적인 인간의 모습을 나타내고 있는 것이다.

셋째, 인성으로서의 자연은 인간 내면의 자연성으로서 욕망이나 본능, 감성의 성향을 의미하는 것으로 외적인 것에서 영향을 받지 않은 선하고 순수한 천성을 뜻하고 있는 것이다.

넷째, 내적 발달의 자연에서는 인간이 지니고 있는 고유한 특성으로서 인간의 감각기능과 기관을 내적으로 발달시켜 환경과 신체구조와의 역동적인 상호작용을 하게 함으로써 조화와 균등의 원리를 적절하게 반영한 것이라고 할 수 있다.

따라서 루소의 자연교육의 의미는 인간의 원초적이고 기본적인 성향으로서 그것은 어떻게 보면 지극히 단순하고 선하며, 인간본성의 진실성을 드러내고 있을 뿐만 아니라 인간형성의 기본이 되는 것으로서 인위적이고 객관적인 자연이 아닌 포괄적이면서도 다양성을 띄는 주관적인 자연임을 알 수 있다.

루소의 주요 저서인 『에밀』은 교육이론과 실제에서 이 시대의 교육에 지대한 영향을 주는 고전이며 인류의 역사를 대변할 만큼 가장 중요한 교육적 저작이라고 일컫고 있지만 루소 당시나 지금이나 논란은 끊이질 않고 있으며 특히 '자연'과 '자유'에 대한 두 가지 개념은 매우 혼란스럽게 이해되고 있는 경우도 적지 않은 경우가 종종 나타나고 있다.

자연주의란 의미는 여러 가지 해석의 길을 열어 놓고 있는데 그 의미를 명백히 할 필요가 있다. '자연에 따라서'라는 이 말 역시 해석의 다양성 때문에 모호한 개념으로 이해될 수 있다. 자연에 따라서 교육한다는 말은 또 다른 의미로 인간의 성장 · 발달적인 측면에서 자연적인 법칙을 관찰, 발견하여 이에 따라 지도한다는 뜻도 될 수 있다. 또한 인간의 자발적인 측면에서 아동의 자발성, 흥미, 본능 등을 있는 그대로 인정하고 그 바탕 위에서 교육한다는 교육심리학적 측면과 의미로도 볼 수 있다. 루소교육에 있어서 루소 자신이 지속적이고도 끊임없이 나타내고 있는 것은 자연주의이다. 이렇듯 자연주의는 루소의 교육사상에서 본질적이고도 핵심적인 개념이다. 그렇지만 루소는 자연주의에 대한 개념을 구체적이고도 정확하게 그리고 일관성 있게 기술하지는 않았다. 그의 대표적인 저서 『에밀』에서는 교육을 통하여 타락된 인위적인 사회를 벗어나 자연에 일치하고 부합하는 자연인을 양육하고자 했다. 곧 자연상태에서 살아가는 인간을 만들고자 했던 것이다. 『에밀』에서 교사는 자연을 가르치는 조력자로서, 이상적인 교사상으로 그려지고 있으며 자연으로 돌아가는 법을 제시하고 있다.

그리고 그 교사의 안내에 의해 아동은 교육되어지는데, 『에밀』은 성장하는 아동을 자연 상태로 인도하는 온전한 교사상을 보여주고 있다.

피터스[15]에 따르면, 에밀에는 세 가지 의미가 내포되어 있다고 하였는데, 첫째, 교육단계의 중심으로서의 유아, 둘째, 자유를 위한 줄기찬 호소, 셋째, 자연에 대한 찬미로 나누어 언급하였다. 교육단계 중심으로서의 유아란 유아의 발달이 그 초점을 이루는 것으로서 유아에 대한 충분하고도 적절한 이해가 필요하다는 것이다. 자유를 위한 줄기찬 호소는 자연적 자유와 사회적 자유 그리고 소극적 자유를 의미하는 것으로서 모두 자연성이나 자연교육과 관련되

15) R. S. Peters(1981). EssayonEducators, 정의숙 역, 1989. 서울: 교육과학사.

어 있다고 할 수 있다.

'자연에 대한 찬미'란 지극히 자연적인 것으로서 인위적이거나 가식적이 아닌 또는 조작되거나 위선적인 것이 아닌 자발적이면서 진실한 것 혹은 덜 세련되고 덜 문명화된 것을 지적하고 있다. 이러한 의미를 『에밀』 첫 구절에서 아래와 같이 작용됨을 볼 수 있다.

> 모든 것은 조물주의 손으로부터 나올 때는 더할 나위 없이 선하나 인간의 손에 들어오면 타락한다. 인간은 어떤 땅에 다른 땅의 산물을 재배하려 하고 또 어떤 나무에 다른 나무의 열매를 열리게 하려 애쓴다. 인간은 기후와 환경과 계절을 뒤섞고 혼돈시켜 버린다. 인간은 개나 말이나 노예를 불구로 만든다. 인간은 모든 것을 뒤집어 엎고 모든 것을 일그러뜨리고, 기형과 괴물들을 좋아한다. 인간은 자연이 만든 것은 아무것도 원하지 않는다. 인간 그 자체까지도 마치 조마장의 말처럼 인간들 자신을 위해 길들여 놓는다. 마치 정원수와 같이 자기 취향에 맞추어 구부러뜨려 놓는 것이다.
>
> 편견과 권위와 모든 필요한 모범 등과 같은, 우리들이 처해있는 오늘날의 그 모든 사회제도가 합세하여 인간 속에 있는 자연성을 질식시켜 버릴 뿐이면서도 거기에 대해 아무런 대가도 치르지 않을 것이기 때문이다. 그 자연성은 어쩌다 길 한가운데 솟아난 한 그루 관목과 같은 것으로, 길가는 사람들이 사방에서 부딪히고 또 앞뒤로 휘고 구부러뜨림으로 해서 마침내 그것은 시들어서 죽고 말 것이다.16)

루소는 자연을 이상화하고 자연성의 보존에 가치를 두어 인위적이며 모순된 사회제도를 비판하였으며 아동을 출생과 더불어 자연의 순리에 따라 가르치며 인간형성의 길을 억압하지 말 것을 강조하였다.

루소가 사용하는 '자연'이란 용어는 개념상의 모호성이 지적될 정도로 다의성을 갖고 있다. 즉 자연이란 사회적 구속이나 인위적 규제가 없는 상태임과 동시에 인간의 편견과 무지에 대한 각성이자 인간해방을 위한 개념적 장치이며 또한 인간의 순진 무구한 본성을 가리키고 있다.

궁극적으로 루소교육사상의 교육 사상사적 의미는 아동을 자연 상태에서 자연법칙에 따라 '자연인'으로 성장시키려는 자연적 정신이라고 할 수 있다. 이러한 정신에 따라 아동을 교육해야 한다는 것이 '자연의 교육'이다.

---

16) J. J. Rousseau, Emile, 정봉구 역, 2000, 서울: 범우사, p. 23.

루소의 자연교육사상에 따르면 아동은 선천적으로 선한 존재이므로 아동을 타락한 사회로부터 격리하여 자연성을 잘 보존하도록 하고, 아동 자신의 판단에 따라 활동하게 해야 한다는 '소극교육'사상으로 귀착될 수 있고 또 이 사상은 아동의 생활과 관련하여 절대적 가치를 지니므로 아동을 아동으로서 참된 생활이 되게 하기 위해서는, 생활 그 자체가 교육이어야 한다는 생활과정으로서의 교육관에도 귀속된다고 할 수 있다. '자연에 따라서' 교육을 해야 한다는 자연의 자연교육에서에서 노출된 이 사상적 원리는 아동을 독립된 인격체로 존중하고 아동교육을 성인의 직접적인 영향에서 벗어나게 하여 교육의 주체를 교사본위에서 아동중심으로 전환시켜 아동의 권리를 신장시키는 결정적인 계기가 되었다고 할 수 있겠다. 그리고 그러한 원리는 종래의 아동을 어른의 축소판으로 간주하여 교육을 성인의 판단에 따라 기성사회의 지식이나, 가치 규범을 강제로 주입시켰던 전통적 교육과, 아동중심의 흥미, 필요, 활동을 중시하는 근대교육의 분기점이 되었다고도 할 수 있다. 이처럼 자연교육사상의 원리는 근대교육의 기틀을 마련했을 뿐만 아니라 현대교육에 있어서 신교육운동에 이은 아동의 생활과, 생활을 중심으로 하는 진보주의 교육 혹은 경험주의 교육사상과 이성과 감성의 조화를 꾀하는 전인교육의 사상적 모태가 되었다고도 말할 수 있다.

루소의 자연인이란 오늘날의 시민의식이 몸에 밴 민족시민을 의미하고 있다. 루소의 에밀에서도 에밀을 '자연인'이면서 미래의 사회생활을 전제로 한 문명상태의 '자연인'으로 성장시키려고 했던 것으로 미루어 현대 민주교육의 기초를 마련했다고 볼 수 있다. 따라서 그의 교육방법이나 교육사상은 오늘날의 민주주의 교육방법에 많은 영향을 끼쳤으며 소극적 교육과 자연활동의 원리, 직관교육, 그리고, 발단단계에 알맞은 자연의 교육을 할 것을 제시하고 있다. 그의 자연교육사상은 잘못되고 그릇된 어리석은 교육자들로부터 아동을 보호해야 함을 나타내고 있으며 아동의 영혼을 타락한 것에서 물들지 않도록 악한 것에서 선한 것으로 인도되어야 함을 강조하고 있는 것이다.

결론적으로 자연주의 교육이란 인간본성으로서의 자연, 즉 신이 부여한 선성과 발단단계로서의 자연이라고 할 수 있는 인간의 고유한 내적 발달단계, 그리고 사회와 대립된 의미로서의 자연 곧 자신의 욕구만을 충족하는 천부적인 '자기애'라고 결론지을 수 있겠다.

(3) 루소교육사상의 의의

루소의 교육사상의 원리는 교육은 자연에 따라야 한다는 대명제하에서 출발하고 있다. 이것이 아동의 자연성을 잘 보존하게 하면서 자연법칙에 따라 교육해야 한다는 자연의 교육이다. 그런데 아동의 자연성을 잘 보존하기 위해서는 아동을 타락한 사회로부터 격리시켜 가르쳐야 하므로 소극적 교육의 원리를 쉽게 생각할 수 있을 것이다. 또 이 소극적 교육은 아동을 사회와 격리시키면서 아동 자신의 판단에 따라 활동하게 하는 것으로서 필연적으로 자발활동과 양립된 관계에 놓이게 된다고 할 수 있다.

그런데 루소의 자연인은 앞에서 언급한 것처럼 각 성장단계마다 대등한 독립성과 고유성을 지니므로 아동들의 활동은 그 자체로서 독자적인 고유성을 지닌다고 말할 수 있다. 그러므로 아동들의 생활은 아동다워야 한다는 생활과정으로서의 교육관과 위에서 언급하고 있는 소극적 교육은 불가분의 관계를 지닌다고 할 수 있을 것이다.

그러므로 루소의 교육은 본질적으로 아동이 주체가 되는 아동중심교육의 핵심적 사상이라고 할 수 있을 것이다. 이는 공통적으로 인간의 내면적 본성인 자연성의 발전을 지향하고 있는데 이는 자연성의 자발적인 발전을 도모하는 방법적인 사상의 전개이다. 아동기에는 문자나 서적 중심의 추상적인 교육을 배제하고 감각을 훈련시킬 수 있도록 구체적인 사물과 세계를 교재로 하여 가르쳐야 학습효과를 높일 수 있고 자연성을 순수하게 발전시킬 수 있다고 보았다.

루소는 자유로우면서도 도덕적으로 성숙한 시민의식을 지닌 유덕한 '자연인'을 기르는 것을 그의 궁극적 교육목적으로 삼았기 때문에 그를 사회적 개인주의자라고도 할 수 있을 것이다.

루소의 교육사상은 소극적인 교육의 원리가 사회의 부정적인 측면을 부각시켰다는 점에서, 그리고 아동교육을 감각훈련으로 지나치게 단순화했다는 점에서 비판의 여지가 있지만 그의 교육사상은 뒤에 아동중심의 진보주의 교육과 전인교육으로 발전하여 근, 현대교육의 근간을 이루게 됨으로써 교육사에 불멸의 의의를 지니게 되었음은 간과할 수 없는 것이다.

루소는 아동을 어른의 축소판이라는 종래의 개념을 부정하고, 아동의 독특한 사고방식을 인정하며, 불완전한 성인으로 간주하지 않고 아동이 지니고 있는 완전성을 수용하였다. 그러나 루소의 교육목적은 인간다운 참된 시민을 양성하는 것이었기에 완전한 성숙의 조건인 자연, 인간, 사물에 의한 교육이 필요함을 제안하고 있다. 자연에 의한 교육은 인간의 내부에 천성으로 갖추어진 선한 자연성과 감각능력을 자연스럽게 내면적으로 발달시키는 것을 의미하고, 사물에 의한 교육은 사람이 외부세계의 사물과 접촉하여 감각과 경험에 의해서 획득되는 것으로, 교육적인 경험을 통해서 우리가 무엇을 배우는 것인가를 가르쳐 주는 것임을 역설하였다.

자연관을 기저로 한 루소의 교육론에서 그가 지향하고 있는 교육목적은 민주주의 이상의 실현이라고 할 수 있다. 자유, 평등의 사상을 교육에 적용하여 교육목적을 민주주의 이상의 실현이라는 새로운 인간형성에 대한 이념을 제시하고 있다. 교육목적을 인간됨에 두고 있는 그의 교육사상에서 인간은 그 자체가 천성을 지닌 존귀한 존재이므로 삶 속에서 천부의 자유와 행복을 누려야 하며 이를 위해 교육은 삶의 준비가 아닌 삶 자체여야 함을 시사하였다. 그러므로 교육은 강요, 명령에 의해 행해져서는 안 되며 자율적 선택에 의해 이뤄질 수 있도록 해야 하고 자율성은 곧 교육이론의 근간을 이루게 하는 가교적인 역할을 하고 있는 것이다.

'인간은 선하다'에서 시작되어진 루소의 교육사상은 인간의 선성이 교육이론의 기점이 되고 있으며 인간이 선천적으로 내재하고 있는 인간내부의 활동력을 의미하는 것으로서 이 활동력은 결국 아동의 인격체를 존중하는 아동중심

사상으로 대치되고 있는 것이다.

18세기 교육사상에 커다란 영향을 미친 루소의 교육사상 및 그 의의는 그의 교육 소설인 『에밀』에서 인간 성장 · 발달의 전 과정을 취급하고 있으며 이중 특히 유아기와 아동기 교육에 관한 존중은 그의 교육사상의 핵심을 이루고 있다. 인간의 선성을 중시하여 인간을 근엄한 존재로 인식하는 그의 인간관은 아동을 인격적 존재로 인정함으로써, 근대적 아동관을 마련하였으며 이는 교육의 주체를, 교사에서 아동으로 전환시켰다고 볼 수 있다. 교육의 중심이 아동으로 전환된 아동중심교육은 아동에 대한 새로운 시각을 제공하여 그들의 발달 특징을 고려한 교육을 강조하였으며 교육이념, 방법, 내용에도 변화를 요구하여 근대 아동교육의 방향을 제시하였다.

이와 같이 근대 아동교육을 인도한 루소의 교육이념은 인간적 삶의 영위에 있었으며 이는 인간의 행복과 자유를 우선하였다. 그러므로 교육의 목적은 인간다움을 배우는데 있었고, 이를 추구하는 과정 속에서도 아동의 행복과 자유는 지속되어야 함을 역설하고 있다.

전통적인 지식위주의 교육에서 탈피하여 교육의 혁신적 전환의 계기를 마련한 루소의 교육이념은 근대 및 현대교육에 이르기까지 그 영향이 19세기 교육사상가들의 교육적 사고에 변화를 주도하였으며 진보주의 교육사상의 아동중심교육, 교육방법의 본질, 생활과정으로서의 교육과정 등 긍정적 평가를 받아왔다. 반면, 그의 이론은 반역사적인 문화정체감, 자유방임적 교육 등으로 현대교육에서 비판의 대상으로 작용하는 점도 없지는 않다. 그럼에도 불구하고 여전히 긍정적인 반향을 불러일으킨 것은 현대 사조의 흐름에 있어서 시대를 초월한 교육적 원리가 내포되어 있기 때문이라고 유추할 수 있겠다.

궁극적으로 루소의 교육적 의의는 아동인식의 새로운 계기를 마련하여 고대에서 근대교육에로의 발판을 마련하였으며 그러한 인식의 탈바꿈은 그의 인간관에서 나타나 있다고 볼 수 있다. 인간형성만이 교육의 목표이며 인간으로서 자유와 행복을 누릴 권리를 부여받았다는 그의 교육사상은 인간성이 황폐되어져 가는 현대교육에 교훈적인 시사점을 제공해 주고 있다.

5) 코메니우스의 유아교육사상

(1) 교육사상의 기저

① 교육관

코메니우스의 교육사상은 신학적 목적에 기초한다. 이를 위해 그는 범지학 사상으로서 범교육론을 펼쳤다. 그러므로 '분석교수학'[17]에서 그는 자신을 철학자이자 신학자 뿐만 아니라 심리학자이며 교육자로 표현하였으며 특히 범지학자로 간주하였다.[18]

그의 범지학 사상은 종교, 과학, 교육 등 전반적으로 모든 인류에게 혜택을 주고자 했던 사상이다. 그의 궁극적인 관심은 민족주의, 교파주의가 아니라 우주적인 것이었고 지고의 목적은 모든 사람이 영원히 행복한 삶을 누리는데 있었다. 그러므로 가시적, 불가시적인 모든 세계를 교육이 펼치는 학교 개념으로 설명하였다. 그는 실로 전국가와 전세계를 대상으로 한 교육론의 개혁자이며 개척자였다.

코메니우스는 "참으로 사람이 사람될 수 있는 것은 적당한 교육을 통해서이다."라고 확언하며 교육의 필요성을 강조했다.[19]

그는 17세기 유럽의 근대교육 이론을 정립한 탁월한 교육자이다. 그런데

---

17) 분석교수학 (Analytical Didactic)은 체코의 학자들이 코메니우스의 '최신언어교수법' 제10장을 공통적으로 지칭하고 있는 명칭으로 1874년 조우베크가 이 부분을 번역하여 별개의 책으로 출판하여 사용되어 왔다.

18) 국내연구의 대표적인 선행연구는 오인탁(1980), 코메니우스의 범교육의 이론, 안건상(1986), 코메니우스의 범교육론의 연구, 연대대학원 학위논문. 장지선, 코메니우스의 아동신앙교육에 대한 교육학적 연구, 고신대 대학원 석사논문, 1988. 장화선, 코메니우스와 루소의 유아교육 관점에 관한 연구, 이대대학원 학위논문, 1993. 김주옥, 코메니우스의 경건교육에 대한 연구, 한일 장신대 학위논문, 2000. 정일웅, 코메니우스의 범지혜와 범교육의 의미, 신학지남, 2003. 등이 대표적인 논문들이다. 분석교수학, 이숙종 역, 교육과학사, 1995, p. 26.

19) J. A. Comenius, '대교수학', 1987, p. 56.

그의 교육사상을 낳게 한 근원은 철저한 신학사상이다. 그는 교육의 필요성을 신학적 목적에 두며 이를 세 가지로 말했다.

첫째, 사람은 자기를 포함하여 모든 것을 알아야 하기 때문에 교육이 필요하다. 이는 사람이 창조주 하나님의 일을 아는 것으로 하나님이 부여한 인간의 사명을 완성하기 위함이다.

둘째, 만물의 통솔자로 자타를 지배하는 피조물의 사명을 다하기 위하여 덕성교육이 필요하다.[20]

셋째, 하나님의 형상을 닮은 자가 되기 위하여 신앙교육이 필요하다. 사람은 신앙을 소유하여 하나님과의 수직 관계를 수립해야 하기 때문이다.[21]

이러한 필요성에 의한 코메니우스의 교육목적은 범지학 사상이 대변해 주고 있다. 또한 그의 범지학 사상은 범교육론을 통해 나타난다. 모든 인간은 모든 사물을 올바르게 사용할 수 있도록 교육받아야만 한다는 것이 코메니우스의 범교육론의 중요한 골자이다.[22]

범교육론은 '모든 사람에게', '모든 방법으로', '모든 지식을' 보급하여 바람직한 인격을 소유하며 인간의 본분을 다하며 행복을 증진시키자는 의도를 갖는다. 이는 다양한 문화와 신앙을 소유하고 있는 모든 민족들에게 유용하다. 교육의 의사소통 촉진과 잠재적인 힘으로 작용하기 때문이다. 그러므로 그의 『언어의문』은 1642년 아랍어로 번역된 이래 터키어, 페르시아어, 몽고어 등으로 번역되었다. 언어의 장벽을 극복한 이러한 예는 오늘날 국제적 관계 속에서도 공통적인 이해를 구축할 수 있다는 희망을 제시한다. 이러한 코메니우스의 교수방법론의 지고한 목적은 복음의 학습을 증진하는 일이다. 복음은 모든 나라에 하나님의 구원을 제시하고, 미개한 백성들에게 지고의 선이신 하나님의 지식을 밝혀 주기 때문이다.[23]

궁극적으로 그가 생각한 교육목적은 전 인류가 신과 더불어 영원한 행복을

---

20) 김득룡. '기독교교육원론', 총신대학출판부, 1984, p. 309.
21) 상게서, p. 290.
22) J. A. Comenius, Pampaedia, p. 43.
23) J. A. Comenius, 분석교수학, 1995, p. 114-116.

갖는 것이었다고 할 수 있다. 즉 천년왕국설에 입각하여 '자연의 방법'을 통하여 천국의 자손인 유아들을 타락으로부터 구제하는 것이 교육의 목적이었다. 그는 이러한 교육 목적은 신의 의지에 의해서 현세에서의 바른 생활, 즉 박식(erudition), 유덕(virtue), 경신(piety)을 통해 달성될 수 있으며, 인간이 이러한 교육을 받을 수 있는 기초는 생득적으로 인간의 본성에 존재한다고 보았다.

한편, 그는 교육의 필요성을 주장함에 있어서 다음과 같이 Piato가 '법률편'에서 말한 것을 인용하고 있다.

> "만일 인간이 올바른 교육에 의하여 온화하게 만들어진다면 가장 고상하고 신에 가까운 동물이다. 그러나 교육을 전혀 받지 못하거나 그릇된 교육을 받게 되면 지상의 모든 동물 가운데 가장 광폭하게 된다."[24)]

이처럼 교육의 필요성과 그 힘을 신봉하는 코메니우스는 교육을 받지 못하고 자연에 방치된 유아는 야수와 다름이 없다고 주장하고, 그러한 구체적인 사례로 16세기에 있었던 '늑대 유아' 라는 예를 들어 교육이 매우 필요함을 강조하고 있다.

대교수학의 제6장에서 "하나의 인간을 만들어 내려면 교육에 의해서 형성하는 것이 필요하다."라고 하면서 "사람답게 행동하기를 학습하지 않고, 즉 사람을 만드는 제요소에서 훈련받지 않고도 참으로 사람이 될 수 있다고 믿는 사람이 있어서는 안 된다."고 경고하고 있다. 제7장에서도 "과실수는 그 그루터기에서 저절로 자라날 수 있지만 정원사에 의해 가꿔지지 않으면 맛좋은 열매를 맺지 못한다."라고 말하며 교육의 중요성을 예로 들어 설명했다. 제9장에서는 "남녀 유아 모두가 학교에 가야 한다."고 하였다. 아울러 학교에서 학생들에게 올바른 교육을 가르치는 교수법을 제14장에서 제시하고 있다.

또한 그는 교육목적, 교육내용, 교육방법의 당위성을 목적론적 세계관에서 구하고 있다고 할 수 있다. 그러한 예는, 인간은 교육을 통하여 그 생득적 가능

---

24) J. A. Comenius, The Great Didactic Ⅱ, op. cit., 1917, p. 55.

성을 발달시켜 내세를 준비할 수 있으며, 이것이 가능한 것이 신의 의지 때문이라는 주장에서 찾아볼 수 있다. 그가 교육목적 달성을 위한 방법으로 '자연의 방법'을 내세운 것도 따지고 보면 이 자연의 방법이 신의 목소리라고 생각하였기 때문이라고 할 수 있다.

신은 모든 것들과, 모든 혼탁함들을 자신에게 향하도록 강력하게 이끄는 힘이 되고, 이러한 신의 빛은 3가지로 비친다. 첫째는 인간에게 하나의 계시로 나타나는 빛, 자신이 지닌 영원한 빛이요, 둘째는 내적인, 지적인 빛으로 인간에게 주어진 세 가지 힘인 의지, 이해, 정서 등인 이성의 빛, 그리고 마지막으로 외적인 빛으로 인간의 감정에 마주치는 속세에 대한 전체의 빛이다. 지적인 빛은 신의 단일성을 향한 7가지 단계로 완전하며 단일에서 통합체로 어둠에서 밝음으로 향하는 힘이 된다. 7가지 단계는 탄생 전 학교(Schola Geniturae)에서 노인학교(Schola Senii)까지를 말한다. 이러한 단계를 거치는 것은 결국 하늘의 대학(Himmelische Akademia)에 들어가기 위한 과정이다.

지금까지 논의한 바와 같이 그의 세계관은 하나님, 인간, 자연의 우주적 조화와 균형의 원리를 체계화하였다는 특징을 갖고 있으며 이 세 가지는 참된 인생과 교육에 필요한 시금석이었다고 엿볼 수 있다. 뿐만 아니라 그 삼자의 신학적인 상관관계는 하나님의 형상을 입은 모든 인간이 자연 속에서 하나님의 지식을 포함한 모든 지식을 가르치며 배워야 한다면 그의 교육사상의 중심축을 이뤘다고 말할 수 있다.

② 인간관

'대교수학'[25] 제1장부터 제3장에는 코메니우스의 인간관을 보여주는 구절들이 많이 있다. 그 대표적인 것으로 다음과 같은 것들을 들 수 있다.

> "인간은 하나님이 창조한 것 중에서 가장 완전하고 뛰어난 것이다."[26]

---

25) J. A. Comenius, Didactica Magna, 1632

26) Comenius, The Great Didactic Ⅱ, op. cit., 1917, p. 56.

"인간의 궁극적인 목적은 금생을 넘어서 있다."[27]
"현세의 생활은 영생의 준비에 지나지 않는다."[28]

이러한 구절들에 스며있는 코메니우스의 인간관은 한 마디로 기독교 세계관에 입각한 인간관이라고 할 수 있다. 다음 구절은 그 관점에서 보는 인간의 특정을 잘 기술해 주고 있다고 할 수 있다.

· 이성을 갖춘 피조물(A rational creature)
· 다른 피조물들을 지배하는 피조물(The Lord of all creatures)
· 창조주의 형상이며 기쁨인 피조물(A creature which is the image and the joy of its creator)

그 관점에 의하면, 인간은 신의 피조물이자 신이 만든 만물 중에서 최고의 걸작으로 다른 피조물을 지배하는 존재라는 것이다. 또한, 그는 인간의 본성을 삼중구조로 보았으며, 이 점에서 그의 인간관은 아리스토텔레스의 영향을 받았다고 할 수 있다. 즉, 코메니우스는 현세에서의 인간의 생활은 (1) 순환계를 통하여 영양을 섭취하여 성장하는 식물성, (2) 사물을 지각하고 운동을 통하여 외계의 사물과 관련을 맺는 동물성, (3) 진리에 따라 행동하게 하며 선악을 구별하는 지성이라는 세 가지 본성으로 구성된다고 보았다. 식물성은 모든 동물과 식물이 공통적으로 갖고 있는 본성이며, 동물성은 모든 동물과 하등동물이 갖고 있는 본성이며, 지성은 인간만이 갖고 있는 것으로 사물에 대한 진리를 알게 하며 선악을 판단하는 것이라고 하였다. 특히 지성은 인간과 동물을 구별하는 본성으로 이성(reason), 의지(will), 감정(emotion)의 3요소로 구성되어 일정한 질서를 갖고 있다고 보았다.

완전한 인간이란 지성의 3요소인 이성 · 의지 · 감정이 조화를 이룬 인간으

27) Ibid., p. 25.
28) Ibid., p. 27.

로 이성에 의한 사물의 지식을 의지와 감정의 도움을 받아 가장 가치 있는 길로 유지하도록 힘쓰는 인간이었다. 그러나, 이러한 인간은 원죄 이전의 Adam과 Eve의 생활에서만 존재하였으며, 타락 이후에는 그 누구도 이를 이루지 못했다는 것이다. 그 이유는, 인간의 본성 중에서 식물성과 동물성은 인간의 관심이 지식추구로부터 멀어지게 하며 이성과 조화되지 않는 감정은 의지가 선택한 것 중에서 가장 열등한 것을 선택하므로 타락의 근원이 되기 때문이라는 것이다. 그러나 이러한 인간의 본성은 신의 의지에 의해 진보의 가능성을 갖고 있다고 보았다. 그리고 지성이 식물성과 동물성을 다스리는 정도를, 연령을 기준으로 해서 5단계로 보았다.

인간의 능력발달이 연령에 따라 단계적으로 이루어진다고 본 코메니우스의 주장은『대교수학』제28장부터 제31장까지의 학교제도론을 설명한 곳에서 찾을 수 있다.

그 내용은 다음과 같다.

- **1단계**(0-6세) : 감각기관이 발달하고 환경에 대한 감각적 지식 획득
- **2단계**(6-12세) : 감각한 것을 상상하고 기억능력이 발달
- **3단계**(12-18세) : 이성이 전성기를 이룸
- **4단계**(18-24세) : 의지가 강해지고 욕망을 조화시켜 자신의 생활방식을 갖는 단계
- **5단계**(24세 이후) : 박식한 지식으로 경건한 신앙에 이르러 신에 대한 사랑을 실현하는 단계

인간의 능력이 연령에 따라 단계적으로 발달한다고 본 코메니우스의 생각은 그의 교육적 처방의 기초가 된다는 점에서 의의를 갖는다고 할 수 있다. 특히 교육목적을 타락의 교정을 통한 구제에 두고 있는 그의 인간관은 다음의 구절에서 엿볼 수 있다.

> "인간이 아무리 박식 · 유덕 · 경신에 이른다고 하더라도 현세의 생활에서 완전함을 달성할 수 없다. 신과 결합한다는 욕구는 완전하게 달성할 수 없고,
> 도덕률에 대한 복종도 완전할 수 없으며, 지식 또한 완전히 획득할 수 없다. 인간발달의 목적을 보여주는 이러한 것들은 인간생활의 자연스러운 과정을
> 인도하기는 하지만 또 다른 생활 속에서만 완전히 달성될 수 있다."[29]

즉, 그는 교육의 목적을 "타락의 교정을 통한 구제"에 두고 있다고 할 수 있다. 그러나 그는 그 목적이 현세에서 완전히 달성될 수 있다고는 생각하지 않았으며 오직 내세에서만 완전한 달성이 가능하다고 보았다고 할 수 있다.

이상을 요약하면, 코메니우스는 인간이란 신의 피조물 가운데 걸작품으로 "모든 것을 잠재적으로 지니고 있는 소우주(Microcosmos)"이자 "일하고 배우는 동물"로 본다고 할 수 있다. 그리고 이러한 속성을 갖고 있는 인간은 신의 의지에 의해서 원죄 이후에 질서와 무질서, 선과 악이 교대하는 욕망의 세계에 살고 있으며, 궁극에는 거듭된 진보를 통하여 원죄 이전의 완전한 인간으로 복귀하게 되는 존재라고 할 수 있다.

③ 자연관

코메니우스는 당시의 교육이 형식주의와 언어주의에 영향을 받아 억압과 강요로 인위성과 가공성을 강조하는 것에 회의를 품고, 교육이란 외부로부터의 인위적인 작용이 아니라 내부로부터의 자연적인 과정이므로 교육은 자연으로부터 따라야 할 원리와 법칙을 찾아야 한다며 교육원리로 '자연의 방법'을 주장하였다.

코메니우스의 교육방법론은 "자연의 질서에 따라서"라고 하는 순리적인 교육단계를 주장한다. 코메니우스는 "가르치는 올바른 방법은 자연으로부터 빌려와야 한다."고 전제하면서, "만약에 학습의 자연적 법칙들이 완전히 밝혀진다면 그 때에는 학문적 발전과 자연적 성장 사이에 아무런 차이도 없게 될 것이다."라고 주장했다.

---

29) J. A. Comenius, The Great Didactic Ⅱ, op. cit., 1917, p. 55.

이렇듯 코메니우스는 학습활동의 방법에 대한 법칙은 자연의 법칙과 일치한다고 생각하는 자연주의적 입장에 섰으며, "자연의 법칙은 교수의 법칙이 된다."고 단언하면서 객관적 자연주의(Objective naturalism)의 입장에서 교수방법의 원칙을 고안해 내었다. 또한 그는 자연에 대해서 "자연이란 천국에 있어서 타락 이전의 상태"라고 생각했다. 그의 자연관은 스토아(Stoa)적, 기독교적인 자연관과 Bacon적인(경험적인) 자연관이 결합된 것이라 할 수 있다.

『대교수학』의 내용은 교사를 중심으로 하는 교수법의 내용들이며 교육의 방법들은 철저하게 자연의 질서로부터 오는 발상이며 추리이다. 코메니우스는 대교수학에서 키케로(Cicero)의 말을 인용하여, "자연을 안내자로 삼는 한, 자연은 결코 길을 잘못 인도하지 않을 것이다." 또한 "자연의 안내 하에서 길을 잃어버릴 수 없다."고 주장하면서 자연의 조작을 모방하기를 권하였다.

그리고 "교수법의 정확한 질서는 자연에서 배워야 하며 어떠한 장애물도 방해하지 못하는 것이 되어야 한다."라고 하면서 학습에서의 자연의 원리를 강조하였다. 『대교수학』의 제16장에서 제시하고 있는 자연의 원리는 다음과 같다.

· 자연은 적절한 시기를 지킨다.
· 자연은 형상(form)을 주기 전에 자료(material)를 준비한다.
· 자연은 그 활동에 합당한 소재를 선택한다. 처음에는 먼저 합당한 소재를 적절하게 만든다.
· 자연은 그 활동에 혼동이 없으며 그 앞을 향한 전진에 있어서 한 지점에서 다른 지점으로 분명히 나아간다.
· 자연의 모든 활동에 있어서 발달은 내부에서 시작된다.
· 자연은 그 형성과정에 있어서 일반적인 것으로 시작하여 특수한 것으로 끝맺는다.
· 자연은 비약하지 않으며 단계적으로 진행한다.
· 자연은 일단 시작한 것을 완성하기 전에 중지하지 않는다.
· 자연은 장애물이나 유해한 것을 조심스럽게 피한다.

이상에서 보는 것과 같이 각 원리에는 자연성을 기초로 하여 모두가 자연을 주어로 하고 있음을 알 수 있다.

『대교수학』의 자연관에 대한 내용은 코메니우스의 교육사상에 관한 기저를 이루고 있음을 볼 수 있다. 코메니우스는 자연에 관한 보편적 지식을 교육내용으로 하고 자연현상을 유추하여 교육방법을 발견하려고 노력했다. 코메니우스에 의하면 자연을 지배하는 방법은 곧 자연에 복종하는 일이라고 하면서, 우리가 생득적으로 갖고 있는 감각기관을 통해서 우주 안에 있는 모든 것을 인지할 수 있다고 보았으며, 감각은 학습에서는 물론 영혼의 문제를 해결하는 데도 중요한 역할을 하며 활용할 수 있는 방법을 잘 터득하기만 하면 이 세상과 우주에서 볼 수 있는 사물이나 현상도 쉽게 이해할 수 있다고 하였다. 그래서 "인간이 자연의 지도하에 모든 것에 대한 지식을 통달할 수 있다."(5장 8절)고 하였다.

코메니우스는 자연을 교육의 안내자로 해야 함을 강조하면서 다음과 같은 원리를 제시하였다.

· 생명 연장의 원리
· 지식을 빨리 습득하기 위하여 교과서를 간략화하는 원리
· 지식을 정확하게 습득하기 위하여 기회를 붙잡는 원리
· 지식을 용이하게 학습하기 위하여 지능을 계발하는 원리
· 지식을 철저하게 습득하기 위하여 판단력을 예리하게 하는 원리

한편, 대교수학 제16장-제18장에서는, 교수 · 학습의 보편적 조건을 원리로서 제시하면서 각 절마다 자연을 주어로 해서 교육적 의미를 유추하고 있다. 코메니우스가 말하는 자연적 교육이란 외부로부터 무엇을 넣어 주는 것이 아니라, 오히려 인간자체 내에 갖추고 있는 것을 계발하고 발전시켜 본래 있는 그대로 표출하게 하는 것이 그 임무임을 제시하였다.

코메니우스는 교육에 있어서 감각교육이 중요한 이유로 다음 세 가지를 들고 있다.

첫째, 지식의 시작은 항상 감각에서 오지 않으면 안 된다.

둘째, 지식의 진실성과 확실성은 다른 무엇보다도 감각의 증거에 의존한다.

셋째, 감각은 가장 믿을 만한 기억력의 시종이므로 이러한 감각을 통한 지각의 방법을 모든 교과에 적용한다면 한번 습득한 지식을 영구히 유지하게 될 것이다.

(2) 코메니우스의 학교교육론

코메니우스는 그의 기본적인 교육사상에 근거하여 하나님, 인간, 자연의 상관관계와 관련된 인간교육을 위한 학교로서 사언의 학교, 인간의 학교, 하나님의 학교로 구분하여 이론을 전개해 나갔다. 그에 의하면 인간은 인격적인 도야가 가능한 소질을 가진 피조물이기 때문에 그 가능성을 현실화시키는 것이 교육이라고 하였다. 그리고 교육은 이 땅 위에서 하늘나라를 이룩할 수 있는 오직 하나의 방법이라고 시사하면서 탄생 전 학교(Schola Geniturae)부터 노인학교(Schola Senii)까지 교육은 계속되어야 한다는 평생교육의 입장을 견지했을 뿐만 아니라 인생관을 인간이 도달할 수 없는 큰 목표를 향해 부단히 노력해 가는 과정으로 보았다.

코메니우스는 학교를 인간형성의 작업장이요, 정신의 놀이터로서 크게는 세계 자체요, 작게는 각 개인의 삶 전체로 보았다. 교육은 인간의 삶 전체를 지평으로 하기 때문에 범지혜적 사고과정에서 보면 인간의 생애가 곧 학교이다. 그는 인생 전체를 오직 교육의 관점 아래서 관찰하였으며 지상의 모든 생활은 거기서 인간이 영원한 아카데미에 들어갈 준비를 하는 하급학교로 시사하였다. 연령은 삶의 부분으로서 곧 학교에 가기 때문에 모든 연령은 그 연령의 교사 · 계명 · 과제 · 훈련을 갖는다.

인간이 배워야 될 것은 조각 지식이 아니라 전체적이어야 하며 표면적이 아니라 확실하고 사실적이며, 강요하는 것이 아니라 유쾌하고 지속적이어야 한다. 인간은 마땅히 알아야 할 것을 알아야 하며, 마땅히 행해야 할 것을 행해야 하며, 언어의 도움으로 설명할 수 있도록 바르게 길러져야 한다. 사고와 행위와 언어는 인간에게 주어진 3가지 탁월한 은사들로서 조화롭게 개발되어야 한다. 이러한 전면적이고 포괄적인 교육장소가 학교인 것이라고 역설하였다. 이러한 학교를 코메니우스는 다음과 같이 여덟 개의 학교로 나누어 구분하였는데, 세계와 학교, 학교의 장소, 연령 그리고 일년 열두 달과의 비교를 다음과 같이 제시하였다.

1) 가능세계	탄생 전 학교	탄생지		
2) 원형세계	영아학교	집(가정)	0-6세	1월
3) 천사세계	아동학교	마을	7-12세	2, 3월
4) 자연세계	소년학교	도시	13-18세	4, 5월
5) 문화세계	청년학교	국가	19-24세	7, 8월
6) 윤리세계	성인학교	세계	25세 이상	8-11월
7) 정신세계	노인학교	노인이 사는 곳	-	12월
8) 영원세계	죽음의 학교	-	-	-

① 태아학교

가능의 세계로 학교의 장소는 모태이다. 이 학교를 통한 하나님의 3가지 목적이 있다. 첫째는 철저한 하나님의 후손으로의 번성이며, 둘째는 자손의 번성이며, 셋째는 거룩한 생활형태의 실현으로서의 번성이다. 탄생에는 교육적인 3가지 과제가 있다. 첫째는 결혼을 통한 그 외에 방법으로 출생치 않는 것, 둘째는 건강한 육체와 감각과 정신으로 태어나는 일, 셋째는 경건한 부모로부터 주님의 공통체 안으로 태어나는 일이다. 이 과제를 수행키 위하여 결혼을 준비하는 교실, 결혼 초기의 교실, 임산부의 교실을 통하여 잘 준비하고 교육하여야 한다.

② 영아학교

원형의 세계로 0-6세의 영유아들에게 해당되며 학교장소는 가정이다. 세계의 모든 타락은 뿌리에서부터 타락의 작업이 시작되므로 뿌리부터 세계 전체에 관련된 재건이 착수되지 않으면 안 된다. 이 학교를 일명 '어머니 무릎 학교'라고도 하며, 싹이 잘 나기 위해 거름을 잘 주고 모를 만들고 모내기를 함이 중요하듯이 이 시기의 기초는 특히 불확실한 기초 위에 세워져 있기에 빛으로 성장하도록 잘 도와야 한다. 영아기의 교육을 6가지 교실로 나누는데 신생아교실, 육아교실, 첫걸음마 교실, 인지교실, 풍습과 경건의 교실, 어머니 무릎 교실이다.

③ 아동학교

천사의 세계로 7-12세의 아동이 이에 해당하며 학교 장소는 마을이다.

④ 소년학교

자연세계로 13-18세의 아동 및 청소년이 이에 해당하며 학교 장소는 도시이다.

⑤ 청년학교

문화세계로 19-24세의 청소년이 이에 해당하며 학교 장소는 국가이다.

⑥ 성인학교

윤리세계로 25세 이상의 성인이 이에 해당하며 학교 장소는 세계이다.

⑦ 노인학교

은퇴에서 사망까지의 시기이며, 학교 장소는 노인이 모여 사는 곳이다. 노인학교는 정신세계로, 인생이 최고 학교로 영원한 생명으로 들어감이 가능한가를 가르쳐 주며 여기서 영원한 아카데미가 준비된다.

⑧ 죽음의 학교
영원한 세계이다.

그리고 코메니우스는 교육을 담당하는 학교의 기능을 중시했는데, 연령과 발달의 정도에 따라 학교를 4단계로 구분하여 각 학교가 담당해야 하는 내용을 밝혔다.

> "이 네 종류의 학교를 일년의 4계절에 비교해 볼 수 있겠다. 어머니학교는 따뜻한 봄 여러 가지 꽃의 향기가 가득한 계절에 해당할 것이다. 모국어학교는 우리의 눈앞에 알찬 이삭과 조생의 과일을 펼쳐 보이는 여름에 해당할 것이다. 라틴어학교는 가을이며 들과 포도원의 열매들이 거두어져 정신의 곡창에 저장된다. 마지막으로 대학은 겨울에 비교할 수 있으며 그때 우리는 거두어들인 과일들을 다양한 용도를 위해 준비하므로 남은 일생 동안 우리가 살기에 충분하도록 저장한다."

(ㄱ) 제1기인 모친학교는 유아기 교육으로서 1-6세까지의 유아를 가정에서 부모가 교육하는 단계를 말한다. 일생생활과 사물에 관한 기초지식과 도덕적 습관, 그리고 신앙의 기초를 쌓는 단계이다.

(ㄴ) 제2기인 국어학교는 아동기 교육으로서 7-12세까지의 아동에게 독일어를 읽고 쓰는 것과 셈하는 것, 그리고 그 밖의 일반적 기초지식을 갖게 한다. 6개 학년으로 나누어 쉬운 것에서부터 어려운 것 순으로 하고 수업은 4시간을 오전, 오후로 나누어 실시한다.

(ㄷ) 제3기인 라틴학교(Schola Latin)는 13-18세까지의 소년기 학생을 대상으로 4종의 언어(독어, 희랍어, 라틴어, 히브리어)와 일곱 가지의 자유과목 그리고 자연, 과학, 지리, 역사, 윤리, 종교 등의 과목을 수학한다.

(ㄹ) 제4기는 대학(Academia)과 시행기로서 19-24세까지의 청년에서 신학, 의학, 철학, 법학 그리고 고전을 수학하고 시행을 통해 교양을 쌓도록 한다.

실제교육의 연 단위는 6년씩을 간격으로 두고 있음을 볼 수 있는데, 이와 같은 코메니우스의 학교계통론의 사상은 이후의 독일의 "통일학교(Einheitesschule)의 기본이념이 되었고, 미국의 민주주의 교육제도인 단선형(Ladder system)의 원형이 되었다. 코메니우스를 "통일학교의 아버지"라고 하는 까닭도 이러한 연유이다. 여기서 그는 중대한 업적을 남긴 것을 발견할 수 있는데 라틴(Latin)학교를 복선형인 별개의 계통으로 하지 않고 이것을 전후 연관되는 단선형학교계통으로서 초등학교 및 중등학교로서의 위치를 점유하도록 한 것은 현대의 학교제도의 기초가 되었다는 점에서 의의가 있다.

학교의 설치에 있어서도 각 마을에 초등학교, 각 도시에 라틴학교를, 각 주에는 대학을 두어야 한다는 그의 계획은 오늘날 세계의 학교계통을 예언한 것으로 주목할 만한 의의가 있다. 그리고 남녀 · 빈부 · 귀천의 신분적 차별 없이 교육받을 것을 주장한 것은 오늘날 의무교육의 길을 시사한 것이라고 볼 수 있다.

6) 페스탈로치의 유아교육 이념

(1) 페스탈로치의 이해

페스탈로치는 헤르바르트, 프뢰벨과 함께 18세기의 계몽사조인 주지적 합리주의와 개인주의적 자연주의의 반동으로 18세기 후반에 대두한 신인문주의 사상의 조류에 속하였던 대표적인 교육사상가이다. 또한 그는 절대주의와 계몽주의, 자연주의 그리고 낭만주의가 교차되는 격동의 시대에 살았던 근대교육사의 위대한 인물로 가정중심적, 문화중심적, 종교중심적, 생활중심적 교육을 강조하기도 하였다.

페스탈로치는 교육을 인류애의 근본정신이라 여기고 그의 생애를 빈민교육을 위해서 희생하고 헌신하였다. 뿐만 아니라 페스탈로치의 근본적인 교육신념은 가난하고 헐벗고 굶주린 불쌍한 사람들을 경제적으로 구제하여 신체적, 정신적, 도덕적인 소질을 개인적으로 뿐만 아니라 가정적으로 또는 시민적으로 확실하게 도야하여 평화와 안식과 희망을 주는 보람있는 생활을 영위할 수 있도록 하는데 있었다. 그에 의하면 "교육은 단순히 지배자 계급의 특권이 아니라 그것은 만인에게 개방되어 일반인 누구에게나 개방되어야 한다."[30] 이것은 교육에 대한 사회인의 원리를 제창한 것으로 세계 교육사상 최초로 인간권리를 주장한 것이라고 볼 수 있다.

그의 교육이념은 인간본성의 선성, 발전 가능성, 평등성을 대전제로 하는 인간의 조화적 발달의 이념과 가정교육을 터전으로 하는 국민대중의 기본도야로 빈민을 경제적으로 구제하고, 빈민에게 인간교육을 시키고 그리고 새로운 국민교육을 이룩하려는 것이었다.

페스탈로치는 "교육의 일반적인 목적은 내면적 기능성을 순수한 인간의 지혜에까지 향상시키는 것이라고 하고 인간의 본성을 동물적, 사회적, 도덕적 3단계로 구분하여 인간에게 필요한 지 · 덕 · 체의 조화적 발전을 꾀하여 자연적 상태에서 사회적 상태로, 사회적 상태에서 도덕적 상태로 변화시켜 인간이 신에게서 받은 천부적 소질을 조화적으로 발전하게 하려고 하였다.

페스탈로치의 교육사상의 모든 출발은 인간에 대한 탐구로부터 시작되고 있다. 그는 그의 전 생애를 통해 '인간의 탐구'라는 문제를 증명하고자 노력하였으며 프랑스 혁명 이후로 종교관에 변화가 초래되었다. 또한 칸트의 도덕적인 자율사상으로 종전의 기독교적 · 가부장적 사회관과 가치관이 흔들리게 되었는데 이를 계기로 인간의 본질을 탐구하며 올바른 인간관을 정립하고자 노력하였다.

페스탈로치는 철학적 측면에서 교육의 기초를 인간관을 중심으로 피력한 저서, 『인간의 발전에 있어서의 자연과정의 탐구』에서 인간성 안에 세 가지 본성을 설정하였는데 동물적, 사회적, 도덕적인 그 세 단층을 일컫고 있다. 페스탈로치의 인간관은 그의 사상에서 핵심적인 문제이다. 인간이란, 선천적으로 정신력, 심정력, 감각력을 가지고 있으며, 이것이 조화로운 발달을 이룰 때 사람의 참된 인간성이 드러나고 참된 교육이 이루어진다고 보았다. 뿐만

30) 長田新, 교육철학, 동경(암파)서적, 1961, p. 64.

아니라 페스탈로치는 자연을 매우 중요시하였는데, 그의 자연이란 인간 자연 혹은 감각적 자연이라 할 수 있으며, 이는 인간교육의 본성을 의미하는 감정과 내면성에 제시된 인간존재의 근원적인 하나의 기초로서 작용하고 있는 것이다. 또 그는 자연을 타락한 자연과 타락하지 않은 자연으로 나누고 타락하지 않은 자연에도 인간성을 부여하여 본연의 성향이 회복해 나가기를 지향하고 있다.

페스탈로치의 유아교육은 가정교육과 종교교육을 빼놓고는 설명할 수 없을 정도로 그의 유아교육론에 있어서 양자는 매우 중요한 부분으로 작용하고 있다. 그 까닭인즉 페스탈로치는 어머니와 자식 사이의 사랑의 대화가 이루어지는 가정을 유아교육의 산실로 신성하게 여겼다는 점에서 페스탈로치의 이론체계는 "가정 중심적이다"라고 할 수 있으며 또한 그가 신앙 공동적 가정생활을 통해 어린이는 기독교적 기본교리인 믿음, 소망, 사랑을 체험할 수 있다고 강조한 점에서 그의 이론체계는 "종교 중심적"이라고 할 수 있다. 또한 그의 「유아교육 서한」의 궁극적인 목표는 종교 감각의 도야임을 나타내고 있으며 페스탈로치의 유아교육론의 귀결점은 종교교육으로 향하고 있음을 엿볼 수 있다. 이러한 취지에서 필자는 페스탈로치의 교육사상을 조명함과 함께 그의 사상의 출발점인 자연관, 인간관, 가정관, 그리고 종교관에 기초한 유아교육론의 내용과 방법에 대한 시사점을 고찰해 보고자 한다.

(2) 유아교육사상의 기저

① 자연관

페스탈로치가 일찍이 자연관을 교육사상의 기본으로 하게 된 것은 루소의 영향이 가장 컸으며 거기에다 복음주의적 신앙이 전체 기저에 짙게 깔려 있다. 그는 사안을 통하여 자연과 사랑의 통합으로 통일을 형성함으로써 자연의 개념을 정립하였다. 따라서 그가 구성한 자연은 인간과 사랑을 기본으로 해야만 이해가 가능하며 인간 존재의 핵심, 즉 감정과 내면성에 계시된 근원적인 기초였다.

그의 자연은 인간본성의 순수함을 의미한다. 인간은 자연의 고유한 법칙에 따라서 자기를 도야한다는 자율의 원리와도 같다.

> "인간이여! 이 자연의 질서 안에서 진리를 찾아내라. 그러면 그대는 어떠한 처지, 어떠한 행로에서도 그대가 바라던 진리를 찾아낼 것이다. 숭고한 자연의 길이여! 그대는 진리로 하여금 힘과 행동이 되게 한다. 자연의 길은 교육의 원천이며 인간의 본성을 흡족하게 채워주는 밑바탕이다.[31]"

이와 같이 그의 자연은 정적인 개념이 아니라 동적인 개념인 동시에 자발성 내지 자율을 뜻하는 것이다. 실로 자연을 인간 고유의 내면적 창조력으로 본 것이다.

루소와 마찬가지로 페스탈로치도 인간은 선천적으로 선한데 사회가 인간의 선천적인 선을 타락시키고 있으며 사회의 개혁은 부분적으로 교육개혁에 의존하고 있는 상황이므로 자연에 따르는 교육은 자유로운 분위기에서 각 어린이의 힘을 계발하는 것을 목적으로 삼아야 한다는 가정을 지지했다. 페스탈로치는 자연을 다음과 같이 구분하고 있다.

> "우리는 타락한 자연과 타락하지 않은 자연으로 구분한다. 인간의 본능의 손에서 단순하고 해로움이 없고 편리한 감각적 쾌락만을 추구하면 우리는 그를 타락하지 않은 자연인이라 부른다. 그러나 이러한 감각적 쾌락에 이미 자유가 없고 단순하지도 않고 순진성도 동물적 호의로 사라진다면 우리는 그를 타락한 자연인이라 부른다."[32]

이처럼 그는 자연을 타락한 자연과 타락하지 않은 자연으로 구분하고 있다. 그런데 인간은 인간성의 회복을 통해서 타락한 자연에서부터 벗어나 타락하지 않은 자연상태로 나아가기를 권고하고 있으며 자연은 고유한 법칙에 따라 인간을 진리로 인도한다고 페스탈로치는 생각했다.

인간의 내면 깊은 곳에 인간의 본성이 있으며 이런 본성이 진리라고 또한

---

31) 페스탈로치, 은자의 황혼, 김정환 역, 서울: 서문당, 1972, pp. 9-11.
32) 페스탈로치, 은자의 황혼, 김정환 역, 서울: 경지사, 1968, p. 34.

그는 생각했으며 이런 본성의 완전한 발달이 도덕적 인간이 되는 길임을 피력하고 있다. 페스탈로치에 따르면 인간의 본성의 완성은 어버이의 마음과 같은 신의 사랑을 체감하고 그의 자녀가 되는 것이라고 하였다.

궁극적으로 페스탈로치는 자연이란 개념을 비유적으로 사용했기 때문에 그 의미를 정확하게 파악하기 어렵지만 몇 가지의 의미를 지닌 용어로 해석할 수 있다. 첫째, 인간의 감성적인 본성이란 의미로 간주하였다. 둘째, 인위적인 것과 대조적인 개념으로 생각하였다. 셋째, 신성, 그 이상의 의미를 지닌 개념이었다. 넷째, 자연현상이란 의미를 지닌 개념이었다.

이처럼 페스탈로치의 자연은 복합적인 의미를 지닌 개념이었으며 이런 자연의 개념에 입각해서 페스탈로치는 인간이 도덕적인 상태에 이르는 길은 자연의 성장에 있다고 생각했다. 그런데 그는 이러한 자연의 성장과정을 교육의 과정으로 이해하였다.

> "교육은 단순히 어린이들에게 전달하는 것이 아니라 먼저 충분하게 발달되지는 않았지만, 어린이들이 가지고 있는 것의 발달, 즉 적어도 발달할 수 있는 본능적 능력으로 간주되어야 한다. 교육은 어린이가 무엇으로 구성되어 있는가를 결정할 뿐만 아니라 어린이의 자격이 무엇인지를 탐구하기도 한다. 피조물이며 책임이 있는 존재로서의 그의 운명은 어떤 것일까? 합리적이고 도덕적인 존재로서의 그의 능력은 무엇일까?"[33]

페스탈로치는 타락하지 않은 자연을 영속화시켜 나가길 원했다. 그래서 그는 인간의 내부적 발달에 관한 견해를 제시하고 있다. 그는 어린이의 내부에서 이끌어 낼 수 있는 것에 힘을 기울이며 인간의 발달을 촉진하는 규정적인 기능과 본질적으로 유사한 기능을 충족할 수 있는 서술적인 법칙을 발견하려고 노력했다.

페스탈로치가 지향하는 자연은 타락하지 않은 자연에로의 인간성 회복에 있다고 하였으며 이것을 가리켜 신성이라고 표현하였다.

---

33) J. A. Green and F. A. Collie(eds.), 1912, op. cit., p. 224.

"하나님에 대한 신앙은 모든 지혜와 성스러운 복의 근원이다. 또한 그것은 인간을 순수하게 도입하는 자연의 길이다. 그리고 하나님에 대한 사랑을 인간 본성의 관계에서 인간감정의 터전이며 하나님을 향한 어버이 마음에 신뢰하는 자녀마음의 발로이다."[34]

따라서 페스탈로치가 지향하는 자연은 신성이며 이것은 그의 신이요 자연인 것이다. 자연은 신의 반영이요 신의 모조요 신에 의해 창조된 것으로 모든 자연의 근본이 신이다. 그러므로 자연은 곧 신성이요 신성은 선이며 모든 목적과 이념은 여기에 귀속된다고 하였다.

이러한 페스탈로치의 자연관을 고찰해 볼 때 자연을 이분하고 그의 속성을 인간성에 결부시켜 그것들의 양면성을 밝히고 그의 지향점을 신성, 즉 선에 두고 있는 것으로 요약된다.

이와 같은 자연관 중에서 특징적인 것은, 첫째, 인간성 중에서 이성보다 감성, 즉 감각, 본능, 욕망, 동물적 힘, 불변적 감정 등을 강조하고 있으며, 둘째, 확연히 인위적인 것은 배제하고, 셋째, 지향점은 신성, 즉 선에 두고 있는 것이다. 이렇게 볼 때 페스탈로치의 자연은 인간성을 의미하며 인간성 중에서도 감성적 측면이 강하여 자연은 인간 자연(Die Menschliche Natur)인 동시에 감각적 자연(Die Sinnliche Natur)이라고 요약할 수 있다.

② 인간관

페스탈로치의 교육사상은 곧 인간 탐구이며 이 인간관이야말로 동서고금의 철학자, 사회학자, 그리고 종교지도자 및 교육학자 등 많은 분야에서 인간 본질의 문제를 해결하기 위해 끊임없는 연구와 노력을 기울여 왔다.

프랑스 혁명 후 페스탈로치는 세계관에 대해 새로운 전기를 맞게 되는데 그 계기는 먼저 종교관에 큰 변화가 생겼기 때문이다. 즉 휴머니즘을 바탕으로 인간 중심적으로 신을 파악하였고 또한 칸트적 도덕의 자율사상에 부딪치게 되었으며 결국 그러한 바탕 위에 종전의 기독교적 · 가부장적 사회관과 가치관

34) 페스탈로치, 은자의 황혼, 김정환 역, 서울: 서문당, 1972, p. 23.

이 밑뿌리부터 동요됨을 느꼈기 때문이다.[35)]

그는 이런 전기를 거쳐 무엇보다 먼저 인간의 본질을 탐구하여 이로써 올바른 인간관을 정립하고자 노력하였다. 18세기 유럽에 있어서 국민의 목자요 인류의 현자들이 인간의 본질에 대하여 충분한 인식을 못했기 때문에 많은 인류가 그 본질에 대한 만족을 얻지 못하고 전락되는 것을 목격하였다. 여기에 그는 국민의 지배자에 대해서 무엇보다 우선하여 인간의 본질과 사명을 탐구하여 인간의 올바른 요구가 무엇인가를 인식케 하자고 부르짖었다.[36)]

페스탈로치는 인간을 인간의 본성이나 본능의 문제로부터 파악하였다.

> "자연 상태에 있어서의 인간은 순수한 본능의 아이이고 그는 단순하고 무해한 감각적 향락만을 언제나 추구한다. 인간은 원래부터 일정한 소질을 지니고 태어났다. 그러므로 소질에 따라서 현재 그대로의 모습에서 인간을 정확하게 보는 것이 필요하다."[37)]

페스탈로치는 선천적으로 본성(Die Mmenschliche Natur), 본능(Instinkt), 소질(Gabe)을 가지고 있으며 이런 것들을 인간정신의 근본력이라 하고 이 근본력을 정신력(지력), 심정력(도덕력), 감각력(기술력)으로 나누어 이것이 조화로운 발달을 이룰 때 사람의 인간성이 드러나고 참된 교육이 이루어진다고 보았다.

그러므로 페스탈로치는 환경이 인간에게 미치는 영향에 대하여 큰 의미를 부여하며 긍정적인 환경의 배려를 강조하기도 하였다. 루소는 사회가 악의 근원이라는 전제하에 사회와 문화에 대하여 부정적이었는데 페스탈로치는 도리어 인간향상이나 개발을 위하여 사회가 수단적이요, 동기를 부여한다고 하였다.[38)] 그는 인간이라는 존재는 환경에 대해 노력과 노동으로 도야하는 가운데 진보할 수 있다고 보고 인간 속에 진보의 능력을 타고난다고 보았다. 페스탈로치에 의하면 인간은 타락할 수도, 진보할 수도 있는 모든 가능성을 동시에

---

35) 김정환, 페스탈로치 교육사상과 교육방법론 연구, 省谷논집(8), 1977, p. 7.

36) 김선양, 페스탈로치의 교육사상연구, 학위논문, 1974, P. 40.

37) 최정웅, 사회개조를 중심으로 한 페스탈로치의 교육사상, 경북대 박사학위 논문, 1979, p. 12.

38) 최정웅, 페스탈로치의 가정관과 교육, 경북대대학원 박사학위 논문, 1979, p. 35.

가지는 존재로 보고 도덕적 상태로의 진보가 가능하다고 믿었다. 이와 같은 인간능력에 대한 확신과 긍정적인 인간관을 바탕으로 페스탈로치는 정의와 도덕적 태도를 지닌 인간을 길러보고자 노력하였고, 바람직한 개개인을 중심으로 올바르고 조화로운 사회를 건설할 수 있음을 강조하기도 하였다. 페스탈로치는 인간의 의지에 따라 자유인이 될 수도 있고 노예가 될 수도 있다고[39] 전제하면서 노력이 인간을 완성해 가는 수단이 되고, 게으름은 자기완성의 태만이며 야만성의 근원이라고 보았다. 따라서 개인적 노력에 의해 도덕적 상태에 이른 인간에 의존하여 보다 좋은 사회도 이루어질 수 있다는 뜻이다.

그런데 이러한 노력은 '인간 본성의 순수함'을 의미하는 자연의 질서에 따라야 함을 강조하고 있다.

③ 종교관

페스탈로치의 종교관에서는 반드시 인간관의 뒷받침이 있어야 한다. 그는 종교를 인간의 문제와 결부시켜 신이란 존재를 인간의 도덕적 자기의식의 순수한 표현이라고 하였다. 이것은 신을 인간중심주의, 휴머니즘 입장에서 생각한 것이다. 페스탈로치는 『은자의 황혼』에서 다음과 같이 주장하였다.

> "하나님은 인류와 가장 가까운 관계에 있는 분이다. 인간이여, 그대 자신을 믿으라. 그대의 본성안에 있는 마음의 감각을 믿으라. 그러면 그대는 하나님과 영생을 얻으리라."[40]

또한 「린하르트는 그의 자녀를 어떻게 가르치는가」에서 다음과 같이 주장하며 그의 종교관을 피력하기도 하였다.

> "내가 신을 사랑하고 신에게 감사하고 신을 믿고 신에게 따르는 마음이 일어나기 전에 미리 사람들을 사랑하고 사람들을 믿고 사람들에게 감사하고 사람들을 따라야 한다.

---

39) 최정웅, 앞의 논문, p. 35.
40) 페스탈로치, 은자의 황혼, 1780, pp. 146-147.

적어도 눈에 보이는 형제를 사랑하지 않는 사람이 어떻게 눈에 보이지 않는 신을 사랑할 수 있겠는가."[41]

신은 인간의 마음 속에서 혹은 인간과 가장 가까운 관계에서 존재하며 인간이 제외된 신은 무의미하며 인간을 초월해 있는 신도 무의미해진다. 그러므로 신의 영광을 위해서 인간이 존재한다기보다는 인간이 자기 발전과 자기 갱생 혹은 인간구제를 위하여 신이 존재한다. 이러한 것을 볼 때 신은 인간을 위주로 한 사고체계에서 파악되며 종교를 교리로써 보다는 감정으로 그 본질을 파악한 것으로 보인다.

『린하르트는 그의 자녀를 어떻게 가르치는가』에서 다음과 같이 주장하며 신은 인성의 문제이기 이전에 심정의 문제라고 하였다.

"나는 신의 아들이다. 나는 나의 어머니를 믿는다. 그녀의 심정은 나에게 신을 가르쳐 주었다. 신은 나 에게 어머니이시다. 그리고 나의 심정과 같이 그녀 심정이 신이다. 나는 이외의 신을 모른다. 나의 신을 믿음으로써 나는 비로소 인간임을 느낀다. 나의 두뇌, 이지의 신은 하나의 우상이다. 나는 그러한 신을 숭배함으로써 나의 몸을 불사르게 될지도 모른다…… 어머니여! 어머니 당신은 당신이 내린 여러 가지 명령으로 나에게 신을 보여주었고 나는 순종함으로써 신을 발견한 것이다."[42]

페스탈로치는 종교적 감정이란 부자간의 혹은 모자간의 사랑을 통한 자연스러운 관계에서 싹튼다고 하였다. 특히 인간도야에서 가정의 행복을 중시한 그는 신에 대한 신앙만이 가정의 행복의 원천이 된다고 하였다. 『은자의 황혼』에서 "하나님은 그대의 가정의 아버지이시며 성스러운 복의 근원이시다. 하나님은 그대의 아버지이시다. 하나님을 믿음으로써 그대는 평안과 힘과 지혜를 얻게 되고 이 세상의 어떠한 폭력과 무덤에도 흔들리지 않는다…… 하나님에 대한 신앙은 인생의 평안한 마음의 질서의 근원이며 마음의 질서는 우리 안에 깃든 능력을 응용하게 하여 우리를 성장시키며 도야해서 지혜로 이끄는 근원

41) 김선양, 페스탈로치의 교육사상, 학위논문, 1974, p. 67.
42) 김선양, 앞의 논문, p. 67.

이 되게 하고 지혜는 인류의 만복의 근원이다. 하나님에 대한 신앙은 모든 지혜와 성스러운 복의 근원이며 인류를 순수하게 도야하는 자연의 길이기도 하다."라고 하여 신에 대한 신앙 없이는 인간도야를 위한 가정도 성립될 수 없다고 하였다.

페스탈로치는 『은자의 황혼』에서 신에 대한 입장을 대조적인 두 가지 입장으로 설명하고 있다.

> "인간은 자기를 위해 신을 믿는다. 인간이 신을 신앙하든지 않든지 신과는 아무 관계가 없기 때문이다."[43]

따라서 하나님을 믿는 태도와 믿지 않는 태도가 성립하고 있는 것이다. 하나님에 대한 신앙의 태도는 선과 진리와 사랑과 자기 완성을 성취하는 근원이라고 하고, 반면에 하나님을 믿지 않는 태도에 대해서는 죄악과 무질서, 공포의 근원이라고 하였다. 그러므로 하나님에 대한 신앙이 있느냐 없느냐에 따라서 인류는 하나님의 자녀와 속세의 자녀로 갈라진다. 『은자의 황혼』에서 "하나님이 없으면 이 세상은 폭력과 무덤과 사망의 고통을 이겨낼 힘이 없어진다." 하고 "죄 이것은 무신앙을 낳게 하는 것이기도 하고 무신앙에서 나오는 것이기도 하다." "무신앙 이것은 사회를 안으로 묶어 주고 있는 축대를 끊는 원천이다."라고 하였다.

> "무신앙, 그것은 인류의 형제됨과 그 형제된 관계에 부과된 의미를 부정하는 것이며 아버지로서의 하나님의 권리를 부인하는 것뿐만 아니라 인간 서로가 폭력을 휘두르는 만용을 낳게 하여 순수한 인류관계를 끊는 일이다."[44]

이러한 논의를 볼 때 신에 의한 신앙에서 모든 것에 대한 근원이 있다고 보고 신앙을 중요시하였다. 이러한 신중심의 경향은 비단 페스탈로치에게서만

---

43) 페스탈로치, 은자의 황혼, 김정환 역, 1968.
44) 상게서.

나타나는 것은 아니고 서양의 많은 사상가와 철학가들에게 흔히 볼 수 있으며 서구사회의 사회, 문화, 교육을 이해하고자 할 때 기독교에 대한 이해가 전제되어야 할 것이라고 생각한다.

(3) 페스탈로치의 유아교육의 내용

① 지적 교육

페스탈로치는 실천적이고 도덕적인 교육에 가장 관심을 가지고 있었지만 그가 가장 기대한 교육은 지적 교육이라고 말할 수 있다. 다시 말해서 그가 생각한 지적 교육은 지식과 사물의 인식력을 도야하는 것이었다. 그는 이런 세계의 관계들에 관한 지식과 도덕의 근원을 탐구했으며 지적 교육을 도덕교육과 연관지어 모든 사람에게 지적 교육을 제공할 것을 강조하였다.

그는 어린이의 교육은 그림이나 단어들이 아니라 사물들에서부터 시작되어야 한다고 생각했다. 어린이의 감각은 실제의 대상들과 접촉하여 가능한 한 경험을 하고 그것에서부터 자료를 얻어야 한다. 어린이는 사물들과 먼저 접촉할 경우에만 명확한 개념을 습득할 수 있다. 그러므로 어린이에게 적기에 올바른 사물을 제시할 것이 무엇보다도 중요하다. 그래서 그는 사물을 통해서 교육할 것을 주장했다.

> "어린이는 사물들을 관찰하고, 분석하고, 이름을 말하고, 비교하는 훈련을 받아야 하며 보고, 만져 보는 것을 통해서 사물들을 판별할 때 계산하는 것을 알게 되며, 수의 개념을 발전시켜 나가게 된다. 측정의 개념은 어린이가 사물들을 손으로 만져 보고 비교해 볼 때 일어나며 그림을 통하여 쓰기와 연결지을 수 있고 환경 안에서 소리들을 주의 깊게 듣게 되면 소리의 식별력이 형성되어 음악과 언어의 기초를 확립하게 된다."[45]

페스탈로치에 의하면 지적 교육의 출발점은 감각적 인상에 있다고 보았다. 지적 교육에서 중요한 것은 정보의 전달이 아니라 사고력을 기르는 것이며

45) S. E. Frost, 1966. op. cit., p. 355.

모든 사물이 주는 인상에서부터 인간의 사고력이 발달한다고 페스탈로치는 시사했다. 그에 의하면 어린이의 감각기관이 사물과 접촉함으로써 정신력 속에 간직되어 있는 충동을 통해서 직관력이 형성되므로 지적 교육의 핵심은 직관을 통해서 사고력이 신장됨을 중요하게 생각했다. 그는 읽기, 쓰기, 셈하기, 수, 형태, 언어를 중심으로 직관력을 논의했으며 이를 토대로 이해력, 판단력, 창의력, 지각력 그리고 사고력으로 연결되어 지적 교육의 본질로 나아가게 됨을 강조하고 있다.

『게르트루트는 그의 자녀를 어떻게 가르쳤는가』에서 주로 지식의 발달과 본질에 관해 논의했지만 페스탈로치는 지식이 교육의 궁극적인 목적은 아니라고 지적하였으며 그가 생각한 지식은 실천력이 있고 일상생활에 응용할 수 있는 것이었다. 그러므로 어린이가 가장 알려고 하는 것을 가르쳐야 한다.[46]라고 주장했다. 그래서 페스탈로치는 일상생활과 관계가 있는 지식을 먼저 가르쳐야 한다고 생각했으며 이런 그의 생각은 다음과 같은 글을 통해서 확인될 수 있다.

> "매일의 생활사와 관련해서 게르트루트는 …… 읽기, 쓰기, 셈하기의 기초교수 이외에 아이들에게 실뽑고 가정을 돌보고 항상 질서 있고 청결한 생활을 하도록 가르친다."[47]
>
> "아이가 모든 사물의 성질에 관하여 특히 어떠한 사물이나 그 수, 형태, 언어에 대하여 명백히 발표할 수 있도록 모든 기술의 조화에 기초를 두는 것이다. …… 아동은 비로소 어떠한 사물이나 그 본성 전체의 포괄적인 지식에까지 인도되고, 또 그것을 정의하는, 즉 사물의 본성 전체를 정확하게 언어로써 표현할 수 있도록 하는 것이다."[48]
>
> "아이들이 실제적인 일을 하는 동안 그들은 어머니에게서 이론적 교수를 받아들인다. 안방에서 일을 하고 동시에 학습이 계속된다. 실을 뽑고 바느질을 하는 것을 게르트루트는 그의 아이들에게 함께 가르친다. 계산하는 것은 머리 질서의 기초가 된다."[49]

---

46) Robert R. Rusk(1979). Doctrines of the Great Educators, Hong Kong: The Macmillan Press Ltd, p. 149.
47) Sister R. M. Walch(1952), op. cit., p. 58.
48) Pestalozzi(1944), Wie Gertrud ihre Kinder lehrt, Pestalozzis werke, hrsg. von P. Baumgartner, Bd. vi, S. 324.
49) K. Silber(1965). op. cit., p. 44.

이처럼 그는 어린이의 삶과 직접적으로 관계가 있는 것부터 먼저 가르쳐야 한다고 생각했다. 특히 그는 어린이에게 무엇을 가르치느냐 하는 문제보다 어떻게 하면 어린이가 스스로 깨닫고 이해할 수 있는가 하는 문제를 더 중요하게 생각했다. 다시 말해서 어린이가 머리만 가지고 지적 도야를 하는 것을 위험하게 간주하였다.

> "그러나 경험의 성과인 이 모든 법칙과 원리를 머리로서만 일찍부터 채울 자는 그는 경험을 가지지 못했고 그의 생활은 그런 것이 아니었기에 이 원리를 응용하려 해도 되지 않는다.…… 인간의 머리가 개개의 것을 관찰하고 종류와 모양을 구분하고 조사하고 모든 사물이 갖는 서로 다른 면을 주의하도록 해라."[50]

그래서 그는 자발적으로 자연을 관찰하는 것과 스스로 알고자 하는 지적 호기심을 통해서 학습해야 한다고 피력하였다. 인위적이고 강제적인 교육은 어린이들의 동기유발심을 자극하지 못하고 쉽게 흥미를 상실하기 때문에 스스로 관찰하고 터득하여 지식을 구성해 나갈 수 있도록 하는 자연 발생적인 상황을 말해 주고 있다.

『게르트루트는 그의 자녀를 어떻게 가르치는가』에서 수 개념을 형성하는 방법을 제시했는데 실제로 현존한 사물을 통해서 사물들을 먼저 가르쳐야 함을 시사하고 있다. 뿐만 아니라 어린이가 셈하고 분류하고 더하고 빼는 것을 할 수 있게 될 때 교사는 칠판에다 점을 사용해서 연습시킬 수가 있다고 설명하였다.

페스탈로치에 의하면 모든 지식은 세 가지 기본적인 힘에서부터 생긴다고 파악했다. 언어의 근원인 음을 발하는 힘과 명확하지 않은 형체를 분명하게 인식하는 힘 그리고 명확하고 단순히 감각적이 아닌 것에서 통일의 의식이 생기게 하는 힘, 즉 산수와 계산능력이 있어야 한다.[51]

이처럼 그는 음과 형태 그리고 수가 서로 조화를 이루고 통일된 힘을 통해서 모호한 인상에서 벗어나야 분명하게 사고할 수 있게 된다고 주장하였다. 먼저

50) 페스탈로치 교육론 II, 김정환 역, 경지사, 1968, p. 168.
51) 김선양, 게르트루트는 어떻게 그의 자녀를 가르치는가, 경지사, 1968, P. 345.

수에 의해 복잡한 사물을 분류하고 다음에는 이것을 형태로 분류한 후 마지막으로 언어에 의해 그 속성을 더욱 뚜렷하게 규정한다. 그러므로 수많은 감각적 인상들을 체계화하여 명백한 개념으로 정립하는 여러 가지 수단 가운데서 가장 중요한 부분은 수이다. 어린이의 감각적 인상을 명료하게 하는 수단인 수는 가장 추상적인 사고력, 논리력, 분석력을 개발하고 합리성, 객관성, 계통성을 도야해서 명확한 관념, 질서 있고 조직적인 정신력과 분별 있는 생활을 할 수 있도록 해 준다고 페스탈로치는 생각했다.

② 기능교육

페스탈로치는 인간의 불행은 사물을 처리하는 능력의 결여에 있다고 믿었다. 이런 무능은 가정과 학교에서 그들이 받았던 비실용적인 훈련에 있다고 생각했기 때문에 페스탈로치는 가난한 소년들에게 다양한 기능을 훈련시키려고 했다.

그래서 그는 직업교육의 필요성을 절감하게 되었고 개인이 보다 효율적으로 삶을 영위하는데 필요한 기능을 익히는 것에 중요한 관점을 나타내고 있다. 만일 가난하고 비효과적인 농부들이 보다 효과적으로 행동하는 과학적인 방법을 익힌다면 비도덕, 절망, 타락, 그리고 무능에서 벗어날 수 있을 것이라고 페스탈로치는 믿었다.

그러나 직업교육 그 자체는 목적이 아니라 경제적인 안정의 수단에 불과한 것이므로 도덕적이고 사회적인 갱신의 수단이 되어야 할 것을 강조하고 있다. "개인은 자아를 존중하고 지성적이며 사회의 단위가 되어야 한다." 여기에서 그는 공동체의 생활에 효과적으로 참여하는 것에서 생기는 사기를 얻어야 한다고 하였으며 하루 계급의 발전은 언어로 말할 수 있고 문화적인 생활에 관해 사유하는 것을 알 수 있는 기회가 제공되었을 경우에만 가능하다고 생각하였다. 이러한 이유로 페스탈로치는 대중의 일반교육에 관심을 갖게 되었으며 훈련을 통한 기능교육이 더 중요하다고 역설하고 있다.

실천적인 힘, 생산성 그리고 산업훈련과 창의적인 활동은 인간에게 필수적인 것으로서 인간의 지식은 공동생활을 하는 과정에서 발달된다고 시사하고 있다. 다시 말해서 인간은 공동적인 활동에 참여할 때 자신의 환경인 사람들과 사물들을 경험하고 학습하게 된다. 경험과 행동을 통해서 통찰력과 행동하는 방법을 학습하지 않은 사람은 동물과 같은 저급한 수준을 넘어설 수 없다는 것이다.

페스탈로치에 의하면 먼저 어머니가 자녀의 팔과 손 그리고 다리의 동작을 연습시켜야 하는데 이런 연습은 간단한 것에서 복잡한 것으로, 특수한 것에서 일반적인 것으로, 정신적인 활동에서 신체적인 활동들로 진행되는 것으로 보고 있다.

이제까지 언급한 것과 마찬가지로 페스탈로치가 생각한 기능교육은 인간이 보다 문화적인 삶을 영위하기 위한 수단이었는데 그것은 단순히 직업과 관련된 기능을 익히는 것이 아니라 공동체적인 삶에 능동적으로 참여하는 능력을 기르기 위한 교육이었다고 말할 수 있다.

③ 도덕교육

페스탈로치는 어린이의 도덕적이고 종교적인 발달은 자신의 전체계의 초석이라고 생각하고 이러한 측면의 교육을 가슴의 교육이라고 불렀다.[52] 그가 이런 말을 사용한 이유는 그것이 의지나 사회생활과 관계가 있는 정서의 교육이라는데 비중을 두고 있었기 때문이다. 다시 말해서, 개인과 다른 사람들과의 관계와 관계가 있는 정서의 교육을 의미하며 그것은 곧 신과의 관계를 나타내고 있다. 이런 측면에서 어린이를 교육하려면 올바른 정서를 계발하는 것이 중요하다고 여기고 모든 정서 가운데서 가장 간단하고 원시적인 감정부터 발전시켜 나가야 함을 주장하고 있다.

> "페스탈로치는 이것을 가정에서의 어머니와 어린이의 관계에서 찾으려고 했다."[53]

---

52) Frederick Eby(1952), op. cit, p. 458.
53) S. E. Frost(1966), op. cit, p. 357.

어린이가 무기력하게 되면 의존감각이 형성되는데 이것은 원시적이고 단순한 정서로 표현할 수 있다. 어린이는 어머니의 여러 가지 능력과 방법을 체험하게 되면 이런 의존의 정서는 사랑, 신뢰, 감사, 인내 그리고 순종과 같은 복잡한 정서로 발전하게 되고 행복한 삶을 구성하는 덕목들은 이런 것들에서 비롯된 것이다. 인간은 시간이 지남에 따라 어머니에 대한 의존은 줄어들며 타인, 친구, 교사에게 의존하면서 어머니에 대한 의존을 타인에 대한 의존으로 전환하게 된다. 페스탈로치는 이런 것을 통해서 신에게 의존하는 것으로 보았다. 그러므로 페스탈로치는 정서의 교육에서 초기의 경험들을 중요하게 여겼으며, 정서는 어머니와의 관계로 인하여 의존감을 얻게 되고 어머니에 대한 사랑을 느끼는 것으로부터 시작됨을 일컫고 있다. 위험할 때 어머니의 보호를 받는 유아는 신뢰와 감각의 느낌을 얻게 되는데 어머니의 확고한 관리는 인내와 순종하는 태도로 나아가게 되며 결국 그는 이것을 정서의 기원으로 표현하고 있다. 그런데 이런 정서는 어린이를 인간적이고 개성이 있는 존재로 만들어 나가게 되고 사랑, 신뢰, 감사, 인내 그리고 순종과 같은 원리의 덕목들에 의해서 도덕적이고 사회적이며 종교적인 삶으로 발전된다.

페스탈로치는 종교를 정서에 의존해서 이해했기 때문에 종교는 신에게 의존하는 것으로서 그의 종교관은 전통적인 신학의 교리에 대치되는 것이었다. 다시 말해서 신에 대한 믿음은 추론과정의 결과가 아니라 직관의 결과라는 전통적인 교리에 대치된다는 것이다. 페스탈로치에 따르면 종교는 완전을 추구하게 하는 의지의 산물이며 이런 노력을 위해 무한자에게 의존하려는 의지이다.

가정에서의 어머니의 사랑은 어린이의 정서를 유발하기 때문에 가정중심의 감각활동을 제공하여 판단력과 지식을 행사할 수 있는 기회와 더불어 도덕적인 힘과 실천적인 힘을 동시에 훈련할 수 있도록 페스탈로치는 적극권장, 강조하였다. 또한 그에 의하면 가정이 산업혁명보다 먼저 있었다는 견해를 펴고 있기 때문에 어머니들에게 간단하고 명확한 교육의 방법을 제시하여 다른 교육과 도덕교육이 조화롭게 발달되어야 한다고 올바른 도덕교육에 대한 좋은 시사점을 주고 있다.

(4) 페스탈로치의 유아교육방법론

① 자기활동의 원리

학습자 중심의 교수방법 원리는 루소에서 비롯되어 페스탈로치에서 정착되고 듀이에서 전성기를 누렸다. 학습 지도에 대해 루소는 '과학은 가르치는 것이 아니라 발견하는 것'이라 하였고 페스탈로치는 '교사가 학생에게 줄 수 있는 것 중에서 한 가지는 그들의 자발적인 활동을 옆에서 도와주는 것'이라고 하였다.

그 이전까지만 해도 학습에 있어서 교사와 학생간의 대결적인 관계는 오랫동안 계승되어온 학습활동 장면을 통해서 학습자를 무기력한 존재로 여겨 왔다. 그러므로 성인이 판단하기에 옳다고 생각하면 일방적으로 지식을 주입시키는 것을 최선의 교육이라고 믿어 왔다. 그러나 오늘날의 학습은 자발성을 중시한 학습자 중심의 학습활동을 발전시켜 나가고 있다.

> "이와 같은 자발성의 원리는 자기활동, 자기구성, 자기발전 또는 자기생산이라는 점에서 모든 가능성이 존재하고 있으며 최후의 중심관계가 자아, 즉 생명이라고 보는 원리에 입각한 것이다. 학습에서의 자발성이란 생명에 뿌리박고 있는 것으로 자발성을 중요시하는 것은 생명을 존중하는 것이며 자발성은 생명의 본질이다. 또한 자발성은 창조활동의 원천이며 모든 사고와 행동의 원동력이다."[54)]

> "아이는 될 수 있는 대로 스스로 하고 스스로 찾아내지 않으면 안 된다. 교육자는 자연이 사람보다 잘 가르친다는 것을 알지 않으면 안 된다. 그러므로 자유는 교육만이 호흡할 수 있는 공기이다."

따라서 자기창조의 원리는 인간이 지닌 자발적인 힘을 내적인 힘에 의하여 자발적으로 발전하게 하는 것으로 아동의 내면에 잠재하고 있는 능력을 발전시키는 작용이므로 아동 스스로 자기발전과 자율적인 자기형성을 뜻한다. 이

---

54) 성종규, 학습지도, 서울: 광문사, 1964, p. 80.

원리에 의하여 인간의 마음이 개발되므로 이로 인해 참된 지식과 마음의 평화를 얻고 진리를 깨닫게 되며 이러한 진리는 인간 본성의 힘과 활동의 원천인 동시에 인간교육은 자연의 힘과 자발성에 의한 것이라고 말할 수 있다.

그러므로 인간에게 가장 중요한 것은 자유, 자발성, 흥미, 욕구를 충족시키는 일을 동기로 해서 시작되어야 하며 아동 하나하나의 개인적 형편을 보살펴 주는 것이 가장 본질적인 교육방법이다.[55]

페스탈로치는 각 개인마다 그 자신 속에서 스스로 성장하려는 힘에 대한 조성작용을 생활지도에서 중시되는 과정으로 다루어야 한다고 주장한다. 즉, 교육을 미래를 위한 준비라기보다 현재 생활 그 자체라고 보고 생활 속에서 개성과 자율성에 의해 진리를 발견하려는 그의 교육원리는 일관되게 깔려 있으며 결국 자기창조의 원리는 개성존중, 즉 인간존중 또는 아동존중의 휴머니즘과 자유정신의 발로라고 할 수 있다. 그러면서도 그가 말하는 자율성은 배타적이거나 이기적인 것이 아니라 항상 다른 생명과 접촉하고 이웃의 개성을 존중함으로써 함께 발전하는 것을 의미한다.

② 직관의 원리

직관이란 직접 사물을 보고 마음으로 그 사물을 대하는 것이다. 결코 간접적인 개념이나 추상적인 사물을 인지하는 것이 아니다. 따라서 인식활동의 초기 단계인 직관은 경험에서 얻어지는 외적 직관과 본질적 마음에서 비롯된 내적 직관으로 구분하였다. 페스탈로치는 직관을 모든 인식의 절대적인 기초로 생각하고 교육의 본질을 여기에서 찾았다.

> "순수한 진리감각은 주요범위에서 도야된다. 그리고 순수한 인간의 지혜는 자기와 가장 가까운 관계에 있는 것에 대한 지식, 자기에게 가장 절실한 일들을 능숙하게 처리하는 능력의 확고한 기초 위에 서 있다."[56]

---

55) 최정웅, 사회 개조를 중심으로 한 페스탈로치의 교육사상, 경북대 박사학위 논문, 1979, pp. 59-60.

56) 상게논문.

이런 인간의 지혜는 환경의 요구에서 나타나서 활동력을 길러 준다. 그러므로 이러한 지혜가 낳은 정신은 일반적으로 단순하면서도 뚜렷한 전망을 갖는다. 이러한 지혜는 현실적인 문제와 밀접한 관계를 맺고 있는 사물의 자연스러운 힘 전체에서 생긴다. 그러므로 이러한 지혜는 어느 면의 진리로도 응용될 수 있다. 이 진리는 힘을 낳고 감정을 길러 주며 굳센 응용력을 갖게 해 준다.[57) 또한 Walch에 의하면 직관을 사회개혁의 방법으로까지 확대시켜 다음과 같이 말하고 있다.

> "직관은 최고도의 사조라고 했고 이성의 상위에 두기도 했으나 페스탈로치는 한 걸음 더 나아가서 직관을 사회적 질병의 유일한 구제책이다."[58)

뿐만 아니라 페스탈로치는 모든 교수는 대상을 감각적으로 파악하는 것에서 출발하여 자신의 내면적 인식활동으로 발전되어야 하며 이것은 자신의 인격을 형성하는 것이 되어야 한다고 강조하였다.

페스탈로치가 생각한 직관은 인간의 정신이 외부의 세계와 접촉하는 과정에서 분명하고 확연한 관념을 갖게 하는 정신적인 작용을 의미했다. 이러한 직관의 원리에 따르면, 인간의 학습방법은 직접적인 것, 구체적인 것, 그리고 본질적인 것에서부터 시작해서 발달의 수준에 맞게 멀리 있는 것, 추상적인 것, 그리고 임의적인 것을 학습하는 방향으로 진행되어야 한다고 볼 수 있다. 그는 이러한 직관의 원리는 지적인 교육의 방법일 뿐만 아니라 인간의 교육과 도덕의 교육에도 적용될 수 있다고 생각했다.

③ 조화의 원리

페스탈로치는 인간의 선천적인 잠재능력을 두루 발전시켜 다방면에 걸쳐 성숙하고 원만한 인격을 형성하게 하는 일이 교육이라 하여 인간에게는 선천

---

57) 페스탈로치, 은자의 황혼, 1780, pp. 10-11.
58) Sister, M. R. & Walch, Pestalozzian Theory of Education, Washington D.C.: The Catholic University of America Press, 1952.

적으로 개발할 수 있는 기본적인 인간성의 능력이 있다고 하였다.

> "머리로 상징되는 지적 능력, 기능으로 상징되는 도덕적 능력, 그리고 손으로 상징되는 신체적 능력 이 세 가지 능력의 씨앗을 고루 키워 모든 사람이 하나의 인간으로 인격을 갈고 닦아야 한다. 이것이 바로 교육이다. 이런 교육관을 전면적, 조화적 인간발달론 혹은 삼육론이라 하고 있다."[59]

삼육론에 대한 내용은 다음과 같다.

첫째, 지적 능력의 도야는 지성과 사물에 대한 인식력의 도야로서 이는 지식과 정신력의 개발을 목표로 오관을 통하여 사물을 감각적으로 인식하고 직관을 중요시하며 경험에 의해 지력을 연마한다.

둘째, 도덕력의 도야는 도덕적 인간성 계발을 목표로 도덕, 종교, 시민적 교양의 교육을 포함하여 심정적 도야에 의해서 사랑, 감사, 순종, 신앙으로 인간의 정서를 순화하고 인간 의지를 강화해서 좋은 품성의 도덕적 인간을 형성한다.

셋째, 기술력의 도야는 기술력의 발전을 목표로 하여 기술도야, 신체도야, 직업도야, 예술도야를 총괄하는 개념으로 힘은 연습과 훈련으로 도야된다[60] 고 하였다.

페스탈로치는 이 세 가지 기본능력의 도야를 통해 인간은 자기완성을 실현하고 조화를 이루며 나아가 도덕적 사회건설이 이루어질 수 있다고 생각했다.

④ 친근성의 원리

페스탈로치는 교육은 자연적인 것이어야 한다고 생각했다. 교육은 인간의 본성 안에 있는 여러 가지 힘을 순수한 인간의 지혜로 인도할 수 있는 것이어야 하며 특수한 처지에 맞게 인간의 힘과 지혜를 행사하고 응용할 수 있도록 생활

---

59) 이순자, 페스탈로치의 교육사상과 방법에 관한 연구, 숙대교육대학원 석사 논문, 1989. p. 47.

60) 상게논문.

하는 가운데서 학습해야 한다. 그는 또한 교육은 가장 가까운 생활권에서부터 시작해서 점차 확대되어야 한다고 생각했다. 그런데 생활권은 안방이라는 하나의 확고한 기점을 중심으로 동심원적으로 확대되어야 한다. 이처럼 페스탈로치는 생활의 장인 안방을 교육의 출발점이라고 생각했다. 그가 생각한 교육은 가장 가까운 관계에서부터 출발하는 것이었으며 생활권의 점진적인 확대를 의미하는 것이었다.

> "한 개의 과자를 이웃 아이들과 나누어 먹는 아이들의 마음 속에 가장 귀한 도덕, 종교의 핵심인 사랑이 싹튼다.…… 아버지의 일하시는 모습을 보고 아이는 맡은 바 직업에 대한 사랑과 사명과 의무를 예감한다. 가정생활을 통한 철저한 조기교육 위에 인간의 조화로운 교육이 이루어져야 한다."[61]

이러한 페스탈로치의 생활경험에서 확산된 친근성의 원리는 '생활이 도야한다'는 자신의 입장을 표현한 말이다. 가까운 것에서부터 먼 것으로, 구체적인 대상에서 추상적, 관념적인 것으로, 아래에서 위로 그리고 내면에서부터 외면으로 교육하는 것이 자연적인 순서라고 생각했다.

그가 생각한 친근성의 원리는 자기 자신과 주변 생활과 근접해 있는 것부터 먼저 개선해야 한다는 것이다. 그는 보다 가까운 관계에서 도야된 힘은 반드시 먼 관계에 대한 인간의 지혜와 힘의 원천이 된다고 믿었다. 그러므로 페스탈로치는 가정교육과 연결된 친근성의 원리를 합자연에 의한 방법원리로 정리하고 있다.

> "가정에는 순서와 질서가 있어야 하며, 가정은 순수한 정감들이 길러지는 도덕교육의 터전이 되어야 하며, 가정은 기초교육이 다져지는 곳이어야 하며, 그리고 가정은 모든 자기 활동성을 터전으로 하여 전개되는 실물 교수의 장으로서 자율성이 강조되는 어린이의 올바른 교육은 창의성 계발을 위해서도 중요한 것이다"라고 역설하였다.[62]

---

61) 페스탈로치, 백조의 노래, 김정환 역, 서울: 경지사, 1968, p. 60.
62) Pestalozzi, Lienhard und Gertrud, 1787, pp. 260-265.

이와 같이 가정은 인간교육의 출발지이며 생활 경험을 통해 현실화되기 때문에 생활 경험에서 떠난 지식은 사회를 어지럽히고 인간을 무기력하게 만들어 결국 병든 인간, 병든 사회가 되고 만다고 주장하였으며 가정교육과 친근성의 원리를 연결하여 중요시하였다.

⑤ 생활과 노작교육의 원리

페스탈로치는 일찍이 생활과 노동을 높은 교육적인 가치관에 두고 책이나 지식만으로는 실현할 수 없는 교육의 목표 달성을 위해서는 교육의 생활화, 관념의 명료화, 주의력의 집중화가 절실히 요구되어 생활과 노동을 교육방법의 원리로서 중요시하였다.

페스탈로치의 교육실천에서는 노동교육의 대상이 주로 빈민이었으며 그 아동들을 기술적으로 훈련해서 근면의 덕성을 갖게 하는 것이 산업상의 긴급한 과제로 대두되었다. 그래서 자선가, 교육가, 종교가들은 빈민아동에게 초보적인 기술을 가르치는 산업학교나 빈민학교 또는 농촌학교를 세우게 되어 교육운동을 전개하였다. 페스탈로치의 노작교육 사상은 『린하르트와 게르트루트』의 교육소설에서 집약적으로 표현하여 기독교적 도덕에 의한 농민의 자생을 목표로 하고 있으며 노작교육의 진행 방식이 구체적으로 서술되었다. 빈부의 차이로 인하여 빈농의 아이들을 가정에서 끌어내어 학교로 수용하고 노동자 학습을 심어 주고자 노동실습과 교육활동의 결합을 실천하였다. 페스탈로치의 노작교육 사상의 기본원리는 첫째, 생산노동을 교육의 기초로 삼았다. 생산노동은 사회 현실적으로 일하지 않으면 살아갈 수 없다는 빈민의 절실한 필요에서 출발하고 있으며 가부장적 질서 아래 지배자와 민중이 함께 협력하여 위로부터의 도덕적 교화와 아래로부터의 근면한 노동에 의해서 사회 전체의 복지를 추진할 수 있다고 판단하였다.

둘째, 노작교육을 빈민생활상의 필요와 결부시켜 임금 취득의 증가에 따른 경제적인 측면과 인간 형성적 측면을 통일적으로 파악하였다.

셋째, 생산노동과 교육을 결합하는 종합기술 교육사상을 형성하고 있다. 페스탈로치는 아동들이 여러 가지 두뇌훈련에서 만족할 만한 가르침을 받으며 노동실습에서 잠시도 한 손을 그냥 놔두지 않도록 학습과 노동을 결합시키도록 노력하였다. 따라서 부단히 학습과 노동을 결부시켜 노동과정 속에서 읽기, 쓰기, 셈하기를 비롯한 다양한 지식을 가르치려 하였다.

이와 같이 그는 생활노동으로부터 인간의 전인적 발달의 교육으로 심화시켜 노동교육 사상을 크게 발전시켰다.

(5) 결론

페스탈로치의 기본 교육이념은 민족과 민중의 발견으로부터 출발, 국민교육 사상을 정립하고 인간의 영혼, 사랑, 신을 기본으로 실천적인 삶을 영위하게 되었다.

그의 교육목적은 인간에게 필요한 지 · 덕 · 체를 조화시켜 인간성의 제능력을 인간의 지혜에까지 향상시키기 위하여 동물적 상태에서 사회적 상태로 나아가 도덕적 상태로까지 육성하는 것이었다.

페스탈로치는 지적 교육과 기능교육 그리고 도덕교육의 조화를 강조하였는데 그가 상세하고도 강력하게 논의했던 교육의 내용은 주로 지적 교육의 내용이었다. 그의 지적 교육의 내용은 수와 형태 그리고 언어의 발달에 기여할 수 있는 것으로 구성되어 있고 기능교육의 내용은 어떤 대상을 직관함으로써 대상의 윤곽을 표상하여 기술을 완성해 나가는 끊임없는 노력의 과정으로 여겼으며 도덕교육은 정서교육과 결부시켜 사랑, 신뢰, 감사, 순종과 같은 덕목들에서 도덕적이고 사회적이며 종교적인 삶으로 발전되어 나감을 강조하였다.

그는 교육의 방법을 원리적 측면에서 제시하였는데 교육방법에 관한 원리적 논의는 자기 활동의 원리, 직관의 원리, 조화의 원리, 친근성의 원리 그리고 생활과 노작교육의 원리를 적용하였다.

자기 활동의 원리는 인간이 가지는 자연적인 힘을 내면적인 힘에 의해 자발적으로 발전하게 한다는 것으로 아동의 내면적인 자아 발전을 의미한다고 할 수 있으며, 이는 내면적 자기 활동을 전제로 자아 실현을 돕는 것이라 할 수 있다. 직관의 원리는 감각적인 면을 중시하여 외계의 인상을 받아들이는 외적 직관에서 의식의 세계라 할 수 있는 내적 직관으로 발전해 가는 것이 참다운 사고가 형성되는 것으로서 오늘날의 시청각 교육으로 진전되었다고 볼 수 있겠다. 페스탈로치가 생각한 직관은 인간의 정신이 외부의 세계와 접촉하는 과정에서 분명하고 확연한 관념을 갖게 하는 정신적 작용이었다. 그의 직관의 원리는 지적 교육의 방법일 뿐만 아니라 인간의 정서와 도덕 등에도 적용될 수 있는 원리였다.

조화의 원리는 지의 정신력, 의의 심정력, 행의 기술력이 조화 균형을 이루면서 도야된다는 것으로 이 세 근본력은 양적인 의미에서는 같지만 질적인 의미에서는 도덕적인 측면이 강조되며, 이는 아동의 지 · 덕 · 체가 조화롭게 발달될 것을 강조하는 전인교육으로 발전 · 계승되고 있다.

조화의 원리에 이어 친근성의 원리는 생활과 경험의 원리로 나타낼 수가 있는데 페스탈로치에 의하면 교육이란 생활을 영위하도록 배우는 것이라 하였다.

따라서 교육은 가장 가까운 생활권에서 비롯하여 점차 확대되어 가는 것이기 때문에 그 범위는 생활에서 그리고 가장 가까운 관계에서부터 출발하여 확대되어 간다고 갈파하였다. 그런즉 아이들은 생활 속에서 경험이 이뤄져야 하며 그러한 경험은 아이들의 관념을 명백하게 하여 정신력과 심정력이 어우러지게 한다고 하였다. 그것은 더 나아가 기술력으로 발전하게 되며 실천과 행동을 통해 생활에 응용된다는 것이다. 그러므로 '생활의 터전', 혹은 '각자의 처지', 이것이 자연의 교재임을 역설하였고 그 속에서 자연이라는 슬기로운 지도자의 힘과 질서가 깃들어 있다는 것이다. 페스탈로치는 모든 지식의 절대적인 기초가 생활 경험의 인식에서 출발한다고 보고 생활 경험에서 유리된 지식은 무익하다고 본 것이다. 여기에서 생활 경험의 진리는 곧 친근성의 원리로 발전해 가는 것이라고 하였다.

노작교육은 인간 경험의 성장을 목적으로 이루어지는 육체적 활동이지만 일차적으로 사회에서의 삶의 양식을 어느 정도 반영하면서 작업하여 무엇을 만들어 내는 활동을 의미하고 있다. 그러면서도 노작교육은 일정한 절차나 기술에 익숙하게 하면서 개인적 변용이나 집단적인 창작의 가능성을 열어 주는 교육을 말하기도 한다.

교육을 통해서 인류를 구제하고 교육으로 인간을 해방하고 교육에 기초된 입국을 염원한 페스탈로치는 인간의 본질과 존재상을 교육이라는 시각에서 다양하게 접근하며 인간의 문제를 풀어 보려고 하였다. 페스탈로치는 그의 말년에 자신의 교육적 신념을 한 마디로 "삶이 곧 교육이다."라고 표현하고 이 표제 아래 자신의 기초 교육에 대한 이념을 발전시켜 나갔다. 즉 이것은 교육에 있어서 학교교육과 가정교육, 지적 교육과정, 의지교육의 통합을 역설했다고 말할 수 있겠다. 이 통합의 궁극적 목적은 도덕적 자아의 형성에 있는 것이다.

또한 페스탈로치는 가정을 인간 형성의 기초가 이루어지는 신성한 교육의 장으로 여기고 기초 도야가 이루어지는 근본적인 교육의 터전으로 여겼다.

뿐만 아니라 그는 아동중심주의 교육을 지향하는 차원에서 어린이 스스로 학습할 것을 강조하고 그것을 실천했던 페스탈로치의 교육에 대한 열정을 떠오르게 하는데 오늘날의 우리 교육자들에게 귀감이 될 수 있을 것으로 사료된다.

7) 로크의 유아교육사상

(1) 머리말

로크는 1632년 브리스틀 근교 링턴에서 태어났다. 그는 전통적 유아관에서 새로운 유아관으로 돌아서는 전환점이 되었으며 부모 자식 관계를 합리적인 논리로 극복하였다. 로크는 신분계급제도를 부정하고, 유아기의 인간 능력은 무한하게 개발할 수 있는 가능성이 있음을 최초로 밝혔다. 로크의 교육사상은 백지설이다. 백지설을 기본으로 한다. 유아는 백지상태로 태어나며 출생 후 어떤 경험을 하느냐에 따라 그 유아의 인간 형성에 중요한 요소가 형성된다고 하여 유아교육에서 환경의 중요성을 강조하였다. 그리고 유아의 자유를 존중하고 자연성을 존중하는 사상을 지니고 있었다. 로크는 교육은 지 · 덕 · 체의 조화를 이룬 이상적인 인간을 육성하는 것으로 보았다. 지성과 도덕성 뿐만 아니라 건강한 신체를 겸비한 조화로운 인간의 양성이 교육의 목적이다.

유아가 학습하는 과정에서 경험의 중요성을 최초로 체계화시켰다. 유아기에는 오감과 직접 관계가 있는 신체 발달의 중요성을 지적하고, 감각 기능을 계발할 수 있는 다양한 교육 방법을 제시하였다. 그는 유아의 흥미를 유발시키기 위해 학습에 놀잇감을 처음 도입했다. 로크는 유아에게 칭찬과 격려를 통하여 유아의 습관을 형성시켜야 하며, 유아가 평판과 수치심을 알게 하는 것은 나아가 도덕과 종교의 원리를 접목시키는 데도 적합한 기초가 된다고 보고 가정교육, 조기교육, 아버지의 교육을 중요시하였다.

(2) 생애와 활동

영국의 철학자이며 정치사상가인 로크는 어려서 어머니를 잃었으며 조부는 모직 공장을 경영하고 아버지는 변호사로 활동하는 등 전형적인 귀족적이고 부유한 분위기에서 성장하였다. 14세에는 웨스터민스터 학교에 진학했으며, 20세에 옥스포드대학에서 신학을 공부하고, 이어서 자연과학 및 의학을 공부하였다. 로크는 의학과 자연과학을 연구하면서 인지 발달 연구인 인식론과 사회학 연구에도 많은 기여를 하였다. 졸업 후에도 다년간 계속 모교에서 강사로 머물면서 연구에 몰두하였다. 한때는 외교관의 비서로 베를린에 머물면서 정치 · 경제학을 연구하기도 하였고 귀국 후에는 위그당의 당수 사프트베리 백작과 알게 되어 사프트베리가의 의사로서, 친우로서, 조언자로서 또는 가정교사로서 생활을 하였다. 로크의 운명은 정치가의 생애와 연결되어, 사프트베리와 두 차례나 망명한 바 있으며, 이 시기에 많은 논문을 발표하였고 끝내는 독신으로 일생을 마쳤다. 이러한 배경을 바탕으로 로크는 정치, 경제, 교육,

종교 등의 여러 분야에 걸쳐 많은 논문을 발표하였다. 로크는 베이컨, 데카르트, 홉즈 등의 저서를 읽고 영향을 많이 받았으며 아기가 태어날 때 백지(tabula rasa)로 태어난다고 주장한 신인본주의 사상가로서 그의 주요한 인식론은 경험론에 근거한 백지설이다. 이는 인간은 태어날 때 백지와 같이 아무것도 각인되지 않은 지능을 가지고 태어났지만 후천적으로 환경과 상호작용을 하면서 이러한 백지를 채워간다는 것이다. 또한 모든 인식은 감각과 경험에 의해 발달된다고 보았으며, 경험에 의해서만 후천적으로 지식이 형성된다고 주장하였다. 로크는 1696년에 가난한 아동을 위한 노동학교 계획서를 제안하기도 했는데, 이것은 저소득층 가정의 유아를 위한 탁아보호교육의 필요성을 주장한 것이다. 로크는 영국 경험론의 시조이며 경험주의 철학자, 정치학자, 경제학자, 의사이면서 또한 실학주의 교육사상가이다. 1700년 건강상의 이유로 무역위원회 위원직과 세금항소위원회 위원직에서 물러났고 에섹스에서 은퇴생활을 하다가 1704년 10월 28일에 세상을 떠났다.

그의 저서로는 『인간오성론』(1690), 『교육에 관한 고찰』(1693), 『통치이론』(1690), 『교육론』(1693), 『학습에 대해서』(1677), 『교육서간』(1697), 『신사를 위한 독서와 학습에 관한 고찰』(1703) 등이 있다.

(3) 교육철학적 배경

① 로크의 인식론

로크는 『인간오성론』 제1권에서 생득적 인식에 대한 논의를 검토하고 그것의 무가치함을 보여 준다. 제2권은 감각경험과 반성이 모든 인식의 원천이라는 주장으로 시작되는데 감각경험과 반성은 엄밀한 의미에서 그 자체가 인식은 아니지만 정신을 위하여 인식의 소재를 제공한다. 이 소재를 로크는 '관념(idea)'이라고 부른다. 관념은 '정신 앞에 있는' 대상이지만 물리적 대상이 아니라 물리적 대상을 표상한다는 뜻에서 정신 앞에 있다고 보았다. 로크는 크기 · 모양 · 무게와 같이 대상의 실제 성질을 표상하는 관념과 색 · 맛 · 향기처럼 인식

주체에만 지각되는 성질을 표상하는 관념을 구별했다. 로크는 여러 관념을 분류함으로써 관념의 원천이 언제나 감각과 반성에 있음을 보여주려 했다. 모든 관념이 정신 앞에 직접 존재하는 단순한 관념은 아니다. 많은 관념은 복합 관념이며 그것을 구성하는 단순한 요소로 분석할 수 있다. 감각과 반성에 주어지는 것은 단순관념뿐이다. 정신은 이 단순관념들로부터 복합관념을 '형성'한다고 생각했다. 한편 뒤이어 나오는 인간관계나 실체 관념에 대한 로크의 고찰은 면밀히 검토해 보면 상당한 난점을 지니고 있다.

따라서 『인간오성론』 제2권에서 이러한 관념들을 분류하면서 경험적 심리학의 기초를 마련했다. 그는 감각지각, 기기, 식별기, 광기, 고통과 쾌락, 감정, 관념의 연상 등에 대한 귀중한 설명을 제시했다. 인간은 자신의 존재를 직관적으로 인식한다고 주장하고 또 인간은 물질적이며 비물질적인 실체로서 존재한다고 생각했다. 그러나 로크의 가장 귀중한 업적은 인격의 동일성에 대한 설명이다. 로크는 언어를 다룬 제3권이 다른 부분보다 "힘들었다"고 말했다. 사고와 인식을 이해하기 위해서는 사고와 의사소통의 수단인 언어를 이해해야 하는데 로크는 관습적인 기호인 단어는 사고로서 직접 표현하는 기호가 아니라 '사고의 관념'을 표현하는 기호라고 함으로써 관념이론을 언어 설명에 적용했다. 제3권의 마지막 부분은 언어의 어쩔 수 없는 불완전성과 피할 수 있는 언어의 남용을 다루었다.

제4권에서는 인간이 갖는 지식의 본성과 범위를 논의했고 논조는 제1, 2, 3권보다 합리론적이다. 로크는 경험론의 관점이 낳는 회의론에 부딪치자 수학의 확실성에서 지식의 이상을 찾는다. 여기서 그는 당시의 합리론자와 같은 관점을 취한다. 지식은 지각이지만 감각지각이 아니라 논증과정에서 얻어지는 지적 직관이다. 제4권의 첫 부분은 데카르트의 직접적 영향을 받았다. 그러나 불행하게도 직관하거나 논증할 수 있는 것은 제한되어 있다. 엄밀한 지식이 수학에만 제한된 것은 아니지만 물리적 세계 내의 관계는 직관할 수 없다. 관념과 명목적 본질은 직관적으로 파악할 수 있지만 실제 사물의 내적 본성은 인식할 수 없다. 현실세계에 대한 '과학', 확실한 지식은 불가능하며, 직관은 관념의 세계에서만 가능하다. 그러나 로크는 물리적 사물에 대한 '감각적 인식'도 확실성에 도달할 수 있다고 주장했다. 더 나아가 자신의 존재는 직관적으로 인식할 수 있다고 주장했다. 이런 종류의 인식은 관념간의 관계에 대한 인식은 아니지만 확실성을 갖는다.

② 교육사상

로크의 교육사상에는 여러 사상적 요소가 흐르고 있어서 확연히 어느 한 사상을 대표한다고 단정하기 어렵다. 그것은 때로는 실학주의 사상 체계를 또는 형식적 도야주의를 혹은 합리주의적 제요소를 발견할 수 있기 때문이다. 그러나 로크의 교육사상의 주류는 실학주의의 기저에 입각하면서 그가 취한 형식도야설인 단련주의 입장은 그의 사상을 일관하는 근본사상이며 또한 그는 이 사상을 몸소 실천하였던 것이다. 또한 로크는 인간의 본성은 출생시에 이미 결정되어 있는 것이 아니라 백지상태와 같으며, 유기체를 둘러싼 환경을 자극하여 만들어진 산물로써 인간의 본성이 형성된다고 보았다. 인간은 본질적으로 백지와 같으나 외부세계로부터 자극들을 아주 예민하게 받아들일 수 있는 종이라는 백지설(tabula rasa)을 주장하여 교육만능설을 주장하였다. 교육만능설은 교육을 통하여 얼마든지 자신이 원하는 이상적인 인간과 이상적인 사회를 만들어 나갈 수 있다는 주장이다. 즉, 인간의 지식 획득은 어린이의 외부세계, 즉 물리적 · 사회적 환경으로부터 오는 것이지 선천적인 정신이나 영혼으로부터 유래되지 않는다고 보았다.

<수동적 백지설(tabula rasa, 心意白紙說)>

- 로크는 『인간오성론』에서 인간의 선천적 관념의 존재를 부인하고, 아동의 마음은 출생시 백지와 같다고 하였다.
- 종래의 철학자들이 일반적으로 믿어 오던 본유관념, 즉 태어나면서부터 천부적으로 갖게 된다는 기본적인 관념과 사고의 법칙 및 도덕률의 존재를 부정하고 모든 관념과 지식은 감각적 경험에 의해 획득된다는 경험론

을 주장하였다.

- 인간의 마음은 경험을 쌓기 전에는 백지와 같아 하등의 관념도 존재하지 않으며, 감각이라고 하는 외적 경험과, 성찰이라고 하는 내적 경험을 통해서 일체의 관념을 만들어 나간다고 주장하였다.
- 모든 지식은 감각과 성찰의 산물이다. 감각은 외부의 단순한 인상을 수용하는 능력이며, 성찰은 수용된 인상을 비교하고 결합하는 능력이다. 어떠한 경험을 하게 되느냐에 의해 인간의 관념과 지식은 결정된다.

(4) 로크의 유아교육사상

"어린이의 생동성과 즐거움을 지속하게 하는 것"이 로크의 교육사상에서 가장 중요한 내용의 하나이다. 생동성을 교육과정에서 유지하기 위해서는 무엇보다 어린이의 개별적인 성향을 잘 파악하여 가장 적절한 방법으로 다루어야 한다. 개별적인 경험을 권장하는 교육의 기본노선을 학습과정에 제대로 반영하게 하는 것이 로크의 교육의 관건이다. 그러나 학습은 자연스럽게 다시 말하면 어린이에게 맞춰 진행되어야 한다. 학습에서 어린이에게 과중한 짐을 부과하거나 고통스러운 과제를 요구해서는 안 되고 놀이를 적극 권장하여 어린이들이 즐거운 마음의 상태에서 긴장을 풀고 자발적으로 흥미를 일으키는 학습을 하는 것이 효과적인 교육이다. 배워야 할 모든 것을 자연적인 방법으로 학습하는 원리는 코메니우스의 교육론과 비슷한 점이 있지만 로크는 학습의 방법과 과정에서 즐거움과 사랑이 중요한 관건 혹은 요건이라고 보았다.

① 어린이를 위한 신체교육론(체육론)

로크의 교육론의 교육 목적은 건강한 육체를 양성하는 것이다. 신체교육은 자연 원리에 의해서 자연적인 방법으로 조화로운 균형을 만들어 건전한 육체를 이루는 것이다.

- 로크는 인격 형성의 기초로서 건강 교육을 중요시하였다.

- 건강은 자연의 리듬을 따라야 한다.
- 어린이들의 과학적인 영양 공급을 중요시하였다.
- 충분한 수면 시간을 중요시하였다.

이러한 건강교육은 현대적인 의미로 조명한다면 교육과 보육을 동시에 병행하는 것이라고 할 수 있다.

② 어린이를 위한 습관교육론

로크는 교육에서 주의하여야 할 중요한 사항은 어떠한 습관을 익히도록 교육하느냐에 달려 있다고 말한다.

- 어린이들의 삶에 영향력을 주는 정신 형성과 초기 단련이 습관으로 연결된다.
- 모든 어려움을 극복할 수 있는 정신력을 길러야 한다.
- 어린이들은 유아기에 자기의 욕망을 통제할 수 있는 능력을 습관화해야 하고 인내심을 기르는 습관을 들여야 한다. 자기통제력을 습관하하려면 어린이로서 즐거움과 놀이를 통해서 어린이다움의 습관을 형성시켜야 한다.
- 어린이들을 부모의 의지에 따르도록 습관들이고 아버지의 권위를 인정하도록 습관화해야 한다. 부모를 사랑하고 존경하도록 습관들여야 한다.

③ 어린이를 위한 상벌교육론

- 어린이들에게 힘을 주기 위해서 보상 행위를 적용하는 교육 방법은 어린이들의 인격형성에 부정적인 요인이 된다.
- 어린이들에게 체벌을 가하면 정신적인 구속력을 하게 되면 의지가 약해지므로 자신이 힘과 근면성이 상실될 위험한 가능성이 발생할 수 있다.
- 체벌교육은 교육자와 피교육자 사이에 감정적인 정서가 개입되기 때문에 결과적으로 교육적인 방법이 될 수 없다.
- 체벌교육은 노예적인 훈련이기 때문에 어린이들을 노예적인 기질로 만든다.

- 체벌교육은 단기적인 훈육 방법이 될지 몰라도 치유 방법이 될 수는 없다. 어린이들의 가치관이나 자존심에 상처를 줄 수 있다.
- 어린이들에게 보상과 체벌을 행할 때는 합법적인 정당성이 있어야 함은 물론이고 그들이 납득할 만한 이유가 있어야 한다.
- 어린이들이 수치심과 혐오감을 느끼기 때문에 가능한 체벌과 보상을 피하는 것이 가장 바람직하다.
- 부모는 자녀의 교육 방법으로 질책하고 칭찬하는 방법을 나름대로 가지고 있어야 한다. 객관적인 방법으로 항상 자녀와 대화를 통해서 이해할 수 있는 방법을 찾아 주어야 한다.
- 교육자 자신이 체벌과 보상보다는 덕 있는 행동을 행할 때에 어린이 스스로가 덕을 실천하는 법을 배우는 것이 우선적인 방법이다.

④ 어린이를 위한 도덕교육

로크는 어린이들의 지적 교육보다 도덕교육을 더 중요시하였다.

- 어린이들의 모든 도덕적 습관은 반성과 변별력 그리고 이유에 의해서 인위적으로 행하는 것보다 자연스럽게 일상생활 속에서 습득될 수 있도록 했다.
- 도덕교육에서 규칙은 대단히 중요하지만 어린이들이 지킬 수 있는 정도의 규칙을 부여하여 자기가 책임 의식을 가지고 준수할 것을 강조한다.
- 교육자는 인간의 성격과 기질을 구분하여 성격을 수정할 수 있는 적절한 방법을 제시하여 자기의 능력을 최대한으로 개발하는 것이 중요하다.
- 도덕교육은 인간의 자유를 인정하고, 자아 통제 능력을 촉진하고, 인간의 존엄성을 인정하고, 교만하지 않고, 불행을 극복할 수 있는 능력을 개발하여야 한다.
- 모든 도덕교육은 규칙을 근거로 실천 행위를 강조한다.
- 성실함과 독립심은 어린이들의 미덕을 보호할 수 있는 근거가 된다.
- 어린이는 어린이답게 성장할 수 있도록 교육하여야 하고, 내적인 자세가

자연스럽게 표출되도록 해야 하는 것이다.
- 도덕교육은 신과 인간의 관계에서 경건심과 사랑을 근거로 실천적인 행동으로 연결될 때에 의미를 가진다고 말한다.

⑤ 어린이를 위한 가정교육
- 가족들 다시 말하자면, 아버지와 어머니 자신이 가정교사의 권위를 인정하여야만 어린이가 교사를 존중한다는 것이다.
- 어린이들을 에워싸고 있는 환경을 중요시하였다.
- 가장 훌륭한 가정교사가 가장 훌륭한 어린이로 교육할 수 있다.
- 가정교사는 학자적인 자질이 있어야 하고, 예의범절을 갖추어야 한다.
- 가정교사는 어린이의 능력을 훈련시키고, 나태함으로 빠지지 않도록 지도하여야 하고, 시간을 적절하게 사용하는 방법을 습득하도록 돕고, 모든 일의 시작과 끝맺음을 중요시하는 방법을 가르쳐야 한다.

(5) 시사점

① 로크의 교육목적 및 방법의 우수성

로크의 신사상은 명예혁명에 의해서 전망된 민주적이며 시민사회의 실질적인 구성원으로서, 스스로의 경험과 이성에 의해서 판단하고 행동할 수 있으며, 자유, 자율적으로 할 수 있는 근대적 개인을 의미하고 있다. 그는 교육목적을 신사양성에 두었으며 그 신사가 갖추어야 할 자격으로는 첫째, 덕성(virtue), 즉 신을 믿고 진리를 말하며 사랑과 친절로서 사람을 대해야 한다. 둘째, 실천적 지식(wisdom), 즉 생활을 유능하게 하기 위하여 지혜가 필요하다. 셋째, 예의(breading), 타인에 대응하는 언어와 행동의 습관을 생활화해야 한다. 넷째, 학습(learning), 지육을 뜻하며, 이 밖에 승마, 운동, 취미, 작업, 여행 등에 대하여 교육적 가치가 있음을 강조하였다.

로크는 교육의 목표를 신사로서의 여러 가지 자질을 완비하는 데에 두었으며, 그의 교육방법에 있어서는 다음과 같은 것들을 강조하고 있다. 로크는 환경을 매우 중요하게 여겨 스승은 스승에 의하여 양성된다고 생각하였다. 따라서 어린이의 주변에는 성실하고, 친절하고, 근면하고, 명석하고, 자제심이 있는 스승들이 있어야 하며, 어린이들은 그 스승을 존중하고 감화를 받아야 한다는 것이다. 또 하나의 교육방법으로는 어린이들이 나쁜 행동을 하였을 때, 당장 그 행동을 힐책하는 것보다 어린이로 하여금 스스로 그 행동이 나쁜 행동이었다는 것을 마음 속으로 뉘우치도록 하여 수치심으로 교화하는 것이 효과적이라고 주장하였다.

로크의 교육방법은 학생이 바르게 생각하고 행동하는 습관을 만들어 주기 위한 것이다. 그는 학습과정을 감각, 기억, 추리의 3단계로 생각하고 이 세 가지 능력을 오로지 훈련으로 발달시킬 수 있다고 믿었다. 또한 그는 학습지도에 있어서는 될 수 있는 한 학생이 유쾌하게 학습할 수 있게 해야 하며 엄격한 훈련에는 반대하였다. 상벌을 겸용하되 상은 공공연히 이를 표창하고 벌은 일반인에게 나타내지 않도록 하며 더욱이 체벌은 부득이한 경우에 한해야 한다고 하였다. 교육사적인 면에서 볼 때 학습에서 경험의 역할을 강조한 로크의 사상은 교육에서 감각적 실재론을 정당화한 최초의 사상가라 할 수 있다. 지식의 획득은 외부세계의 자극들을 지각하고 받아들이는 것으로부터 이루어진다고 보았으며 교육에서 아동의 모든 감각들을 개발시키는 교육방법을 제시하였다. 이를 위해서는 읽기 활동뿐만 아니라 보고, 맛보고, 냄새 맡고, 만져 보고, 듣는 등의 오감적 활동들이 해당된다. 자연히 로크의 사상은 여러 가지 인간발달 영역 중에서 오감을 소지한 신체적 발달에 역점을 두게 되었다.

② 교육사적 의의

로크의 교육사적 의의는 아동심리학에의 영향을 주었으며, 가정교육에의 영향 그리고 루소의 『에밀』에의 영향를 주었다고 볼 수 있다. 어린이가 교육의 주체라는 점을 로크를 통해 깊이 인식했던 루소는 어떻게 하면 어린이 자신이 배워야 할 것을 스스로 깨우치는지, 그 방법을 규명하였다. 그는 지식획득과정에서 로크의 감각적 지식론에 의거하여 사물에 대한 감각경험을 지식획득의 첫출발점으로 삼았으며 이성적 능력도 감각경험에서 유래되는 것으로 설명하였다. 감각경험을 쌓기 위한 방법으로 루소의 『에밀』에서는 실물교육, 놀이, 발견학습을 제시하였다. 이러한 로크의 교육론은 당시 사회적으로 자연과학이 발달하면서 실용적인 지식에 대한 관심이 많았던 시대상황에 부응하여 두각을 나타냈고 그 후 영국을 비롯한 유럽 여러 나라에 알려졌으며 특별히 아동의 개별적 경험을 중시하는 교육, 그리고 심신의 조화로운 발달에 기여하는 교육의 길을 열었다.

③ 사후평가

장점으로는 유아의 자유를 존중하고 자연성을 존중하였으며, 전통적 유아관에서 새로운 유아관으로 돌아서는 전환점이 되었다. 단점으로는 일반시민의 교육에 관한 구체적인서술이 없으며, 로크의 교육방법은 개별 교수체계만을 예정했을 뿐 많은 사람을 상대로 한 교수가 아니라는 점이다.

- 중세를 지나 서서히 생겨나고 있던 근대 세계는 새로운 사유방법을 필요로 했고, 철학에서는 로크에 의한 유아관이 성립되었다.
- 로크의 정치사상은 미국 독립선언과 프랑스 혁명, 자유민주주의의 기초를 마련하였다.
- 로크는 오류와 편견의 속박 속에서도 사람들을 해방시켜 개인의 출현을 가능하게 하였는데 이 새로운 진보적 변화, 즉 광범위한 개인성은 자신을 표출하려 하였고, 로크의 철학이 바로 그 길을 제시했다.

8) 오웬의 유아교육사상

(1) 머리말

오웬이 세계의 '유아학교'의 첫 단서가 되는 '성격형성학원'을 세운 것은 프뢰벨의 유치원 창설보다 24년이나 더 앞선 1816년이었다. 성격형성학원은 '유아학교', '소학교(小學校)', '청년과 성인을 위한 학교'라는 3부 구조(3部構造)로 되어 있었지만, '유아학교(Infant School)'가 이 학원은 첫구조이며, 오웬이 가장 중요시한 학교였다. 처음에 이 학교를 '준비학교(準備學校, Preparatory School)'라고 불렀지만, 후에 오웬은 그의 자서전에서 '유아학교'라고 호칭을 하였다.

'유아학교'는 1-3세까지의 어린반과 4-6세까지의 큰 어린이반의 둘로 나누어 각각 30명에서 50명 정도의 인원으로 편성하여 주간보육을 하였다. 오웬은 이 학원을 빈민의 학교와 구별하기 위해 약간의 보육료를 징수했다. '유아학교'는 어린이를 맡는 탁아기능에 그치지 않고, 교육기능도 함께 가지고 있었으며, 교육목표는 유아기 때부터 합리적으로 생각하고 행동할 수 있는 성격을 형성하는 것이었다.

오웬은 '유아학교'가 성인교육의 기본이 된다고 기대하고 그 교육방법을 다음과 같이 주장하였다.

① 엄격주의를 배제한 자유주의적 교육

유아의 개성을 존중하고 유아의 습관형성이나 태도와 유아의 기질 등에 대해 언제나 자유를 주도록 하는 것을 기본 방침으로 두었다

② 주입식 교육 대신 계발교육

수업은 항상 아동의 호기심을 불러일으키도록 하고, 아동과 교사간의 참된 대화가 필요하며 교사는 아동의 질문에 대해 최선을 다하여 친절하게 대답하여야 한다. 유아의 이해력을 충분히 고려하여 쉽게 알아듣도록 명확하게 설명해 주도록 하여야 한다.

③ 서적 중심주의 교육이 아닌 실물 또는 직관교육

유아들은 책보다는 실제 사물을 활용한 5감각 모두 사용하는 직관교육을 하여야 한다.

④ 실내교육을 배제한 야외교육

실내에서 보다 유아들이 직접 상황을 체험할 수 있는 야외교육을 중요시 여겨야 한다.

⑤ 처벌교육을 배제한 획기적인 신교육

"아동에게 손을 대지 말며, 또는 언어나 행동으로써 아이들을 위협하지 말고, 사나운 말을 쓰지 말며……'라고 하여, 처벌교육 대신 벌이 없는 사랑의 교육을 주장했다.

오웬의 뉴래너크(New Lanark) 모델은 당시 영국 국회의 급진파들의 관심을 끌게 되어 계속 확장될 수 있었다. 이러한 시설은 당시 교육 정책에서 많은 공헌을 한 브로우햄(Henry Brougham)에 의하여 런던에서 개최되어, '유아학교(Infant School)'라 명명(命名)되었다.

1818년, 웨스터 민스터의 브루어스 그린에 'Freeday Infant Asylum'이라 불리는 유아학교를 세웠고, 1920년에는 윌슨이 스파이틀 필드에 세웠다. 1924년에는 목사인 그의 형이 유아학교를 설립함으로써 학교가 확장되었다. 같은 해에 'London Infant School Society'를 설립하기까지에 이르렀다. 이와 같은 오웬의 유아교육의 이론과 실제는 이른바 '집단주의적 유아교육론'과 연관되는 원리를 가지고 있다는 평가도 있다.

(2) 생애와 활동

영국의 근대교육사상가요 실천가로 불리어지고 있는 로버트 오웬(Robert Owen : 1771-1855)은 1771년에 웨일즈(Wales)의 뉴타운(New Town)이라는 소도시의 중산층 가정에서 태어났다. 아버지는 마구(馬具)를 만드는 사람으로 마구상, 직물상, 철물상을 경영하였으며 우체국장도 하였다.

영국 산업혁명기의 사회주의 선구자이며 박애주의자로서 특히 유아학교(Infant School)의 창시자로 알려진 오웬은 초등교육 밖에는 공식적인 학교교육을 받지 못하였지만 지방의 초등학교 입학 당시 학업에 뛰어난 성과를 나타내었다. 특히 3R'S와 음악과 스포츠를 잘하였으며, 대단한 독서가이었다. 주로 산업혁명기에 활동한 인물로서 어려서부터 점원으로 취직하여 직업 전선에 나선 오웬은 상점의 점원으로부터 시작하여 제조업자, 공장제도 개혁자, 빈민교육 실천가, 사회주의자, 협동조합의 선구자, 노동조합의 지도자, 이상사회 건설자, 공상적 사회주의자, 자선사업가 등 아주 다양한 직업과 다채로운 활동을 하였다.

어린 나이에서부터 일을 해야 했는데 7세 때 2년간이나 선생의 조수가 되어 학비를 벌 수 있었으며, 9세 때는 포목상에 취직하였고, 10세 때는 혼자서 런던으로 가서 18세가 될 때까지 런던을 비롯하여 맨체스터 등지를 전전하면서 사업가로서의 소양을 쌓았다. 19세에는 독립된 공장의 경영주가 되었고, 20세 때는 란카샤에서 500여 명의 노동자를 경영하는 방직공장 지배인이 되었으며, 그 후 연사공장을 경영하기도 했다. 3년 뒤에는 맨체스터 콜턴트 위스트 회사의 공동 경영자가 되었다. 1797년에는 두 사람의 협력자와 함께 뉴래너크에 있는 큰 면방직공장을 인수하여 경영하면서 어린아이들의 취업을 제한시켰으며 또한 노동자의 자녀들 교육을 위하여 성격형성학원을 설립하였고, 자선교육기관으로 유아학교를 설립하였다.

1798년에는 맨체스터 문학철학협회의 회원이 되어 식견을 넓이고, 맨체스터 대학에서의 회합을 통해 식견을 높임으로써 아동의 성격 형성과 종교문제에 관한 그 나름의 견해의 소지를 닦았다. 1800년에 결혼한 그는 스코틀랜드의 뉴래너크 공장장의 경영자가 되었으며, 방직공장이 성공하자 이에 만족하지 않고 성격형성학원과 유아학교를 설립하여 무지하고 빈곤한 노동자와 그들의 자녀들을 위한 교육을 실시하였다. 당시 영국에서는 아동의 취업연령을 일반적으로 6-7세로 하고 있었다. 이에 오웬은 아동의 취업연령을 10세 이상으로 하고 그 이하의 아동들을 공장의 부속학교에 입학시켜 교육을 받게 하였다. 바로 이 학교가 1816년에 공장촌 중앙에 세워진 성격형성학원이다.

오웬은 1800년부터 1824년까지 뉴래너크를 중심으로 인도주의적 사회개량자로서 활약을 하였다. 1800년 29세 때부터 25년간 스코틀랜드의 뉴래너크(New Lanark)에서, 장인으로부터 물려받은 최신식 방직공장을 경영하였고, 1816년 그 공장에서 일하고 있는 취업모들을 위해 노동자 자녀들 중 2-6세 사이의 어린이들을 대상으로 성격형성학원(Institute for The Formation of Character)이라는 최초의 유아학교를 창설하였다.

이러한 성격형성학원은 첫째, 탁아시설 설립운동에 시발점이 되었으며, 이를 계기로 많은 탁아시설들이 생겨나게 되었다. 둘째, 영국의 정규학교 제도 중 5-7세 어린이를 위한 '유아학교(Infant School)'의 근원을 만들었다는 점에서 두 가지 의미에서 중요성이 있다. 또한 이 학원이 이룩한 성공적 결과는 공장법(Factory Act)의 제정을 낳게 했다. 그는 1818년에 프랑스에 있는 세계 최초의 유아학교와 페스탈로치의 이베르던연구소와 호프빌에 있는 펠렌베르크의 산업학교를 방문하는 등 교육을 시찰하였다. 1825년, 미국 인디애나주에 건너가서 '뉴하모니 평등촌'을 설립, 사회주의 운동을 전개하였고, 1834년 영국 최초의 노동조합이라고 할 수 있는 대노동조합(Grand National Union)을 결성하여 사회주의 사상운동 및 노작활동을 하였다. 1835년 이후 농원으로 물러나 조용히 저작에 종사하다가 1858년에 고향인 뉴타운에서 88세를 일기로 세상을 떠났다.

(3) 교육철학 배경

① 성격형성론

오웬의 교육사상의 중핵은 성격형성론이다. 사람의 성격은 자연적 자질과 환경에서 받는 후천적 영향과의 상호작용에 의하여 형성된다고 보았다. 즉 인간의 성격형성은 그가 선천적으로 타고난 소질과 외적 조건의 종합적 소산이며 결정적 영향을 주는 것은 환경이라고 했다. 그는 환경이란 경제적, 사회적, 교육적 환경이라고 정의를 하였다. 그는 성격형성을 위한 훈련 내지 교육은 아동이 출생하는 순간부터 개시되어야 하고, 한 살 때부터 조직적으로 행하지 않으면 안 된다는 것이다.

따라서 어린 유아기부터 바람직한 성격형성을 위한 교육과 훈련의 필요성을 인식한 오웬은 자신이 경영하는 방직공장 근처에 성격형성학원을 설립하였다. 성격형성학원 개원식에 임해서 '첫째, 이 마을에 있는 주민의 복지를 위해, 둘째, 근린사회의 복지를 위해, 셋째, 영국 전토의 사회개혁을 위해, 넷째, 세계에 있는 나라의 개선을 위해'라는 학원의 목적과 구상을 선언하였다.

오웬은 현제도의 기초를 이루고 있는 오류의 원리로 첫째, 각 개인은 스스로의 힘에 의해서 그들 자신의 성격을 구성할 수 있다는 것이다. 이러한 논리에 입각하여 종교, 법전, 형벌 등으로 불리우는 모든 종류의 제도와 각 개인 및 국민 상호간에 대한 분노가 싹트게 되었다. 둘째, 애정이란 각 개인의 생각에 따라 마음대로 좌지우지 된다는 것이다. 이러한 주장에 따라 불성실과 성격의 타락이 생겨나게 되었고, 가정생활의 불행과 인류의 모든 범죄의 과반수가 생겼다. 셋째, 소수자가 오늘날 누리고 있는 행복을 그들에게 확보해 주기 위해서 인류 대다수가 무지와 빈궁 속에 존재해야 할 필요가 있다는 것이다. 이 이유에 따라 인류의 사회활동에 상극 반발의 제도와 개인 상호간의 이익의 일반적 대립이 생겼고, 이러한 제도의 필연적 결과로 무지와 빈궁과 죄악이 생겼다는 주장이 대두되고 있다.

오웬은 성격형성의 요인을 선천적인 자질과 사회적 · 경제적 요인으로 환경을 들고 있다. 그는 부의 편중이 능력과 노력보다 잘못된 제도에서 야기된다면 사회적으로는 심각한 문제가 야기될 수 있다고 우려하였다. 만약 모든 제도가 돈 많은 자와 권력을 가진 자들에 의해 자신들의 이해관계로 만들어지고 그들을 위해 실행된다면 사회적 양극화는 불을 본 듯 뻔하다. 따라서 가진 자와 가지지 못한 자 사이에 야기될 수 있는 갈등, 즉 부의 양극화는 부정과 비리를 부채질하게 되며, 이로 인해 각종 폭력, 절도, 사기횡령, 유아의 유괴 및 살인, 비관 자살 등 한치 앞을 내다볼 수 없는 불안한 사회의 출현은 그 누구도 막을 수 없다.

오늘의 현실에서 볼 때 오웬의 평등과 복지 사상은 사회적 양극화에서 만들어지는 성격형성을 예측하고 이를 경계한 것이라 할 수 있다. 오늘날 양극화에서 오는 갈등의 심각성을 감안할 때 우리에게는 타산지석(他山之石)이 아닐 수 없는 사상이다. 가지지 못한 소외된 자들의 절망감을 희망으로 이끌려면 가진 자들이 자기 성찰을 위해 곱씹어 봐야 할 사상이 아닌가 한다.

② 성격형성학원의 교육목적

1816년에 공장촌 중앙에 세워진 성격형성학원의 교육목적은 빈곤한 노동자들의 자제들을 보다 양호한 환경에서 합리적으로 사고하고 행동하도록 훈련을 함으로써 일생동안 실용적인 지식이 지속되도록 가르치는데 있다. 따라서 그는 당시 불합리한 고용제도에 반하여 아동을 고용하는 최저 연령을 10세로 하고 그 이하의 아동들에게는 유아학교에서 무료로 교육을 시켰다. 그는 학교의 전기시설과 통풍시설을 갖춘 교실과 마음대로 뛰어놀 수 있는 운동장을 마련하였다. 그는 그림과 자연의 물체들을 3r'S와 함께 중요시하였으며, 주입식, 형식주의적 지식교육 대신 사물의 관찰에 의한 또 생활에 적응하는 건전하고 명랑한 경험적 방법을 교육방법으로 택하였다.

(4) 오웬의 유아교육사상

오웬은 비록 전문적인 교육이론가나 교육사상가는 아니었으나 자기 나름대로의 교육적 신념을 가지고 빈민자녀들의 교육을 위하여 유아학교를 설립하는 등 자선교육을 실시하였다. 즉 공장노동자의 자녀들과 공장에 다니는 어린 아동들의 교육적 성장에 대하여 특별한 관심을 가지고 빈민자제들의 교육에 새로운 길을 제시하였다. 그는 "우리가 해야만 하는 일은 아동들에게 그들이 소유해야만 하는 유익한 성질과 습관에 적절한, 즉 정확하게 알맞은 환경을 제공하는 것이다. 그러면 그 아동은 의도했던 대로의 성질과 습관을 지니게 될 것이다. 그 아동을 둘러싼 저항할 수 없는 좋은 본보기의 힘에 의해서 그 아동의 악한 성향이 완전히 억압되어지거나 혹은 악한 성향이 해를 주지 못하는 무해한 것으로 변모될 것이라"고 주장하였다. 오웬의 유아교육관은 유아기에 좋은 환경을 제공해 줌으로써 악으로부터 벗어나 선량한 인간으로의 성장에 있다.

오웬은 교육을 사회개량을 위한 하나의 수단으로 활용하였다. 오웬의 사회개량적인 교육관은 인간을 교육적인 존재로 보았다. 즉 인간은 그 무엇보다도 먼저 사회적 · 집단적인 생물로 개인의 행복은 그가 속해 있는 사회의 행복에 의존하는 것이라는 것이다.

교육을 사회개혁의 수당으로 보게 된 것은 산업혁명으로 인해 타락하고 부패된 사회를 교육을 통해 명랑하고 평화로우며 행복한 이상사회로 개혁하려고 하였다. 그는 사회 개혁의 이상을 실현하기 위한 구체적 방법으로 뉴래너크에 유아학교를 설립하여 성격교육을 독창적으로 실시하여 교육면에서 획기적인 개혁을 단행하였다.

유아학교는 노동자 계급의 유아들을 위한 일종의 보육기관으로 너무 어려서 공장에 취업하지 못하고 학교에 통학하지 못하는 6세 이하의 유아들을 수용하여 이들을 보호하고 바람직한 습관을 길러주는 것을 목적으로 하였다. 따라서 유아학교는 탁아소의 기능과 학교 기능을 함께 가진 성격형성학원에 부설한 기관이었다. 성격형성학원에는 유아학교, 초등학교, 야간학교를 두어 6세까지의 아동은 유아학교에, 6세부터 10세까지의 아동은 초등학교에, 10세부터 20-25세까지의 청소년들은 야간학교에 수용하여 교육을 실시하였다.

유아학교에서 실현하려고 했던 기본 방침은 다음과 같다.

첫째, 종교에 대해 반대한다.

둘째, 주위의 동물, 식물, 수목 등을 익힌다.

셋째, 기쁜 마음으로 노래 부르고 춤출 것이다.

넷째, 어린이는 본질적으로 선하다는 것을 몸에 배게 하는 습관 형성을 통하여 성격을 발달시켜야 한다고 주장하였다. 이 이론은 효과가 적었으나 학교 자체는 아주 어린 아동교육에 대단히 중요하게 여겼다.

유아학교에서는 아동을 1세에서 3세까지와 4세에서 6세까지의 두 집단으로 나누어 일정한 교육을 실시하였다. 유아학교의 기본적인 목적은 아동의 신체적 성장, 지적 성장, 도덕적 성장에 두었다. 유아학교의 교육은 구체적으로 다음과 같다. 첫째, 성격형성론에 의한 환경개선 교육이어야 한다. 둘째, 어린이 자신에 의한 교육이어야 한다. 셋째, 사랑과 행복의 교육이어야 한다. 넷째, 상 · 벌을 폐지해야 한다. 다섯째, 직관교수법이며, 여섯째, 생산과 노동이 결합된 교육 등이다. 유아학교는 인간성 존중의 교육 이념에 기초를 둔 것으로서 바람직한 성품의 형성을 의도하였으며, 직관교수법의 사용은 당시로서는 매우 진보적이었다.

9) 피바디의 유치원 운동

(1) 머리말

피바디의 유아교육관은 자신의 어머니로부터 받은 교육에서 형성되었다고 볼 수 있다고 보고 다음과 같이 주장하고 있다.

첫째, 아동은 도덕적인 존재이며 본성은 선하고 보았다. 즉, 어머니나 교사는 아동의 기질을 잘 이해하면서 아동의 활동이 질서 있고 활발하게 행해지도록 노력해야 하며, 아동을 억압하지 않도록 해야 한다.

둘째, 교육은 생애의 초기에서부터 시작되면서, 신체적으로 적절하면서도 도덕적 · 지적 · 정서적이어야 한다.

셋째, 어머니의 의지와 아동의 의지가 결부되어질 때에 교육이 시작된다. 즉 온화한 언어와 행동으로 아동의 마음을 인도해야 하며, 아동의 의지는 다정한 마음과 마음의 접촉으로 어머니나 교사의 의지와 조화를 이루며, 고차원의 신의 의지와 조화를 이룰 수 있다.

넷째, 강요 없이 아동을 부드럽고 다정하게 인도하였고, 유아에 대한 존중심을 중시했다. 그러나 부주의한 행동을 한다든지 교사의 지시를 무시했을 경우 벌을 주거나 다른 과제나 숙제를 내 주어야 한다고 주장한다. 당시는 학습에는 체벌이나 엄격함이 필요하다고 생각했다.

유치원 교육은 1860년 보스톤에 미국 최초의 '영어로 말하는 유치원' 개설이 되었다. 피바디는 「유치원이란 무엇인가? Kindergarten : What is it?」 논문에서 유치원과 유아학교의 차이를 언급하였다. 유아학교는 노동자의 자녀들을 수용하여 어머니가 일하러 나간 사이 아이들을 위험으로부터 보호하는 것을 임무로 한다. 최선을 다해 아동을 조용히 시킴으로써, 아동의 의지나 신체의 자유로운 발달을 방해하지 않는 범위에서 기독교 교리 문답 암송, 읽기 · 쓰기의 초보 배우기를 가르쳤다. 유치원은 아동중심으로 채찍이나 강요에 의한 교육이 되어서는 안 된다. 이 때 유치원교사는 아동의 개성 · 욕구 · 가능성을 잘 파악해서 발달시켜 주어야 한다. 아동의 발달에 장애가 되는 것을 가능한 제거하여서 발달에 적합한 조건을 조성해 주어야 한다.

피바디는 훌륭한 유치원교사를 양성하지 않고서는 유치원을 발전시킬 수 없다는 사실을 파악하고 유치원에 대한 기대가 컸으며 피바디의 교수 양성소는 굉장히 수준이 높았다. 유치원교사는 유치원교사가 되기 위해서는 풍부한 교양과 높은 학문적 자질을 갖춰야 한다. 단순히 아동에 대해서만 알아야 하는 것이 아니라 유치원 교육의 도덕적 · 종교적 가치를 인정할 줄 알아야 한다. 피바디의 생각은 "좋은 유치원교사는 좋은 초등학교 교사가 될 수 있지만 그 반대는 되지 않는다"라고 주장하였다. 그리고 독일에서 훌륭한 지도자를 초빙하여 이러한 교육에 대한 운동을 전개했다. 쿠리게 부인과 그녀의 딸 알마는 보스턴에 유치원을 개설, 부속으로 유치원교사 양성 학급을 설치하였는데 이 유치원은 미국 최초의 보모 양성기관이었다.

(2) 생애와 활동

① 어린시절

피바디는 1804년 5월 16일 매사추세츠 주 비레리카에서 부친 나다니엘 피바디와 모친 엘리자베드 팔머의 첫째 아이로 태어났다. 피바디 가(家)는 식민지

시대에서부터 매사추세츠에 정착하여 오랜 동안 가정을 유지하여 왔다. 독립전쟁 후 외할아버지는 농업 경영에 뜻을 두었으나 실패를 한 후 사숙을 경영하였다. 어머니는 결혼 후 아버지 나다니엘이 의사 공부를 하는 동안 비레리카에서 기숙학교를 경영하며 생활을 꾸려 나갔다. 어머니 엘리자베드 팔머는 아버지의 영향을 받아 일찍부터 교사를 하셨다. 피바디는 후일 어머니를 다음과 같이 회상하였다. "조국을 위해 모든 것을 바쳤던 가족 풍토 속에서 자랐던 어머니는 시민생활을 신의 뜻에 의한 인류의 교육이라고 생각해 오고 있다. 나는 어머니의 팔에 안겨 자라던 시절부터 프뢰벨이 모친학교와 인류를 위한 초등학교의 조직 속에 도입하여 온 이념을 흡수하면서 자랐다. 어쩌면 어머니를 통해 나는 태어나기 전부터 내가 전생애 동안 열심히 추구해 가게 될 직업을 위해 교육받고 있었다고 볼 수 있다. 피바디의 아버지는 치과의사가 되었지만 가족이 계속 늘었기 때문에 생계의 어려움을 갖게 되자 어머니도 가계를 돕게 되었다. 그러나 그녀는 어머니와 교사로서의 둘 다의 책임을 다할 뿐만 아니라, 또한 아이들이 읽을 책을 번역하여 출판하였고, 자기 학교에 고용된 젊은 부인들을 꾸준히 지도하여 교사로 채용하였다.

② 학창시절

피바디 일가는 1809년에 살렘으로 이사하게 되었으며, 이곳에서 어머니는 새 학교를 개설하였다. 피바디는 이 학교에서 자신의 어머니로부터 교육을 받았다. 그녀가 특히 흥미를 가졌던 것은 역사 과목이었다고 한다. 역사과목 이외에도 그 후에는 그녀가 독학으로 라틴어, 그리스어, 산스크리트어, 독일어, 프랑스어 등의 여러 개의 외국어를 배웠다. 또한 철학, 문학, 역사, 과학 등 풍부한 학식을 지닌 당시의 미국 여성으로서는 최고의 학식과 교양을 지닌 여류 학자로 존경받게 되었다.

③ 교사시절

후일 피바디는 프뢰벨이 주장하였던 교육에서 어머니의 역할의 중요성을 강조하였다. 이는 오로지 그녀가 어렸을 때 받았던 어머니에게 받은 감화에 의한 것이라고 말했다. 또 그녀는 "정신적 자기 활동은 어머니가 교사로 근무하시던 학교에서 어머니의 교육법에 의해 개발되었던 것으로 생각한다." 고 주장하였다. 유아기의 경험에 비추어 프뢰벨의 자기 활동에 대한 원리를 높이 평가하였다. 피바디는 후일 '미국에서의 프뢰벨의 전도사'로서 많은 활약을 하였지만 프뢰벨의 교육 이론도 이미 어머니와의 생활 경험 속에서 배웠다고 말할 수 있다.

피바디는 어머니의 가계 부담을 덜어 드리고 조금이나마 도움이 되고자 어머니와 함께 교사생활을 시작하였다. 그녀는 18세 때 교사가 되기 위해 보스톤에 부임하였다. 그녀는 그 당시 동생들의 대학교육 학비를 번다는 생각에 매우 자부심과 영웅적인 생각을 가졌다고 한다. 또한 당시 보스톤은 미국에서 문화의 중심지였기 때문에 피바디에게 지적인 호기심을 만족시킬 수 있었으며, 학식을 더 심화시킬 수 있는 곳이었다. 그녀는 당시 보스톤에서 당시 일류의 문화인으로 알려진 사람들과 친분을 갖게 되었다. 그 사람들 중에는 신학자 찬닝그, 철학자 에머슨, 올고트, 평론가 리프레, 소설가 호돈, 교육학자 호레이스 만(Horace Mann) 등이 있었다. 이들은 '활짝 핀 뉴잉글랜드'의 문화를 대표하는 사람들이었다. 피바디는 이러한 분위기 가운데에서 온 힘을 다해 헌신하는 젊은 승려처럼 많은 심오한 지식을 습득하였다. 이러한 과정에서 그녀는 미국에서 가장 유능하고 사려 깊은 교사 중의 한 사람으로 성장하게 되었다. 이로 인해 피바디는 보스톤에서 여러 저명한 지식인들로부터 인정을 받았다.

④ 유치원 운동의 추진자

그 후 교사를 그만 두었던 그녀는 베스트 스트리트 19번지에 서점을 열었다. 이 서점은 보스톤의 문화인들의 살롱이었다고 한다. 이 때 그녀의 동생 메리는 호레스 만과, 그 아래 동생인 소피아는 소설가 호돈과 결혼하였다. 피바디는 이러한 문화적인 분위기 속에서 특히 선험주의 철학의 영향을 강하게 받았다. 그것이 후일 프뢰벨의 신비적이고 종교적인 교육사상을 이해하는 데 도움이 되었다. 또, 그녀는 어머니와 신학자 찬닝그의 영향으로 인생의 기쁨을 동포에 대한 봉사 가운데에서 발견하는 인생관을 지니게 되었다. 이러한 인생관을 기초로 그녀의 생애는 인류의 복지와 인간성의 향상을 갈구하였던 순례자의 길이었다고 할 수 있을 것이다. 1852년에는 부모가 세상을 떠났기 때문에 피바디는 서점 문을 닫고 다시 교직에 종사하였다. 그리고 다른 한편으로는 저작에 몰두하기 시작하였다. 그녀가 인생의 절반을 보내었던 56세 때 그녀에게 큰 기회가 다가왔다. 그것은 프뢰벨의 교육 이론과 그의 유치원과의 만남이었다. 이 무렵 피바디는 독일에 이민, 칼 슐츠(Carl Schurz) 부인과 만났다. 칼 슐츠 부인은 위스콘신(Wisconsin) 주 워터타운(Watertown)에서 독일 이민을 위한 유치원을 열었다. 부인은 피바디와 만났을 때 프뢰벨의 『인간의 교육』의 서문을 주었다. 피바디는 자신의 교육이 프뢰벨의 교육 이론의 일부에 지나지 않는다는 것을 알게 되어 큰 감명을 받았다. 거기에는 그녀가 오랫동안 갈망하고 있었던 교육 내용이 시사되었던 것이다.

피바디 연구가인 루드 베일러(R. Baylor)에 의하면 그녀의 교육자로서의 활약은 두 시기로 구분된다. 즉, 1859년까지 학교교사로서 활약했던 시기와 1860년 이후 유치원 운동의 추진자로서의 시기이다. 피바디는 1860년 보스톤의 핑크니가(Pinkney Street)에 미국에서 최초로 영어 유치원을 개설하였다. 이 유치원은 수년이 지나자 재정적으로 안정되었고, 점차 사람들로부터 주목을 받기 시작하였다. 이 무렵 그녀는 뛰어난 어학 능력을 구사하여 프뢰벨의 저작을 읽었고, 프뢰벨식의 유아교육을 실천하면서 스스로 유아교육에 관한 논문을 발표하였다. 대표적인 것으로 「아틀란틱 만슬리」 지에 기고하였던 "유치원이란 무엇인가?"(1862)와 누이동생 호레이스 만 부인과 공동 집필하였던 「유아의 도덕 문화와 유치원」 등이 있다. 그녀의 논문과 저작은 미국인들로 하여금 유아교육에 대한 관심을 불러일으켜 유치원 운동을 전개해 가는데 있어서 커다란 도움이 되었다. 그러나 피바디의 노력에도 불구하고 유치원은 예기된 교육 효과를 거둘 수가 없었다. '프뢰벨이 약속하고 있는 것과는 다른 결과가 발생하고 있는' 것에 주의했던 그녀는 유치원의 참된 존재 방식을 알기 위해 유럽으로 여행을 떠났다. 이 때가 바로 1867년의 일이었다. 그녀는 15개월간에 걸쳐 독일은 물론이고 유럽 제국을 순방하였다. 그녀는 유명한 유치원을 시찰하였고 유아교육자들과 의견을 교환하였다. 드레스덴에서는 프뢰벨의 미망인을 만났고, 유치원 운동가로서 유명하였던 마렌호르츠 뷔로 부인과도 만났다. 자신이 실천하여 온 것에 대한 부족함을 발견한 피바디는 새로운 희망을 품고 미국으로 돌아왔다. 피바디는 귀국 후에 프뢰벨주의 유치원을 보급하기 위해 쉴 줄 모르는 활약을 개시하였다. '그녀는 66세가 되었어도 개혁 정신, 아동에 대한 사랑, 인류 재생의 수단으로서 유치원에 대한 신뢰를 잃지 않았다.'고 한다. 그녀는 매일매일 강연과 집필활동으로 보냈었다. 반데볼카(N. C. Vandeawolker)에 의하면 1870년대의 유치원 관계의 출판물의 수는 다른 교육 관계자들의 출판물보다도 많았다고 한다. 이 출판물들은 피바디가 집필하고, 번역하였던 것이거나 그녀와 뜻을 같이 하여 유치원 운동을 추진했던 사람들이 썼던 것이다. 피바디는 1873년에는 유치원교사를 위한 잡지 「킨더가튼 메신저」를 발행하였다. 이 잡지는 이러한 종류의 교육 전문잡지로서는 미국 최초의 것이었고, 세계적으로도 가장 빠른 것 중의 하나이었다. 다른 한편, 그녀는 유치원 제도의 확립과 유치원교사의 조직화에 힘썼다. 예컨대, 세인트루이스(Saint Louis)는 미국 최초의 공립 유치원 제도를 1873년에 창설하였지만 그것이 실현되기까지에는 시의 교육장 윌리암 하리스(William Harris)에 대한 피바디의 끈질긴 설득이 있었다. 또, 1878년에는 미국 프뢰벨 연맹을 결성하였다. 이 연맹의 최초의 일은 프뢰벨의 『어머니의 노래와 애무의 노래』를 영어로 번역 · 출판하는 것이었다. 그녀의 호소에 따라 입회하였던 부유한 회원은 보스톤 시내 · 외에 자선 유치원을 설립하기 위한 기금을 기부하였다. 피바디의 활약은 유치원 운동을 전개하는데 그치지 않았다. 예를 들면, 헨리 바나드(H. Barnard)가 그의 유명한 '아메리카 교육잡지'를 간행하였을 때 그녀는 많은 원고를 집필하였을 뿐만 아니라 간행 자금을 모으기 위해서 협력하였다. 또, 콩코드 철학회의 강의와 토론회에도 참가하여 젊었을 때부터 불태웠던 형이상학에 대한 흥미를 채웠다. 그녀는 1882년에는 이 회의에서 「아동기에 대하여」를, 그 이듬해에는 「밀톤론」에 대한 연구 발표를 하였다. 이 때가 그녀의 나이 80세 전후의 무렵이었다. 그녀는 매우 다방면에 걸쳐 일을 하였다. 그녀는 1894년 1월 3일 약 1세기에 걸친 생애를 마감하였다.

(3) 교육철학 배경

19세기는 미국이 농업국에서 공업국으로 비약적인 발전을 하였던 시대이다. 특히, 이 시기에 미국은 남북전쟁을 계기로 하여 근대적인 산업이 현저하게 발흥하였고 영국의 산업에 대한 의존으로부터 탈피하였다. 그것은 풍부한 자원을 가졌던 미국은 국내의 많은 문제에도 불구하고 자본주의 국가로 발전하여 마침내 세계 열강 중의 하나에 들기에 충분한 국력을 축적하였던 시대였다. 미국은 교육면에서도 이 시기에 독자적인 제도와 이론을 탄생시켰다. 19세기 미국의 교육은 영국, 독일, 프랑스 등 선진 유럽제국의 교육사상을 수용하여 미국화시킨 것이 대표적인 특색이라고 말할 수 있다. 즉, 미국의 교육제도가 확립됨에 따라 교육내용과 교육방법을 재검토하여 신대륙의 생활양식과 가치관에 어울리며 새롭게 출현한 산업사회에서 살아갈 수 있는 인간을 양성하기 위한 교육을 탐구하였다.

예를 들면, 미국에서 '진보주의 교육의 아버지'라고 일컬어지고 있는 프란시스 파커(F. W. Parker)는 미국에 프뢰벨의 교육 원리를 소개함과 함께 페스탈로치나 헤르바르트 등의 이론으로부터도 많은 시사를 얻어 전통적이고 선험적이었던 미국의 교육을 과학적인 교육학으로 높이기 위해 노력하였다. 그리하여 프뢰벨의 교육 이론은 듀이 등 진보주의 교육자들에 의해 새롭게 해석되어 자기 발달, 자기 활동, 사회적 협동의 원리는 미국의 유치원은 물론 상류 계층의 학교에서도 인기가 있다.

미국에는 유치원이 도입되기 전 영국으로부터 들여 왔던 유아학교(Infant School)가 있었다. 미국의 동부 지방에서는 10세기 초기부터 서서히 공립학교가 설치되었다. 공립학교에서는 아동들이 입학하기 전에 읽기와 쓰기의 초보를 배울 것을 전제로 하고 있었고 가정이나 데임 스쿨(Dame School)에서는 초보수준의 교육을 받고 있었다.

1816년 보스톤에 미국 최초의 유아학교가 설치되었다. 보스톤 시 당국은 이러한 종류의 학교가 공립학교의 초급 단계의 교육을 보충하는 점에서 그 존재 가치를 인정하였다. 유아학교는 4세아가 입학할 수 있는 초등학교로서 많은 영향을 받았다.

유아학교의 특색은 부인인 교사가 가르치며, 1년 내내 문을 열고, 공립학교의 준비교육을 하는 것이었다. 유아학교는 초등학교와 같은 역할을 맡음으로써 뉴잉글랜드 지방에서부터 동부의 여러 주로 급속하게 확대되었다. 그러나 유아학교는 읽기, 쓰기, 셈하기의 초보를 가르치는 지식중심의 학교였기 때문에 오늘날의 유치원이나 어린이집에서의 교육과는 거리가 먼 유아교육을 실시하고 있었다.

프뢰벨은 예전부터 자기의 이상을 진정으로 이해하고 실현할 수 있는 곳은 미국이라고 하였다. 즉, 프뢰벨은 미국의 전통에 얽매이지 않는 자유로운 정신, 참된 기독교적인 종교심, 순수한 가정생활 가운데에서 자신의 교육적인 이상이 실현될 것을 예견하였던 것이다. 그는 1838년의 일요신문 'Ein Sonntagsblatt'에서 미국에 그의 교육 원리를 토대로 하는 학교가 창설되었다고 보고하였다. 이것은 오하이오 주 콜럼부스에 독일 이민 프란켄베르크양에 의하여 설립된 학교였다.

많은 독일인들이 이 무렵에 자유를 찾아 미국으로 이주하였다. 따라서 프뢰벨의 교육 원리는 이민자들의 손에 의하여 소개되었던 것이다. 1856년 워스콘신 주 워터타운에 칼 슐츠 부인에 의하여 미국 최초의 독일어 유치원이 개설되었다. 슐츠 부인은 독일에 있을 때 프뢰벨의 보모 양성소에서 공부하였던 훌륭한 인물이었다. 그러나 이 유치원은 독일 이민들의 자녀를 대상으로 하였기 때문에 미국 사람들의 관심을 끌 정도의 영향력은 지니지 못하였다. 그러나 유치원에 주목했던 사람들도 있었다. 미국 연방 교육국의 초대 장관이었던 헨리 바나드는 1854년 영국의 수도 런던에서 개최된 교육박람회를 시찰하고 거기에서 처음으로 'Kindergarten'이라고 하는 말을 접했다. 헨리바나드는 프뢰벨주의 유치원의 전시회에서 강렬한 인상을 받고 귀국하였다. 그러나 미국에 프뢰벨의 유치원 교육 이론과 실제가 정착하는 데에는 한 사람의 헌신적인 부인은 바로 엘리자베드 팔머 피바디(Elizabeth Palmer Peabody)였다. 그리고 그녀가 슐츠 부인과 만났던 날이 바로 미국에서의 프뢰벨 운동의 출발점이 되었던 것이다.

(4) 피바디의 유아교육사상

① 아동관과 교육관

피바디의 아동관과 교육관은 대부분이 그의 어머니로부터 받은 교육에 의해 형성되었다. 피바디 역시 그의 어머니처럼 아동은 도덕적인 존재이며, 그 본성이 선하다는 것을 믿고 있었다. 따라서 그녀는 어머니나 교사는 유아기의 아동을 다룰 때 아동의 기질을 잘 보존하면서 아동의 활동이 법칙에 따르며 활발하게 행해지도록 하는 것이 가장 중요하다고 하였다. 이렇게 하기 위해서는 부모와 교사는 항상 상냥함을 잃지 않아야 하며, 아동을 억압하지 않도록 주의해야 한다. 피바디는 그의 이론을 통해 아동의 마음과 의지를 파괴하는 것을 무엇보다도 두려워하였음을 역설하였다. 피바디는 어머니의 의지와 아동의 의지가 접촉할 때에 교육이 시작된다고 생각하고 있었기 때문에 유아기의 교육을 특히 중시하였다. 그녀는 온화한 언어와 행동으로 아동의 마음을 인도할 것을 권하였다. 그녀에 의하면 아동의 의지는 조화를 이루고 그것이 마침내 고차원의 신의 의지와의 조화로까지 발전되어 가는 것이다.

② 유아교육

㉮ **유치원 교육** : 피바디는 유치원을 유아학교나 초등학교와는 전혀 다른 새로운 교육기관이라고 이해하였다. 유치원에서는 일체 채찍이나 강요에 의한 교육은 없어야 한다고 주장하였다. 아동은 정원사가 나무를 돌보는 것처럼

정성스레 다루어져야 하며 유치원의 교사는 아동의 개성 · 욕구 · 가능성을 잘 알고 그것을 잘 신장시켜 주어야 한다. 또한, 교사는 아동의 발달에 장애가 되는 것을 제거하고 발달에 적합한 조건을 정비하는 일에 전적인 책임을 지고 있다. 피바디의 주장에 따르면 어디까지나 유치원에서는 아동이 중심이다. 그녀는 유치원의 특징을 다음과 같이 서술하고 있다. "유치원은 아동의 연방이고 공화국이다. 그것은 구식학교와는 대조적이다. 구식학교는 절대 군주제처럼 아동은 정숙만을 제일의 목적으로 하는 저차원의 편의주의에 의해 지배되고 있을 뿐이다."

㉯ **유치원 교사** : 피바디가 유치원에 걸었던 기대는 매우 컸다. 그것은 그녀가 지녔던 유치원교사의 양성에 대한 기대와 높은 수준으로부터도 알 수 있다. 그녀는 유치원교사가 되기 위해서는 풍부한 교양과 높은 자질을 갖출 것을 요구하고 있었기 때문에 그녀의 교사 양성소 프로그램은 초등학교 교사를 양성하기 위한 커리큘럼보다도 수준이 훨씬 높았다. 그녀는 "좋은 유치원교사는 좋은 초등학교 교사가 될 수 있지만 그 반대는 되지 않는다."고 하였다. 또한, 그녀는 아동에 대해서만이 아니라 유치원교사들에 대해서도 유치원 교육의 도덕적 · 종교적 가치를 인정하였다. 그녀는 '유치원교사가 된다는 것은 여성다움을 완전히 발달시키는 데 있다. 그것은 예술적 · 지적인 제 능력과 도덕적인 성격의 원천에 있어서 신과 함께 일하는 것이다.'라고 하였다.

③ 유치원 운동

피바디의 생애의 후반은 미국의 초기 유치원 운동사 그 자체였다고 해도 과언이 아닐 것이다. 이미 지적하였던 것처럼 그녀와 독일 이민 칼 슐츠 부인과의 만남이 미국 교육사의 한 페이지를 차지하게 하였다. 그녀가 1860년 보스톤에 최초의 영어 유치원을 개설했던 것, 그 유치원에서의 교육적인 실패, 그리고 참된 유치원 교육의 방법을 연구하기 위하여 유럽으로 갔던 것 등은 이미 피바디의 생애에서 언급한 대로이다. 1860년대는 그녀에게 있어서 새로운 교육기관을 탄생시키기 위한 시행착오의 시대였다. 피바디는 1870년대에 유치원 교육의 계몽과 보급을 위해 사람들에게 프뢰벨의 이론을 알기 쉽게 설명하고 유치원 교육의 필요성을 설명하였다. 당시에 60세 후반이었던 그녀는 유치원 운동에 몸을 바쳤다. 그녀는 각 지역을 순회하면서 인류의 향상을 위한 수단으로서 유치원 교육에 절대적인 신뢰를 품고 있었다. 그녀의 성실한 사람 됨됨이와 노련한 화술은 많은 사람들의 공감을 불러일으켜 많은 사람들이 재정적인 원조와 노력 봉사를 하였다.

피바디는 유럽의 유치원을 시찰한 결과 먼저 훌륭한 유치원교사를 양성하지 않고서는 유치원을 발전시킬 수 없다는 사실을 느꼈다. 그래서 그녀는 독일에서 훌륭한 유치원 지도자를 초빙하였다. 이 사람들이 피바디를 도와 미국에서 프뢰벨 운동을 전개하였다. 피바디의 초청을 받고 처음으로 미국에 왔던 사람은 쿠리게(M. Kriege) 부인과 그의 딸 알마였다. 이 두 사람은 피바디의 의뢰를 받고 보스톤에 유치원을 개설함과 함께 부속으로 유치원교사 양성 학급을 설치하였는데, 그것이 미국에서 최로의 보모 양성기관이었다.

피바디의 초빙으로 그 다음에 미국으로 왔던 사람은 마리아 뵐테(Maria K. Boelthe)였다. 그녀는 유치원 운동가이었던 존 크라우스와 결혼하여 1873년 뉴욕에 유치원교사 사범학교를 개설하였다. 이 학교는 지원자의 선발이 특히 엄격하였던 것으로 유명하다. 이 학교는 '모든 시간과 에너지를 유치원 교육에 바칠 수 있는 최고의 교양을 지닌 부인'만 입학 허락을 하였다고 한다. 크라우스 부부는 『유치원 안내』라는 저작을 출판하였는데 그것은 당시에 가장 훌륭한 프뢰벨 이론의 해설서로서 극찬을 받았다.

엔마 마벨텔도 미국의 유치원 운동에서는 잊을 수 없는 지도자 중의 한 사람이었다. 그녀는 피바디가 독일을 여행하였을 때 함부르크의 프뢰벨 유치원을 소개하였던 사람이다. 그녀는 1870년대 후반에 캘리포니아 주를 중심으로 하여 주로 미국 서부지역의 유치원 발전에 공헌을 하였다. 그녀는 '인간의 위대한 발전의 기초는 유치원에 있다.'고 생각하고 유치원, 초등학교, 인간의 노동, 이 세 가지를 결합하는 교육 원리의 기초에 프뢰벨의 이론을 접합하여 『Connecting Link』라는 저작을 발표하였다. 이상과 같이 미국에서는 피바디를 비롯하여 그녀를 도왔던 많은 사람들의 노력에 의해 유치원이 미국의 교육제도 가운에 확고한 기초를 갖게 되었다. 나아가 이 선구자들은 프뢰벨의 사상을 가능한 한 충실하게 소개하려는 노력에 의하여 유치원 운동뿐만 아니라 그 후에 계속되는 신교육 운동에도 커다란 영향을 미쳤다.

(5) 시사점

① 교육방법의 우수성

피바디의 교육방법은 당시의 미국인들로서는 '아주 이상한 것'이었다. 당시에는 학습에 항상 체벌이나 엄격함이 필요하다고 생각했으나 피바디는 체벌이나 엄격함이 불필요하다고 주장하였다. 그녀는 일체의 강요 없이 아동의 발달 순응적 교육에 기초하여 아동을 언제나 다정하고 부드럽게 인도하였고, 아동에 대한 '존중심'을 중요시했다. 그녀는 대부분의 초등학교 교실에서 정숙을 엄격히 강요하는 모습과는 근본적으로 다른, 비록 제한된 형태로나마 유아가 큰 소리를 치고 신체적으로 활발하게 움직이는 것을 허용하였으며 심지어 이런 행동을 격려하기도 하였다. 그녀는 벌을 주는 경우도 있었는데, 그것은 아동이 학교에서 부주의하다든가 교사의 지시를 무시하는 태도를 보였을 때 다른 과제나 숙제를 주는 것이었다. 아직 프뢰벨을 몰랐던 시절(1836년경)에 그녀는 다음과 같이 말하였다. "나는 아동 자신에게 결코 간섭하지 않았다. ……나는 아이를 나와 평등한 존재로서 취급하였고, 아이가 내가 원하는 것과 다른 것을 했을 때 이외에는 일체의 권위적인 억압을 가하지 않았다." 여기에서 그녀가 말하는 '아동 자신에게'라는 말은 '사적인 양심'이라는 의미로 사용되고 있다. 그녀는 프뢰벨을 알기 전부터 '아동중심'의 교육실천을 행하고 있었다. 아동의 흥미와 경험을 중시하였다. 이미 그녀는 미국의 진보주의적 교육을 수행하고 있었던 인물이었다.

② 유치원 운동의 의의

엘리자베드 팔머 피바디는 지성과 노력과 정열에 의해 값진 자리를 차지하였던 근대 여성의 한 전형이었다. 우리들은 그녀의 교육론 가운데에서 그녀의 독자적인 유아교육 체계를 발견할 수는 없다. 그녀는 프뢰벨의 교육 이론과 방법 가운데에서 자기가 찾고 있었던 도덕적 · 정신적 · 지적 · 미적인 것이 통합된 교육의 이상을 발견하고 그것을 실천했던 것이다. 이러한 의미에서 그녀는 프뢰벨의 충실한 이해자였고, 프뢰벨의 복음을 신대륙에 보급함으로써 프뢰벨의 사도가 되었던 것이다.

미국의 교육사가들은 미국에 유치원을 도입하고 유아교육의 기초를 닦았던 피바디의 공적을 높이 평가하고 있다. 오늘날 미국의 교육에서 당연한 것으로 받아들여지고 있는 교육 원리나 교육 방법의 근원은 피바디에 의하여 시작되었던 유치원 운동에서 출현되어진 것을 더러 볼 수 있다. 그리고 그녀는 일본의 초창기 유치원 교육에도 관계를 갖고 있음이 흥미롭다.

2. 사회적 기초

1) 여성의 사회참여와 보육에 대한 다양한 요구 증가

산업화 시대가 도래하면서 우리 사회의 급격한 변화 중 하나가 기혼 여성의 경제활동 참여율 증가이다. 이는 여성의 교육기회 증대와 함께 여성의 자아실현, 경제적 자립욕구 충족에 가치를 두고 꾸준히 증가하고 있는 것을 볼 수 있다. 이러한 변화는 자연스럽게 가족생활주기와 가족기능의 변화를 초래하게 되었고, 가정 내에서도 성역할에 대한 유동성과 가변성에 대한 요구를 증가시켰다(김기현 · 조복희, 2000). 무엇보다 여성의 사회참여는 출산 및 육아와 밀접한 관련이 있는 것을 볼 수 있다. 즉 과거에는 자녀의 양육이 가정의 절대적인 역할이었다면 현재에는 여성의 사회진출로 인해 이러한 가족 기능이 약화되고 사회적 책임으로 이양될 필요성이 제기되고 있다. 그럼에도 불구하고 우리나라는 아직 자녀양육에 있어 어머니의 역할에 대한 전통적인 가치관이 강하게 자리잡고 있어 여성들에게 큰 부담을 주고 있는 것이 사실이다. 즉 우리 나라 여성들은 결혼 후 출산과 자녀양육으로 인해 여러 가지 역할 수행상의 부담과 어려움을 경험하고 있는 실정이다(김기현 · 조복희, 2000; 문혁준, 2004).

전통적인 가족의 모습인 확대가족 안에서는 자녀양육이 어머니 개인의 몫이라기보다는 육아 경험이 풍부한 조부모를 포함하여 가족 모두의 공동의 노력이 필요한 것으로 인식되었고, 이로 인해 여성은 가정 내에서 자녀양육에 대한 도움을 쉽게 얻을 수 있었다. 반면 최근 현대사회의 가장 대표적인 가족 형태인 핵가족 내에서는 자녀양육을 지지해 줄 수 있는 조언과 도움의 부재로 인해 여성은 양육부담감을 쉽게 경험하게 되고 이는 출산을 기피하는 원인의 하나로 자리잡게 되었다.

이러한 저출산 현상이 사회문제화됨으로 인해 최근에는 기혼여성의 경제활동참여율 증가라는 사회현상에 부응하여 이들의 자녀양육을 돕고 보육수요를 충족시키기 위해 육아휴직, 전일제 보육 및 아이돌보미 지원사업 등 여러 가지 유형의 보육서비스를 제공하는 등 취업모의 다양한 요구를 충족시키기 위한 방법이 다각도로 모색되어지고 있다.

2) 세계화에 대비한 다문화교육

세계화의 물결이 지구촌 곳곳을 변화시키고 있다. 단일민족과 순수혈통을 주장해 오던 한국사회도 이러한 개방과 공존의 흐름에 따라 유아들이 다문화 세계에 적응하고 유용한 인재로 성장하기 위한 효과적인 교육의 필요성을 제기하고 있다.

이러한 다문화교육의 기본은 우리 문화에 대한 바른 이해와 주체성 확립에서 출발한다. 제 6, 7차 유치원 교육과정에서도 명시되었듯이 '세계화에 대비한 전통문화에 대한 올바른 이해'는 바로 우리 문화에 대한 제대로 된 이해를 바탕으로 우리 문화를 세계에 알리며, 세계 문화를 주체성 있게 받아들이는 태도의 중요성을 강조한다. 이를 위해 유아기부터 교육과정 속에 우리 문화에 대한 바른 이해와 주체성 확립뿐만 아니라 다문화에 대한 이해와 다문화 세계에 적응할 수 있는 적절한 교육을 포함시키는 것은 매우 중요하다.

한국사회의 다문화화 움직임 또한 유아들을 위한 다문화교육의 필요성을 제기한다. 한국사회에서 국제결혼가정은 더 이상 낯선 모습이 아니며 한 핏줄을 지닌 한 민족이라는 용어가 무색할 정도로 한국사회 내에 다인종의 유입이 증가하고 있다. 한 예로 통계청 자료에 의하면 2010년 말을 기준으로 국내 진국혼인건수인 326,104건 중 국제결혼이 34,235건으로 10.4%를 차지한다고 보고한다(통계청, 2010). 국제결혼가정의 증가에 따라 이들 가정의 자녀들도 급증하여 2010년 집계에 따르면 이들 가정의 미성년 자녀수는 7,904명에 이른다(통계청, 2010). 또한 자녀들의 연령 구성을 살펴보면 전체 국제결혼가정 자녀의 57.1%가 취학전 연령인 6세 이하인 것으로 드러났으며, 앞으로 이 비율은 더욱 증가할 것으로 보인다(보건복지부, 2010). 이러한 집계를 바탕으로 국제결혼가정의 자녀들이 유아교육기관에 잘 적응할 수 있도록 교육과정 및 교사 준비를 강화할 필요가 있다. 이들의 유아교육기관 적응을 돕는 것은 이후의 학교생활 적응뿐만 아니라 한국어 및 한국 문화를 익히고 한국사회에 적응해 나가기 위한 디딤돌로서의 역할을 할 것이다.

한편 한국 유아들도 유아교육기관에서부터 다양한 문화를 접하게 될 확률이 높아짐에 따라 이들을 위한 다문화교육의 중요성이 부각되고 있으며 이와 더불어 반편견교육 또한 강조되는 것을 볼 수 있다.

반편견교육은 사회에 팽배한 선입관, 고정관념, 편견 등에 도전하며 다름을 인정하게 하는 교육이다(문미옥, 2008). 사회가 다양해지고 삶의 양상이 복잡해짐에 따라 문화적인 차이 뿐만 아니라 인간 생활의 양상도 다양해지는 것을 볼 수 있다. 그러므로 사고가 유연한 유아기서부터 이러한 다양한 문화에 노출되어 그들의 다양성을 인정하고 문화적 차이를 가진 사람들을 이해하고 보다 조화로우면서 다름을 존중하는 태도를 양성할 수 있는 교육이 필요하다.

3) 정보화 시대의 도래

21세기의 정보화의 물결은 빠른 속도로 진행되고 있다. 정보화 사회란 사회를 발전 · 유지시키는데 있어 정보가 다른 어떤 요소들보다 사회 경제적으로 큰 가치를 지니는 사회를 말한다(이상욱, 2008). 현대를 살아가는 사람들은 다양한 정보의 홍수 속에서 살고 있다고 해도 과언이 아닐 정도로 다양한 정보들에 둘러싸인 채 살고 있다. 이는 컴퓨터의 신속한 정보처리와 다양한 통신미디어의 광범위한 정보 전달 속에서 대량의 정보가 생산, 축적, 전달되어지는 과정이 용이해졌기 때문이다. 그러므로 현대를 살아가는 사람들에게 자신이 원하는 정보를 효율적으로 처리, 전달할 수 있는 기술이 요구되어지고 있다. 그러므로 현대사회에서 정보를 어떻게 이용하느냐 하는 것은 생존과 직결된 문제이며, 이러한 능력의 유무는 소유와 기회의 불균형과 경쟁에 뒤쳐지는 등 다양한 부정적인 결과를 초래할 수 있기 때문에 그 중요성 못지않게 이로 인한 불평등, 인간성 상실과 갈등 등의 문제들이 우려되기도 한다.

이러한 사회의 변화와 함께 최근에는 유아교육기관에서도 컴퓨터 및 다양한 정보 매체를 활용하는 수업이 다수 이루어지고 있다. 유아 컴퓨터 교육 여부에 대한 찬반론뿐만 아니라 교육 시작 시기를 두고도 많은 학자들의 견해가 분분한 것을 볼 수 있다. 그러나 유아 수업에 컴퓨터를 활용함으로써 유아가 다양하고 생생한 정보들을 쉽게 얻을 수 있고, 컴퓨터가 비디오 영상, 그래픽 애니메이션, 음향 등 멀티미디어로서 기능할 때 기존의 학습현장에서는 경험할 수 없는 다양한 학습 효과를 기대할 수 있다. 이러한 유아 컴퓨터 교육은 어린이의 사고 범위를 제한하고 자발적이고 주도적인 학습을 방해한다는 우려와는 달리 컴퓨터를 단지 하나의 학습 도구로서 적절히 활용할 때 그 장점을 극대화할 수 있다. 이러한 견해에 부응하여 최근 유아교육현장에서는 유아 스스로 컴퓨터를 사용할 수 있는 능력을 신장시키기 위하여 교실에 컴퓨터 영역을 구비한 곳을 쉽게 볼 수 있다.

이러한 정보화 사회의 도래와 함께 유아기서부터 컴퓨터를 활용한 교육이 행해지고 있으며 특히 지식의 저장보다는 어디서든 쉽게 접속할 수 있는 다양한 정보를 효율적으로 얻고 이를 재창출하는 능력이 중요시된다.

4) 창의성 교육

세계화, 정보화 시대의 도래와 함께 인간의 삶은 훨씬 더 복잡하고 다양한 문제들에 직면하게 되었다. 이러한 문제들을 효율적으로 해결하기 위한 한 가지 방법으로 문제해결 능력과 사고력을 포함한 기존의 지식을 바탕으로 참신하고 색다른 방법으로 사고하고 독특한 해결책을 생각해 낼 수 있는 능력인 창의성이 주목받고 있다.

Torrance에 의하면 창의성은 창의적인 사고과정을 통해 창의적인 생산물을 생산해 낼 수 있는 인간의 인지적 특성 및 능력으로 정의되며, 모든 인간에게 잠재된 능력이자 교육을 통해 개발되어질 수 있는 능력으로 일컬어지고 있다. 이러한 창의성은 지적 특성, 문제해결 능력, 성격특성으로 설명되어진다. 첫째, 지적 특성으로서의 창의성은 창의성을 지적 능력의 한 특성으로 간주하는 입장이다. Guilford는 창의성을 나타내는 지적 구조 모형을 제시하면서 지적인 능력은 기억과 사고로 나누어지며, 사고는 인지, 산출, 평가로 나누어진다고 설명한다. 사고의 세 가지 과정 중 그는 산출을 가장 중요시하며 산출의 과정으로서 수렴적 사고와 확산적 사고를 분류하였다. 이 중 하나의 문제에 대해 여러 다른 해답을 할 수 있는 사고인 확산적 사고를 창의성과 밀접한 관련이 있다고 주장한다. 문제해결 능력으로서의 창의성은 하나의 문제에 있어 단순한 결과보다는 결과에 이르게 하는 창의적인 해결 과정을 중시하는 방법론적인 측면을 강조한다. 마지막으로 성격특성으로서의 창의성은 문제해결의 방법으로서 새로운 가능성들을 제시하고 창의적 동기 및 태도가 활성화되어 있으며 창의적 능력이 발현되어 있는 상태를 말한다. 이와 같이 창의성이란 문제해결에 있어서 동기, 태도, 방법, 능력이 따로 분리되어 진행되는 것이 아니라 상호적으로 영향을 미치며 지속적으로 통합되는 과정이다. 그러므로 이러한 과정에 몰입할 수 있는 창의적인 성격 특성 또한 중요시되어진다.

Torrance는 창의성이란 모든 유아가 지니고 있는 특징으로 유연성과 융통성, 독창성, 상상력을 구성요인으로 하며 유아기 교육을 통해 개발될 수 있다고 주장하였다. 또한 이후의 많은 학자들도 유아의 사고의 유연성, 개방성, 교육의 효율성 등을 언급하며 창의력 개발의 결정적 시기로 유아기를 언급하는 것을 볼 수 있다. 그러므로 시대적 요구뿐만 아니라 교육의 효율성 측면에서도 유아기의 창의성 교육에 대한 필요성은 강조된다.

5) 지속가능 발전을 위한 교육

과학기술의 발전과 산업화의 진전은 인간의 삶을 윤택하게 해 주었지만 한편으로 이로 인한 성장 제일주의와 환경 파괴는 인류의 생존을 위협하는 요소로 자리잡게 되었다. 최근 환경 파괴로 인한 여러 가지 자연재해와 인간 생활에 대한 위협 등은 미래사회에 대한 불안을 야기하고 이를 해결하고자 하는 움직임으로 이어져 가고 있다. 대표적인 예로 1992년 브라질 리우데자네이루에서 개최된 리우환경회의에서 각국 대표들과 민간단체들은 지구환경 보전을 위한 국제적인 약속으로서 리우선언을 체결하였다. 이 체결문에서는 인류의 생존 및 미래사회의 보장을 위해 '지속 가능한 개발'을 위해 사회 각계 분야에서의 협조를 적극적으로 요청하였다. 특히 참여한 각 국가들은 환경보호를 위한 가장 효과적이고 절대적인 방법으로 환경교육을 언급하며 이를 위한 실천에 앞장서고 있다.

우리나라도 이와 같은 환경보호의 차원에서 지속가능 발전을 위한 교육(ESD: Education for Sustainable Development)의 중요성을 절감하고 환경교육을 실시하고 있다. 우리나라는 전통적으로 자연을 대우주로, 인간을 소우주로 간주하고 자연과 인간은 불가분의 관계, 즉 공존 · 공생(共存共生)하는 관계로 인정하였다. 그러므로 인간의 생존을 위해서 자연을 보호하는 것을 절대적인 의무로 생각하고 이를 실천하였다. 그러나 산업화가 진전되고 무한한 경쟁 속에 성장 제일주의가 팽배해지면서 인간의 필요에 의해 자연을 착취하는 등 자연과 공생하는 조화로운 관계라기보다는 자연을 이용의 대상으로 보며 파괴하고 있다.

우리나라에서의 지속가능한 발전을 위한 교육은 자연을 중시하였던 전통의식 및 전통문화교육에서 출발한다. 인간이 삶을 영위해 나갈 수 있도록 모든 자원을 제공하는 자연과 조화로운 삶을 추구하였던 옛 사상을 바탕으로 교육효과가 가장 큰 유아기서부터 환경 보호 교육을 실시하도록 노력하고 있다. 생태유아교육과정을 통해서도 강조되는 이러한 교육을 통해 유아기서부터 자연을 소중히 여기고 보호하는 기본생활습관을 형성할 수 있도록 도와야 한다. 또한 환경교육을 강조함으로써 유아들이 자연의 소중함을 깨닫고 유아들에게 우주 만물은 서로 영향을 주고받는 하나의 커다란 순환 체계이며, 공존 · 공생(共存共生)하는 생명 공동체임을 가르치는 생명중심 교육과정을 마련해야 한다.

한편 지속 가능한 발전을 위한 교육은 생태계 파괴를 방지하기 위한 환경교육뿐만 아니라 국가 간 및 국가 내의 불균형, 빈곤 문제, 질병, 문명 등으로 확대되어 현재 당면한 문제들의 해결과 미래에의 위협을 극복하고 인간의 삶을 윤택하고 풍요롭게 만들기 위한 노력의 총체이다.

6) 공동체 중심의 교육

산업화의 진전으로 인한 여러 가지 사회적인 변화는 우리 사회를 개인 중심의 사회로 변모시켰다. 또한 핵가족화의 빠른 진전으로 최근에는 대가족을 이루며 생활하는 가정을 찾아보기 힘들며, 여성의 경제활동 참여율의 증가와 더불어 자녀의 출생수도 급격히 감소하여 외동아이가 있는 가정이 늘어나고 있다. 이러한 사회적인 흐름은 공동체보다는 개인을 중시하는 사회적인 분위기를 조성하였고, 무한한 경쟁 속에 인간은 더욱더 이기적으로 변모되며 소외되고 고립되는 것을 볼 수 있다.

우리 전통사회는 예로부터 개인보다는 공동체를 중시하는 문화가 중요시되었다. 이는 농경사회의 대표적인 특징으로서 농업을 생계 수단으로 삼았던 조상들은 농업의 특성상 상호협조와 단결을 최고의 덕목으로 삼았다. 그러므로 상부상조하는 사회 분위기 속에서 인간은 개인보다는 집단에서의 자신의 존재를 자각하며 서로 조화되고 돕는 공동체 중심의 사회가 자연스럽게 형성되었다. 그러나 현대 산업사회에서는 핵가족화와 더불어 사람들 사이에 공동체 의식이 점차 사라지고 개인주의, 이기주의가 팽배하여 여러 가지 사회문제로까지 확대되는 것을 볼 수 있다. 그러므로 유아기서부터 개인의 이익과 경쟁보다는 함께 어울려서 이루어 내는 힘의 중요성과 공동체의 이익 및 윤리를 강조하여 유아 개개인의 개성 존중과 능력 신장뿐만 아니라 공동체 의식의 함양이 동시에 이루어질 수 있도록 해야 한다. 특히 공동체 중심의 교육은 핵가족화와 외동아이의 증가로 가정 내에서의 노력만으로는 실천하기 힘들기 때문에 유아교육과정 속에 이는 더욱더 강조되어야 한다.

이와 더불어 유아교육과정은 이성중심 교육에서 전인교육으로 변화해야 한다. 오늘날과 같은 지식 및 정보화를 강조하는 사회에서는 한 개인 안에서의 생산력을 극대화하여 국가 경쟁력을 높이기 위해 필요한 지식과 기술, 정보를 강조한다. 이러한 사회 풍조는 유아기의 교육에도 영향을 미쳐서 유아는 어릴 때부터 과도한 지식을 강조하는 조기교육이 만연하고 경쟁에 익숙해져 있는 모습을 쉽게 볼 수 있다. 이로 인해 현대의 유아들은 다른 사람을 배려하는 마음이나 따뜻한 감성이 없고 공동체의 이익과 윤리에 대한 자각이 부족하다는 우려가 높아지고 있다. 그러므로 현재의 유아교육과정에서 공동체중심 교육을 강조하여 지 · 덕 · 체를 고루 갖춘 전인적 인간, 공동체 속에서의 인간을 양성할 필요가 있다.

3. 심리적 기초

1) 유아의 발달과 심리적인 관점

유아교육과정을 구성하기 위해서는 유아의 발달과 학습에 대한 기본 개념을 정립할 필요가 있다. 성숙주의, 행동주의, 구성주의가 가장 대표적인 유아의 발달과 학습에 대한 관점으로 현재 진행되는 많은 유아교육 프로그램들이 이 세 가지 입장을 전제로 개발되어져 왔다.

(1) 성숙주의

성숙주의 이론은 루소의 "발달은 정해진 스케줄을 따라서 전개된다"는 자연주의 교육철학에 근거하여 다윈(Darwin), 홀(Hall), 게젤(Gesell) 등을 중심으로 전개되었다. 성숙이론은 유기체의 형태와 행동유형이 유전자에 의해 주도되며, 이러한 발달의 모습은 내재화된 발달 프로그램에 의한 것이라는 주장을 전제로 하고 있다. 이를 근거로 성숙주의자들은 아동의 유전적 성향을 존중하여 자연의 원리에 따르는 교육이 필요하다고 주장한다. 즉 성숙이론에 따르면 발달을 이끄는 주요한 힘과 성장의 기본적인 방향과 속도는 유아 내부로부터 나오며 특정한 시기의 보편적인 발달의 모습은 모든 유아에게서 일반적으로 나타나는 고정적인 전개과정이다.

한편 성숙주의를 주장하는 학자들은 각 발달 단계에 속하는 아동들을 관찰함으로써 신체적, 사회 · 정서적, 인지적 발달의 표준이 되는 행동 목록을 만들었다. 특히 게젤(Gesell)은 동일 연령 집단의 유아들을 관찰한 후 보편적인 발달 특성을 발견하여 발달 스케줄을 고안하였고, 이를 바탕으로 같은 연령의 영아들과 비교했을 때 발달이 앞서는지 뒤서는지를 평가하는데 사용하였다. 이는 이후 스크리닝(screening) 테스트의 기초가 되었다.

그러므로 성숙주의에 전제한 유아교육과정에서는 유아가 학습할 준비가 되어 있는지를 나타내는 '준비도(readiness)'가 유아의 발달과 학습을 이해하는 중요한 개념이다. 가장 효과적인 교육을 위해서는 유아의 평균연령 및 그 시기의 보편화된 행동과 발달이 이루어지는 정도를 고려하여 학습영역에 따라 개별화된 방법과 내용을 적용하여 계획하며 이를 바탕으로 준비된 환경을 제공해야 한다. 유아는 자신의 발달 수준과 흥미에 맞는 준비된 환경 내에서 상호작용을 하며 스스로 자신의 학습 수준을 발견할 수 있다.

성숙주의에 기초한 교육과정이 이상적으로 실현되기 위해서는 교사(성인)의 역할 또한 중요하다. 교사는 유아의 성숙 수준을 고려하여 이를 넘어선 성취를 강요하지 말아야 한다. 또한 동일한 연령 집단 속에서도 유아 개인마다 학습준비도가 다르기 때문에 유아의 개인차를 고려해 허용적인 분위기에서 자신의 가능성을 점진적으로 발전시켜 나가도록 도울 필요가 있다. 그러므로 이러한 학습 과정에서 학습의 주체는 교사가 아닌 유아이며, 교사의 계획에 따라 학습이 진행되는 것이 아닌 유아의 준비도에 맞게 계획을 융통성 있게 변화시킬 필요가 있다. 또한 교사의 판단에 유아의 잘못된 행동을 지적하고 변화시키기보다는 유아의 요구를 들어주고 그에 따르는 것이 성숙주의자들이 주장하는 교사의 역할이다. 그 이유는 성숙주의자들에게 있어 유아의 부적응 행동이나 학습에 있어서의 실패는 교육과정이 유아 자신의 내적 요구와 발달 정도에 따라 이루어지지 않았기 때문으로 판단하기 때문이다.

이러한 전제하에 유아들에게 제공하는 교수자료와 교육적 경험은 유아가 그것에 흥미를 나타내고 준비되었을 때 제공하는 것이 가장 효과적이며, 유아의 학습 능력이나 특별한 기술의 습득에 목표를 두지 않고 유아의 내적 가능성에 따른 전인적 발달을 도모하는 것에 가치를 둔다. 성숙주의에 근거한 교수방법 및 교사(성인)의 역할은 다음과 같다.

① 교수방법

- 영유아의 자유로운 활동을 수용한다.
- 사회적으로 인정되는 범위 내에서 영유아 흥미와 요구에 적합한 허용적이고 편안한 환경을 제공한다.
- 학습준비도가 비슷한 영유아들로 집단을 구성한다.
- 활동은 영유아의 내적 동기에 의해서 이루어지도록 격려한다.
- 교수자료와 교육적 경험은 유아가 그것에 흥미를 나타내고 준비되었을 때 제공한다.
- 유아의 학문적 능력이나 특별한 기술의 습득에 목표를 두지 않고 유아의 내적 가능성에 따른 전인적 발달을 도모한다.

② 교사(성인)의 역할

- 유아의 성숙 수준을 넘어선 성취를 강요하지 말아야 한다.
- 유아의 개인차를 고려해 허용적인 분위기에서 자신의 가능성을 점진적으로 발전시켜 나가도록 한다.
- 성인이 판단하는 유아의 잘못된 행동을 지적하고 변화시켜 주는 것이 아닌 유아의 요구를 들어주고 그에 따라야 한다.

(2) 행동주의

행동주의는 인간의 외현적 행동, 즉 직접 관찰하고 측정할 수 있는 행동을 연구하는 것을 더 중요시하며, 손다이크(Thorndike), 홀(Hall), 스키너(Skinner) 등을 중심으로 전개되었다. 행동주의자들은 동물을 대상으로 실험한 자극과 반응과의 관계를 인간의 행동에 적용하여 적절한 보상과 벌을 통해 인간의 행동에 변화를 가져올 수 있다고 주장하였다. 즉 인간의 발달이 본능, 욕구, 또는 생물학적 성숙과 같은 내적 요인보다는 강화인 또는 처벌인이라는 외부 자극에 달려 있다고 보았다.

행동주의에 기초한 교육과정에서는 강화의 원리와 행동수정기법을 바탕으로 유아의 발달과 목표 행동을 강화 또는 소멸시키는 것을 목적으로 한다. 즉 행동주의 이론은 바람직한 행동에 대한 칭찬이나 보상을 통해 행동을 습관화시키는 과정과 함께 부정적인 행동의 수정을 위한 소거과정을 제시함으로써 문제행동의 지도를 위한 구체적이고 실제적인 지침을 제공할 수 있다는 점을 강조한다. 이러한 주장을 전제로 행동주의에서 학습과 발달은 유아를 둘러싼 환경 내에서 유아와 자극간의 상호작용의 결과를 통해서 이루어진다. 그러므로 유아의 발달에 변화를 도모하기 위해서는 환경을 재구성함으로써 새로운 학습경험을 제공하여 만족스럽거나 불만족스러운 행동의 결과가 시간을 두고 유아의 행동에 변화를 가져오는 방법들에 초점을 맞춘다.

행동주의에 기초한 교육과정이 효과적으로 실현되기 위해서는 교사(성인)는 유아 개개인을 위한 개별화된 교수체계의 기초를 마련할 필요가 있다. 즉 교사는 유아의 발달을 촉진하고 적절한 학습 내용을 전달하기 위해서 언어적인 지시뿐만 아니라 능동적인 모델로서의 역할을 이행하고 유아가 이를 따랐을 때는 적절한 보상으로 그 행동을 강화한다. 반면 유아의 바람직하지 못한 행동과 문제의 수정을 위해서는 효과적인 처벌의 방법을 강구하여 그 행동의 소거를 이끈다. 이를 위해 교사는 체계적이고 구조적인 교육과정을 구성하여 유아에 대한 강화전략, 동기화 방안 등을 개발하여 유아의 긍정적인 발달을 도모하여야 한다.

① 교수방법

- 영유아가 습득해야 할 구체적인 학습목표를 설정한다.
- 학습내용을 단순화, 위계화, 순서화하여 영유아가 경험하도록 제공해야 한다.
- 영유아가 습득해야 하는 행동을 영유아에게 적극적으로 지시한다.
- 적절한 보상과 강화를 통해서 영유아가 바람직한 행동을 학습하게 한다.

② 교사(성인)의 역할

- 유아에게 필요한 행동변화를 구체화하고, 그 변화된 행동에 도달할 수 있는 활동을 제공하며, 행동의 변화를 강화해야 한다.
- 학습목표는 명확해야 하고 도달해야 할 결과는 분명하게 설정해야 한다. 이를 위해 교사의 역할은 고도의 목적지향적인 성격을 지닌다.
- 유아가 활동할 때 언어적, 비언어적으로 지시와 안내를 하고, 조직적인 방법으로 보상과 칭찬을 제공한다.
- 유아의 선택보다는 정해진 방법으로 교구를 사용하도록 하거나, 반응하도록 강조한다.

(3) 구성주의

구성주의자들은 유아는 단순한 자극을 지각하고 반응하는 존재가 아니라 주변 환경과의 상호작용을 통해 발달을 이끄는 능동적인 학습자라고 정의한다. 구성주의에서 발달은 유기체와 환경 간의 상호작용을 통해서 이루어진다고 간주하기 때문에 이러한 맥락에서 구성주의는 상호작용주의 이론, 또는 인지발달이론이라고 한다. 이러한 구성주의를 주장한 학자들은 대표적으로 피아제(Piaget), 비고츠키(Vygotsky), 콜버그(Kohlberg) 등으로 이들은 아동 발달에 있어서 아동의 의식적인 사고, 즉 합리적인 사고과정을 강조한다.

구성주의의 대표적인 학자인 피아제는 아동의 인지발달을 유전적 요인과 환경적 요인의 상호작용의 결과로 보았다. 피아제에 따르면 아동은 능동적인 학습자로서 주변 환경과의 동화와 조절이라는 상호작용을 통해 끊임없이 적응해 간다. 한편 피아제는 인지발달은 인지구조의 계속적인 질적 변화를 통해 이루어지며, 인간의 발달 과정은 감각운동기(0-2세), 전조작기(2-6세), 구체적 조작기(6-11세), 형식적 조작기(11-15세)의 네 가지 단계를 구분된다고 주장하였다. 인지발달이론에서는 아동을 각 발달 단계에서 독특한 인지구조를 지닌 전인적인 존재로 간주하며 아동의 발달도 예측 가능한 불변적인 순서에 따라 보편적으로 진행된다고 규정하고 있다. 피아제가 제시한 인지발달의 네 단계는 바로 생물학적으로 내재된 것으로 이 순서는 모든 문화권의 아동에게 보편적으로 적용될 수 있다고 보았다. 또한 유아는 성인과는 다른 인지구조를 지닌 전인적 존재로 유아는 스스로 활동을 선택하고 제안하며 자신의 추론 능력을 근거로 개념을 구성해 간다.

피아제의 견해와는 달리 비고츠키는 유아의 인지발달에 있어서 생물학적인 단계 대신 문화적인 영향과 사회적 상호작용을 강조하였다. 또한 피아제는 인간의 발달단계가 범문화적인 것으로 간주한 반면 비고츠키는 아동의 인지발달을 사회가 개입하고 중재하기 때문에 모든 아동이 똑같은 인지발달단계를 거치지 않는다고 주장함으로써 인지발달의 문화적 특수성을 주장하였다. 비고츠키의 주장에 따르면 아동은 성인이나 유능한 또래와의 상호작용을 통해 자신이 할 수 있는 실재적 발달 수준보다 더 높은 수준의 발달 단계를 이루어 갈 수 있다고 보았다. 이러한 상호작용의 과정과 형태는 아동이 속해있는 문화에 따라 달라지기 때문에 아동의 발달 과정에 미치는 문화적인 영향력을 중시하였다. 그러므로 비고츠키의 이론은 사회적 구성주의라고도 불리운다.

① 교수방법

- 아동은 능동적인 학습자라는 전제하에 교육의 주체는 아동이라는 사실을 명심하고 아동중심의 교육을 전개한다.
- 아동이 능동적으로 환경에 적응하고 스스로 사고할 수 있도록 적절한 교육환경을 제공한다.

② 교사(성인)의 역할

- 교사는 지적 도전자, 관찰자, 참여자, 촉진자로서 영유아의 학습 과정에 개입한다.

- 교사는 영유아의 요구를 수용할 뿐 아니라 조심스럽게 토의하고 질문하고 안내한다.
- 영유아에게 흥미에 따라 자유롭게 자유선택활동을 선택할 수 있도록 허용하는 동시에, 활동을 질서 있게 진행하도록 규칙을 강조한다.

제 4 장

유아교육과정의 구성

1. 환경적인 측면
2. 교수방법적인 측면
3. 교육계획적인 측면
4. 교육운영적인 측면

1. 환경적인 측면

효율적인 환경구성은 계획된 유아교육과정을 실현하는데 있어서 중요한 요소이다. 유아교육기관의 교육목표를 반영하는 환경구성은 교육과정을 풍부하게 해 주고 유아의 발달과 학습을 촉진시켜 준다. 또한 유아가 환경과의 상호작용의 과정 속에서 의미 있는 경험을 하고 흥미를 유지하며 계획된 교육과정을 실행할 수 있도록 동기부여를 해 주는 역할을 한다. 유아교육과정의 구성에 있어서 환경적인 측면은 크게 인적환경과 물리적 환경으로 구분된다.

1) 인적 환경

유아교육기관의 인적 환경은 원장, 원감, 교사, 서무, 조리원, 차량운행 담당자, 환경관리인 등으로 개개인이 각각 기관의 운영과 관리를 위해 맡은 역할은 다르지만 서로 유기적인 관계를 맺고 있다. 즉 개개인이 맡은 업무의 내용은 다르지만 유아교육기관의 인적 구성원들은 유아들의 교육지원과 교육환경구성에 조력하는 것이 우선시되어야 한다.

이러한 유아교육기관의 인적 환경은 해당 기관의 운영 주최, 시설 규모, 원아 수, 교직원 수, 교육목표 및 운영방침, 원장의 리더십 유형, 교직원의 자질과 능력 등 다양한 요인들을 바탕으로 그 기관에 가장 적합하게 구성되어야 한다(임재택, 1995). 이러한 인적 구성원 중 유아에게 가장 큰 영향력을 미치는 대상은 유아와 가장 빈번한 상호작용을 하는 교사이다. 교사의 역할을 효율적으로 수행하기 위해서는 다음과 같은 사항을 유의해야 한다(문미옥, 2008).

(1) 수업 계획 및 운영자로서의 역할

교사는 기관의 교육목표를 바탕으로 교사 자신이 가지고 있는 교육철학, 유아들의 발달 정도와 흥미, 부모나 사회의 요구와 필요 등을 기초로 교육과정 운영의 책임을 담당한다. 즉 교사는 국가수준의 유치원교육과정 혹은 표준보육과정을 고려하여 교육의 내용, 교수-학습 방법, 교수 및 유아 평가 등 교육 전반에 대해서 주설계자로서의 역할을 한다.

(2) 환경구성자의 역할

교사는 유아의 발달과 학습을 촉진시키는 환경구성자로서의 역할을 담당한다. 우선 교사 자신이 주요한 인적 환경으로서 유아에게 직접적이고 주요한 영향력을 비치므로 교사로서의 마음가짐과 태도를 정비할 필요가 있다. 또한 계획된 교육과정을 효율적으로 실현할 수 있도록 실내 및 실외의 물리적인 환경을 구성하여 유아들에게 학습에 대한 동기를 유발하고 교육목표를 실현할 수 있는 토대를 마련한다.

(3) 교수-학습 수행자 역할

교사는 교육목표를 토대로 사전에 계획한 교육과정을 실제적으로 수행하는 역할을 한다. 이러한 과정이 진행되는 동안 교사는 유아들에게 학습에 흥미를 가질 수 있도록 동기부여하고 유아의 흥미를 유지하고 유아에게 도전적인 과제를 부여함으로써 유이들의 발달을 촉진한다. 이러한 교수 학습 수행자 역할은 기관의 교육목표, 원장 및 교사의 교육철학 등에 따라 교사의 개입 정도, 유아와의 상호작용 유형 등이 달라진다.

(4) 평가자 역할

교사는 교수-학습의 수행뿐만 아니라 이를 평가하는 역할도 감당한다. 즉 교사는 유아 평가, 교사 평가, 프로그램 평가, 교육계획 및 실행 평가, 교육환경 평가 등을 해야 한다. 이러한 평가 결과는 교사가 유아를 이해하는 데 기초적인 자료로 활용하며 차후의 교육활동을 계획하고 실행하는데 효과적인 참고자료로서 역할을 한다. 또한 부모와의 상담시 유아에 대한 이해를 돕기 위해 객관적이고 신뢰로운 자료로서 활용될 수 있다.

2) 물리적 환경

유아교육기관의 물리적 학습환경은 유아들이 단순히 활동하는 공간적 의미에서 벗어나 유아-유아, 유아-교사, 유아-환경 간의 상호작용을 촉진하여 유아의 신체적, 인지적, 정서적, 사회적 발달 등 전인 발달에 영향을 주는 중요한 역할을 하므로 교사가 교육환경을 어떻게 계획하고 조직 및 구성하느냐는 유아의 발달에 중요한 영향을 미친다. 또한 유아는 성인과는 달리 끊임없는 흥미와 호기심, 활동력을 가지고 주변환경을 적극적으로 탐색하고 반응하기 때문에 유아에게 적절한 환경 구성을 통해 교육의 효과를 높일 수 있다.

물리적 학습환경을 구성하고 계획할 때에는 유아의 연령이나 발달수준, 개별 유아의 독특성 등 다양한 유아의 특성을 우선적으로 고려해야 한다. 교육환경은 교육기관이 운영하는 특정 유아교육 프로그램이나 사회 · 문화적 환경 맥락, 지역사회의 요구 및 협력교류 가능성 등에 대한 면밀한 고려를 통해 구성하는 것이 더욱 효과적이다.

유아들의 성장 · 발달에 도움을 주고 교사의 교육계획을 효과적으로 실현할 수 있는 최적의 물리적 환경 구성을 위해 다음과 같은 기본적인 원리를 고려해야 한다(장혜순 · 박명숙 · 최윤정 · 손수민, 2011).

첫째, 물리적 환경은 유아의 발달에 적합해야 한다. 즉 유아의 성장 · 발달 수준에 적절하게 환경을 계획하고, 유아의 발달적 특징, 성숙도, 욕구, 흥미, 개인차 등을 고려하여 환경을 구성해야 한다. 건물의 형태와 시설 · 설비는 유아의 발달수준이나 발달적 요구에 적합하여 유아가 자유롭고 안전하게 활동에 참여할 수 있게 한다.

둘째, 시설 · 설비 및 공간을 구성할 때에는 융통성을 고려하여야 한다. 이는 교육내용 및 활동 형태, 유아의 흥미 정도에 따라 개별 공간이나 집단 공간으로 사용이 가능하도록 구성하여야 한다. 그러므로 필요에 따라 공간 구성을 자유롭게 변형시킬 수 있도록 해야 한다.

셋째, 유아를 위한 환경은 유아들과 교사들이 활동하기에 충분하고 다양한 공간, 창의적인 공간, 심미적인 공간 구성이 되도록 한다. 유아가 자유롭게 주위환경을 탐색해 볼 수 있도록 공간 구성이 되어야 하며, 너무 복잡하거나 쉽게 싫증을 내지 않도록 해야 한다.

넷째, 활동성의 정도를 고려하여 환경을 구성해야 한다. 활동들 간의 방해와 충돌, 소음을 피하기 위해 정적인 활동과 동적인 활동을 구분하여 구성하여야 한다.

교육환경은 위에서 제시되어진 네 가지 원칙을 바탕으로 실내환경과 실외환경의 두 가지 영역으로 구분될 수 있다.

(1) 실내 교육환경

① 실내 활동의 의의

실내 교육환경은 유아들이 대부분의 시간을 보내는 곳으로 유아들의 학습과 발달에 직 · 간접적으로 중요한 영향을 미친다. 유아들은 그들의 발달수준과 흥미, 요구에 적합하게 구성된 실내 교육환경에서 환경과의 활발한 상호작용을 통해 신체, 언어, 사회, 정서, 인지발달을 도모할 수 있다.

② 실내환경 구성의 원리

실내환경을 구성하는 원리는 다음과 같다(Kostelik, 1998).

첫째, 활동영역을 명확하게 구분한다.

둘째, 각 영역은 유아의 적극적인 참여와 선택의 기회를 넓힐 수 있도록 구성하고, 이동 통로는 유아들 간에 놀이를 방해하지 않도록 배치한다.

셋째, 유아를 위한 교재 · 교구들은 쉽게 이동이 가능하도록 체계적으로 구성한다.

넷째, 유아들이 과거의 경험과 새로운 경험을 연계시킬 수 있도록 친숙한 자료와 새로운 자료를 모두 제시하여 이용할 수 있도록 한다.

다섯째, 모든 활동 영역은 교사가 한눈에 볼 수 있도록 배치한다.

여섯째, 활동 영역은 활동에 참여하는 유아의 인원수에 따라 다양하게 구성하고 배치한다.

일곱째, 연령과 발달에 적합한 교재 · 교구 및 설비를 마련한다.

위와 같은 원리를 바탕으로 Frost & Kissinger(1976)는 유아들을 위한 실내 공간을 건조하고 조용한 곳, 활동적이고 건조한 곳, 조용하고 물이 있는 곳, 활동적이고 물이 있는 곳의 네 가지 공간 구성으로 구분하였다(Frost & Kissinger, 1976). 이들 네 가지 영역 간에는 서로 방해되지 않으면서 상호보완적으로 학습 활동이 이루어지도록 구성하는 것을 원리로 한다.

· **제1지역: 조용한 곳-건조한 곳**

이야기 나누기, 책보기, 동화, 쓰기, 듣기 등과 게임 및 소집단 활동을 위한 곳으로 구성된다.

· **제2지역: 활동적인 곳-건조한 곳**

대근육 활동, 음률 활동, 쌓기놀이, 목공놀이, 역할놀이 영역 등으로 구성된다.

· **제3지역: 물이 있는 곳-조용한 곳**

가위로 오리고 풀로 붙이기, 점토 만지기, 요리하기, 간식 먹기 등의 미술활동을 위한 곳으로 구성된다.

· **제4지역: 활동적인 곳-물이 있는 곳**

물놀이, 모래놀이, 물감그림 그리기, 물을 사용하는 과학실험 등을 위한 곳으로 구성된다.

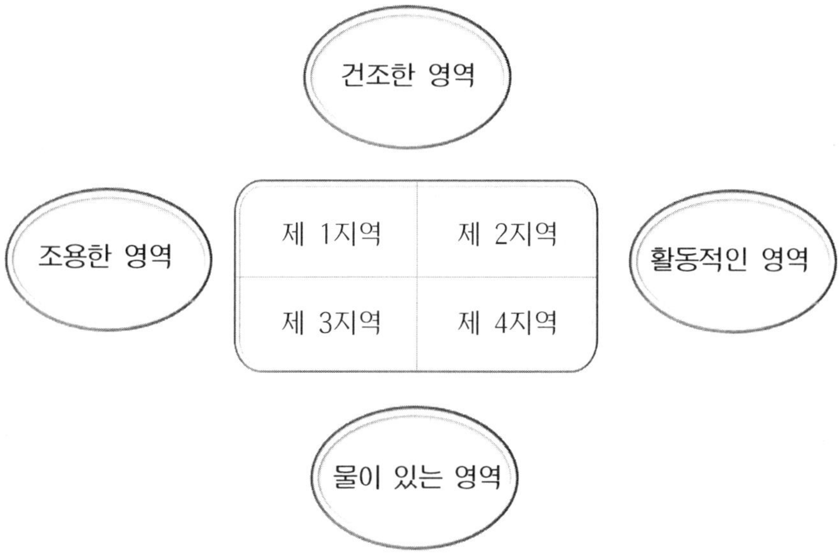

〈Frost의 공간구성〉

실내환경에서 활동실 내의 구성과 배열은 이러한 네 가지 공간의 특성에 근거하여 흥미영역으로 구성할 수 있다. 실내환경을 흥미영역으로 구성한다는 것은 유아들의 흥미와 요구, 전개되는 교육주제에 따라 흥미영역을 구성하고 필요에 따라 이를 융통성 있게 재구성하고 재배치하는 것까지 포함한다(장혜순 외, 2011). 일반적으로 교실 내 흥미영역은 쌓기영역, 역할영역, 언어영역, 조형영역, 수 · 조작영역, 과학영역, 음률영역, 컴퓨터영역, 식사, 낮잠이나 휴식하는 곳 등으로 구분된다. 흥미영역의 가치는 다음과 같다(Seefeldt, 1980).

· 유아들이 교육주제에 따라 폭넓고 다양한 경험을 할 수 있는 기회를 보다 효율적으로 제공해 준다.
· 물리적 · 시각적인 경계를 통해 유아가 참여하고 있는 활동에 대한 주의 집중도를 높이고, 활동 간의 방해를 최소화한다.
· 유아들에게 스스로 참여하고 싶은 영역을 선택할 수 있는 기회를 부여하고, 교실에 설치할 영역을 결정하는 데 참여시켜서 유아의 의사결정능력 발달을 촉진한다.
· 활동 영역을 기능적으로 구분함으로 인해 유아들은 자신의 경험을 분류 · 조작할 수 있게 도와 준다.

(2) 실외 교육환경

① 실외 활동의 의의

실외 교육환경 구성은 실내환경과는 물리적으로 구분되어 있지만 교육과정에 있어서는 실내 교육환경의 연장선으로 이해되어야 한다. 실내 교육환경에 비해 실외 교육환경에서는 유아들이 다양한 신체적 발달을 도모하며 자연을 관찰하고 탐구할 수 있는 기회를 가질 수 있다. 이러한 활동들을 통해 유아들은 정서적인 긴장감을 해소하고 활동영역을 넓힐 수 있다. 그러므로 실내환경과 실외환경은 분리되어 있다기보다는 상호보완적이라 볼 수 있다(이기숙 외, 2008).

② 실외환경 구성의 원리

실외환경을 구성하는 원리는 다음과 같다(Kostelik, 1998).

첫째, 실외환경 구성 시에 특별히 유아의 안전을 고려하여 놀이시설 및 활동영역을 배치할 필요가 있다.

둘째, 유아의 흥미와 모험심을 자극할 수 있도록 설치한다.

셋째, 다양한 활동 및 놀이기구를 배치하되 이러한 활동 영역 사이에 충분한 공간을 두어 안전사고에 대비하여야 하며, 유아의 신체 발달수준을 고려하여

시설을 구비하여야 한다.

넷째, 실외환경은 햇빛이 잘 드는 남쪽에 위치하는 것이 좋으며 그늘을 마련해 주어 유아들에게 휴식공간을 제공한다.

위와 같은 원리를 바탕으로 실외활동 영역은 일반적으로 다음과 같이 나누어 살펴볼 수 있다(이화여자대학교 부속유치원 편, 2002).

㉮ **전이 영역**: 실내환경에서 실외환경으로 이동하거나 실외환경 영역 간에 이동하며 만나는 곳으로 자신이 원하는 활동을 살펴보고 선택할 수 있다.

㉯ **물 · 모래 영역**: 모래밭과 물놀이터는 그늘에 설치하는 것이 바람직하며 여러 가지 놀잇감과 기구를 마련하여 유아가 다양한 놀이에 참여할 수 있도록 돕는다. 또한 유아의 안전과 위생을 위하여 모래밭과 물놀이터의 관리에 주의한다.

㉰ **역할놀이 영역**: 역할놀이 영역은 물 · 모래놀이 근처에 구성하여 다양한 놀이가 연합될 수 있도록 돕는다. 또한 역할놀이를 위한 여러 가지 소품(블록, 그릇 등)을 마련하여 유아가 다양한 놀이에 참여할 수 있도록 한다.

㉱ **조작, 조형, 목공 영역**: 실내에서 실행하기 힘든 조작, 조형, 목공 활동을 실외에 마련함으로써 유아들에게 새로운 경험의 기회를 제공한다. 또한 실내 활동의 연계로서 유아들이 새로운 환경에서 확장적인 활동을 가능하게 한다.

㉲ **정적 놀이 영역**: 정자나 텐트, 놀이집과 같은 것을 그늘진 곳에 마련하여 조용히 쉬거나 혼자 있기를 원하는 유아들에게 휴식 공간을 제공한다.

㉳ **신체활동 영역**: 유아들은 대근육을 사용하여 각종 놀이기구를 이용하거나 넓은 잔디밭에서 활동하며, 교사는 다양한 신체활동을 계획하여 수행한다.

㉴ **자연관찰 및 동식물 기르기 영역**: 계절에 따른 자연의 변화와 식물의 성장, 곤충의 생태를 관찰하며 지식을 얻고 자연을 사랑하는 마음을 기를 수 있도록 활동을 마련한다.

이 밖에도 실외에서 다양한 활동들을 진행하기 위해 필요한 자료 및 비품들을 보관하기 위해 창고를 설치하는 것이 효율적이다. 또한 바깥활동시 유아들의 위생을 위해 수도시설 및 쓰레기통을 구비한다. 실외 자유선택 활동은 실내 활동과 연계하여 계절이나 생활주제, 흥미, 유아의 발달수준에 맞추어 충분한 계획 하에 제시한다(장혜순 외, 2011).

2. 교수방법적인 측면

유아의 효율적인 발달과 학습을 위해서는 유아들에게 어떤 내용을 언제, 어떻게, 가르치고 배우게 해야 하는가 등 교수방법에 대해서 고려해야 한다. 교수방법이란 학문과 기술을 가르치는 교수행위와 교수행위의 결과로 학습자의 지식이나 행동, 그리고 태도가 변화하는 과정 모두를 포함한다(김정원 외, 2008). 즉 교수방법은 가르치는 행위와 배우는 일련의 모든 과정을 포함하는 것을 알 수 있다.

교수(teaching)는 '가르친다'는 뜻으로 지식을 전달하고 학습자의 특정한 태도와 행동을 형성하기 위한 의도적이고 조직적인 활동을 의미한다. 또한 좁은 의미에서 교수란 '학문이나 기술을 가르치는 행위'이지만, 넓은 의미로는 '교사가 의도적으로 계획한 모든 활동'을 의미한다. 이러한 교수를 통해 유아는 학습하게 된다.

학습(learning)은 자극과 반응 간의 관계에서 일어나는 관찰 가능한 행동의 변화를 의미한다. 또한 학습이란 유의미한 경험의 결과로 인하여 개인의 지식, 행동, 또는 태도가 긍정적이고 지속적으로 변화하는 것을 말한다. 학습의 가장 큰 의미는 환경으로부터의 자극을 새로운 정보처리 능력으로 변형시키는 일련의 '인지구조의 변화'로 볼 수 있다. 이러한 학습은 학습경험 이후 즉시 행동으로 나타날 수도 있지만 잠재력으로 남아 있다가 특정의 상황에서 학습된 행동으로 나타날 수도 있다(김정원 외, 2008).

이와 같이 교수-학습, 즉 가르치고 배우는 것은 통합된 과정으로 동시 발생적이고 상호교류되는 과정이다. 그러므로 이러한 교수-학습의 특징에 근거하여 교수방법을 마련할 때는 다음과 같은 내용을 고려해야 한다(임부연 외, 2009).

첫째, 교수와 학습의 주체는 가르치는 사람과 배우는 사람으로 그 주체를 지식이나 교육내용과 혼돈해서는 안 된다.

둘째, 교수-학습은 교수자와 학습자가 지식이나 교육내용을 매개로 상호작용하면서 삶의 의미를 나누는 사회적 과정이다.

셋째, 교수와 학습은 어떠한 결과를 지향하기보다는 하나의 과정으로 전개되어야 한다.

넷째, 교수-학습은 가르치는 사람과 배우는 사람의 지식, 태도, 가치관, 인생, 느낌, 철학 등이 용해되어 개별적인 의미를 산출해 낸다.

위와 같은 교수-학습의 원리를 근거로 유아들을 위한 교수방법을 고려할 때에는 다음과 같은 사항들을 이해해야 한다(임부연 외, 2009).

첫째, 넓은 의미에서 수업이란 교사와 유아와의 '유의미한 만남'을 의미한다. 즉 교수방법에 있어서 주체는 전달하는 지식이나 교육내용이 아니라 교사와 유아이고, 서로간의 상호작용을 통해서 의미 있는 결과를 산출하는 것이다.

둘째, 좁은 의미에서 수업이란 교사가 교수계획을 가지고 체계적으로 조직한 시간 내에서 교수방법을 실천하는 것을 의미한다. 유아교육에서는 하루일과 중 교사가 의도된 교육계획을 가지고 이끌게 되는 대 · 소집단 활동을 수업이라 보며, 특히 지식이 가장 효율적으로 전달되는 '이야기나누기' 시간을 수업으로 보는 경향이 있다.

셋째, 유아교육에서 수업은 교과가 아닌 하루일과에서 '활동'의 형태로 나타난다.

넷째, 유아교육에서 수업은 유아의 특성상 '놀이'의 특성을 가지고 있다.

다섯째, 유아교육에서 수업은 교과와 생활영역이 주제를 중심으로 통합되는 주제중심 통합교육의 형태를 가지고 있다.

효율적인 교수방법의 운영을 위해서 교육의 주체인 유아에 대한 이해가 선행되어야 한다. NAEYC(1991)에서 제시한 유아를 위한 교수방법을 마련하기 전에 기본적으로 고려해야 할 유아에 대한 이해는 다음과 같다.

① 유아는 신체적 욕구가 충족되고 심리적으로 안전하다고 느낄 때 가장 효율적으로 학습한다.
② 유아는 스스로 지식을 구성한다.
③ 유아는 성인과 다른 유아와의 사회적 상호작용을 통해 학습한다.
④ 유아는 놀이를 통해 배운다.
⑤ 유아의 흥미와 알고자 하는 욕구는 학습을 자극한다.
⑥ 인간의 발달과 학습은 개개인에 따라 다양하다.
⑦ 유아의 학습과정은 인식에서부터 시작하여 탐색, 조사, 활용의 단계로 나아가는 순환적 주기를 따른다.

유아교육과정이 실제적으로 활용되는 영역은 교수방법을 통해서이다. 이기숙(2007)은 유아교육의 교수방법은 구체성, 다양성 및 융통성의 원리, 다양한 선택의 경험, 주제를 근거로 한 통합성, 활동의 균형성, 상호작용, 동기유발의 중요성을 근거로 마련되어야 한다고 주장하였다. 이를 중심으로 이기숙(2007)이 제시하는 유아를 위한 교수방법은 다음과 같다.

① 유아교육은 활동중심 교육이어야 한다.
② 유아교육의 교수방법은 놀이를 중심으로 할 때 가장 효율적으로 이루어진다.

③ 유아교육기관의 하루일과는 균형 있게 이루어져야 한다.
④ 유아와 교사, 유아와 유아, 유아와 환경 간의 상호작용이 다양하게 일어날 수 있도록 교육활동을 제시해야 한다.
⑤ 교육활동은 발표, 토의, 관찰, 실험, 조사, 견학 등 유아들이 직접 참여할 수 있는 다양한 수업방법들을 활용하도록 한다.
⑥ 놀이 활동 자료는 유아교육의 효과를 가늠할 수 있는 매우 중요한 요소이다.
⑦ 멀티미디어의 활용은 21세기 정보화 사회의 주역이 될 유아들에게 필수적이다.
⑧ 흥미영역의 구성은 유아교육기관의 공간 구성에 일반화된 원리이다.

이러한 교수방법은 유아교육기관에서 운영하고 있는 프로그램 및 원장과 교사의 교육적 신념에 따라서 달라질 수 있다. 예를 들어 성숙주의적 관점에서 유아의 발달을 이해하는 교사들은 관찰법, 놀이법, 질문법, 시청각법, 탐색법을 자주 사용하고, 구성주의 관점을 가진 교사들은 발견법, 문제해결법, 프로젝트법, 협동학습법 등의 교수방법을 선호한다. 또한 행동주의적 관점을 지지하는 교사들은 설명법, 모델링법, 강화법 등을 사용한다(이영석 · 임영희 · 이정화, 2003).

3. 교육계획적인 측면

유아를 위한 교육과정을 효율적으로 계획하는 것은 유아교육의 효과를 최대화하고 그 질을 결정짓는 중요한 요인이다. Rosegrant & Bredekamp(1992)는 유아에게 의미 있는 교육과정이 되기 위해서는 체계적이고 논리적이며 구체적인 교육계획이 필요하다고 강조하였다.

교수-학습 계획 시 고려해야 할 사항은 다음과 같다(김정의 외, 2008; 임부연 외, 2009).

첫째, 유아교육기관의 목표를 고려한다. 유아교육기관이 교육에 있어서 어떠한 목표와 신념을 가지고 있는지 파악하는 것이 우선시되어야 한다. 그러한 목표가 실현될 수 있도록 유아교육과정을 계획해야 한다.

둘째, 교수-학습 활동의 연계성 및 활동의 균형을 고려한다. 유아교육과정은 모든 학습경험을 하나의 주제를 중심으로 통합하여 여러 가지 학습전략, 교수-학습 활동, 특정 교과 내 개념 등을 결합한 것이다. 그러므로 교육 주제를 바탕으로 다양한 활동들을 마련하고 이러한 활동들 간에 연계성과 균형성을 유지해야 한다. 이러한 통합적인 교육 방법이 실행되기 위해서는 주제와 교과의 통합, 주제와 교과영역 및 유아발달과의 통합, 주제와 자유선택활동 환경과의 통합, 주제와 일일 활동과의 통합을 고려해야 한다.

셋째, 유아의 발달적 특성을 고려한다. 유아의 발달수준에 따라 적절한 교육 내용 및 활동을 마련할 필요성이 있다.

넷째, 유아 개개인의 수준과 특별한 요구를 고려한다. 동일한 연령의 유아들 사이에도 발달수준 및 흥미 정도에는 개인차가 존재하기 때문에 교사가 유아들의 발달수준을 파악하고 융통성 있게 활동의 내용과 정도를 조절할 수 있어야 한다.

다섯째, 단원이나 주제를 고려한다. 장기계획과 단기계획 간의 효율적인 연계를 통해 유아들에게 교육의 효과를 최대화한다.

여섯째, 교수-학습 활동에 요구되는 인적 자원을 고려한다. 유아의 연령, 수, 활동을 보조해 줄 수 있는 인적 자원을 고려하여 활동의 내용 및 범위를 제한해야 한다.

일곱째, 교수-학습 활동에 요구되는 실내·외 공간과 시설 및 설비 등의 물적 자원을 고려한다. 유아교육기관 내에서 활용할 수 있는 시설과 설비를 세심하게 파악하여 최대한 활용할 수 있도록 계획해야 한다. 또한 지역사회 내에서 활용할 수 있는 자원을 고려하여 교육계획에 포함시켜 유아들의 경험과 활동의 폭을 넓혀 줄 필요가 있다.

여덟째, 교수-학습 활동의 내용을 계획할 때는 유아들에게 친숙한 것을 선정하고, 구체적인 것에서 추상적인 것으로 확대시켜 나가도록 한다. 유아들의 흥미와 관심, 학습하고자 하는 동기 부여를 이끌기 위해서는 유아들에게 익숙하고 구체적인 내용을 먼저 제시하는 것이 더 효과적이다.

아홉째, 계절과 날씨 및 지역사회의 특성을 고려한다. 계절과 날씨를 고려하여 유아들의 심리 상태나 활용할 수 있는 실내 · 외 자원들을 고려할 필요가 있다. 또한 유아교육기관 밖의 풍부한 자원들을 활용할 수 있도록 지역사회의 특성을 파악할 필요가 있다.

열 번째, 국가나 지역사회에서 이루어지는 각종 행사를 고려한다. 유아들이 이러한 행사에 참여함으로써 국가와 지역사회에 대한 이해를 높이고 애향심을 기를 수 있다.

이와 같이 교육계획을 세울 때에는 기관의 운영 철학, 영유아의 발달 특성, 기관이 소재하고 있는 지역과의 연계, 교사의 능력, 시설 · 설비와의 적절성, 부모의 요구 등을 고려하여 교육 목표를 설정하고 이에 맞는 교육계획을 체계화시킬 필요가 있다.

교육계획의 과정은 주제 선정, 브레인스토밍(brainstorming)을 통해 주제망 구성, 주제망 명료화 및 활동 조직망 구성, 확장 및 연계활동 계획, 활동 시간 및 환경구성으로 이루어진다(Rosegrant & Bredekamp, 1992).

일반적으로 교육계획은 장기계획과 단기계획으로 구분되어 구성된다. 장기계획은 일년 동안 진행되는 교육내용을 여러 활동과 관련지어 학습과정으로 이루어지도록 연간계획 및 월간계획을 세우는 것으로 연간계획안을 통해서 일년 동안의 교육의 목표와 방향 등을 파악할 수 있다. 단기계획은 장기계획을 바탕으로 주간계획, 일일계획, 개별활동계획을 세우는 것을 말하며, 일과 중 활동 시간 및 내용에 따라 구성되는 개별활동계획은 교사가 실제로 교수방법을 실행할 수 있도록 작성한 최종 계획이 된다. 장기교육계획과 단기교육계획의 구체적인 내용을 살펴보면 다음과 같다.

1) 장기교육계획: 연간교육계획, 월간교육계획

연간교육계획은 1년을 단위로 교육내용을 계획하는 것으로 연간교육계획을 통해 교육목표 및 교육내용의 전체적인 흐름을 파악할 수 있다. 또한 연간교육계획안 구성은 유아교육기관에서 일년 동안 이루어지는 생활주제, 전반적인 수업 계획, 현장 학습 계획, 각 월별로 진행되는 주제의 개요 작성, 필요한 업무 계획, 특별한 날 및 행사 등 교육내용의 전체적인 윤곽을 제시할 뿐만 아니라 교수-학습 활동에 필요한 교재 · 교구를 미리 준비하는 등 안정적이고 충실한 교육을 도모할 수 있는 밑바탕이 된다. 월간교육계획안은 연간교육계획에 따라 한 달 동안 이루어지는 교육활동 및 행사들을 한눈에 볼 수 있도록 세부적인 내용을 포괄한 교수-학습 계획을 구체화하므로 연간교육계획안을 상세히 작성하면 월간교육계획안을 따로 작성할 필요가 없다.

연(월)간교육계획을 작성할 때에는 다음과 같은 구체적인 사항들을 고려해야 한다(김영희 · 유경애, 2008; 이기숙, 2007).

첫째, 연간교육계획안은 전년도의 연간교육계획 및 실행 결과에 대한 총괄적인 평가를 바탕으로 구성해야 한다. 전년도의 평가를 통해 개선 및 보완되어야 할 점, 유지해야 할 사항, 새롭게 추가해야 할 내용 등을 구체적으로 논의한 후 새로운 연간교육계획안에 반영시켜야 한다.

둘째, 1년 동안 진행될 생활주제 및 주제들은 유아들의 발달수준에 맞고, 기본생활습관 형성, 긍정적인 자아 존중감 형성, 다양한 정서의 이해와 표현, 교사와 다른 유아와 안정적이고 친밀한 관계 형성, 주변 환경 및 여러 가지 개념에 대한 이해 증진 등 유아의 전인적인 발달이 이루어지도록 체계적으로 계획할 필요가 있다.

셋째, 연간 교육주제는 유아의 발달, 일상생활 경험, 흥미, 계절적 특성, 지역사회의 행사 등의 일반적인 사항을 고려하여 다소 포괄적인 주제를 선정하는 것이 바람직하다. 이러한 연간교육계획안에 관련지어 월간교육계획안과 주간교육계획안을 작성하여 계열성과 연계성을 유지하고, 연간교육계획안에서 다소 포괄적이고 확장적인 주제를 다루었다면 월간 및 주간교육계획안에서는 연간교육계획안을 바탕으로 구체적이고 세밀한, 심화된 교육내용들을 구성할 필요가 있다.

넷째, 국가나 지역사회에서 이루어지는 각종 행사들, 즉 민속제, 전시회, 축제, 박람회 등을 생활주제로 선정하여 연간교육계획에 포함시킨다. 이를 위해 교사가 먼저 국가와 지역사회에 대한 이해를 도모하고 이러한 내용을 교육과정에서 소개하며 유아들이 직접 행사들에 참여함으로써 애국심 및 애향심을 고취할 수 있다.

다섯째, 생활주제와 관련하여 교육내용의 확장 및 연계 활동의 일환으로 견학 및 부모 참여 등의 특별활동을 연계성 있게 계획한다. 또한 참관 및 견학시기를 결정하여 연간교육계획안에 반영하고 부모에게 미리 알린다.

여섯째, 생활주제를 배열할 때는 유아들의 주변 환경에서 경험할 수 있는 구체적인 것에서 추상적인 개념으로 확대하여 교육활동으로 구성한다. 예를 들면, 유아 자신, 가족, 유치원 및 친구, 이웃, 우리나라, 세계의 여러 나라, 지구와 환경 등과 같이 유아의 생활에 직접적인 관계가 있는 것에서부터 더 추상적이고 포괄적인 내용을 다루는 것이 바람직하다(김영희 외, 2008).

2) 단기교육계획

단기교육계획으로는 주간교육계획안과 일일교육계획안이 있다. 주간교육계획안은 일주일 동안 이루어지는 모든 활동들을 한눈에 볼 수 있도록 세부적인 내용까지 포함시킨 교육계획이다. 일일교육계획안은 주간교육계획에 기초하여 하룻동안 이루어지는 모든 활동을 순서적으로 계획한 것으로 생활주제, 교육목표, 활동명, 활동목표, 활동 소요시간, 준비물, 활동방법, 유의사항 등을 기록한다(교육과학기술부, 2009).

주간교육계획안을 작성할 때 고려해야 할 점들은 다음과 같다(김영희 외, 2008; 이정화, 2000).

첫째, 지난주의 계획안 및 실행 결과에 대한 평가를 끝낸 후에 그것을 바탕으로 다음 주의 주간계획을 세운다.

둘째, 한 주 동안 진행될 특정한 모든 활동들 뿐만 아니라 활동에 필요한 자료와 준비물 등이 구체적으로 계획되어야 한다.

셋째, 생활주제, 유아의 발달수준 및 요구, 흥미, 교사의 판단에 따라 작성한다.

넷째, 정해진 계획안일지라도 유아 흥미 및 발달수준에 적절하게 융통성 있게 진행될 수 있도록 확장 및 연계 활동이나 대체 활동 등에 관한 교사의 준비가 필요하다.

다섯째, 교육활동계획은 신체, 사회, 인지, 정서, 언어의 5개 영역의 전인적인 발달을 기초로 하여 통합적으로 구성되어야 한다.

일일활동계획안은 유아가 유아교육기관에 등원해서 귀가할 때까지 일어나는 모든 교육내용 및 활동을 구체적으로 명시한 것이다. 일일교육계획을 구성할 때에는 교육 프로그램의 유형과 목표, 유아의 연령과 발달수준, 하루의 활동시간, 학급당 유아와 교사의 수, 실시할 시기, 교사의 경력 및 능력, 유아교육기관의 실내·외 환경, 지역사회의 실정 등을 고려하여야 한다. 이러한 일일활동계획안은 시간별로 구성된 활동들과 활동 시간을 명시한 것으로 단위교육활동들이 서로 분리된 것이 아니라 주제를 중심으로 통합, 연계되어 유아의 전인적인 발달을 도모한다.

일일활동계획안은 단위교육활동들로 구성되기 때문에 이러한 활동들을 효율적으로 운영하기 위한 계획이 중요한다. 단위교육활동은 유아교육기관의 일과 운영을 구성하는 단위가 되며, 유아가 등원에서부터 귀가할 때까지 참여하는 다양한 교육활동, 즉 등원, 하루일과 계획, 자유선택활동, 이야기 나누기 및 평가, 간식(혹은 점심), 대 · 소집단 활동, 휴식 및 낮잠, 평가와 귀가 지도 등을 포함한다(김영희 외, 2008). 이러한 단위교육활동들은 시간별로 구성되어 있지만 실제 교육현장에서는 유아의 흥미, 제안 등에 따라 활동 시간이나 내용을 융통성 있게 변화시키며 운영한다. 즉 모든 활동의 전개는 교사의 사전계획에 의한 것이라기보다는 유아의 흥미와 이해, 의사를 존중하여 이루어진다.

4. 교육운영적인 측면

유아교육기관의 교육목표를 달성하고 유아들이 의미 있는 교육적 경험을 하기 위해서는 교육계획안을 근거로 효율적인 교육 운영이 필요하다. 교육 실제를 운영하기 위한 기본 원리는 다음과 같다(이기숙, 2007; 임부연 외, 2009).

첫째, 매일의 일과 운영은 일관성이 있어야 한다. 일과 운영을 일관성 있게 구성하는 것은 유아가 안정감을 가지고 생활하게 하고 일과의 흐름에 따라 자신의 행동과 요구를 조절할 수 있는 자기 통제력과 주도성을 길러 준다.

둘째, 의도적으로 유아의 신체적 욕구를 조절할 수 있도록 계획되어야 한다. 즉 하루 일과 중 화장실 가기, 간식, 휴식 등 신체적 욕구를 해소할 수 있는 시간을 마련해야 한다.

셋째, 교사는 자신이 사전에 세운 계획에 유아가 따라가도록 하기보다는 유아의 흥미와 요구에 따라 일과 운영을 융통성 있게 조정하는 등 유아의 능동적인 참여를 독려해야 한다.

넷째, 일과 활동을 계획하고 운영할 때 어떠한 프로그램이든 간에 활동의 내용과 순서는 균형을 이루도록 하여야 한다. 일과 중에 동적 활동과 정적 활동, 실내 활동과 실외 활동, 개별 활동과 대 · 소집단 활동, 교사 주도 활동과 유아 주도 활동을 균형 있게 배치한다.

다섯째, 일과 활동은 여러 가지 유형의 상호작용이 일어날 수 있도록 계획한다. 교사와 유아 간의 상호작용, 유아와 유아 간의 상호작용, 유아와 교구(환경)와의 상호작용의 기회가 골고루 제시될 수 있어야 한다.

여섯째, 일과 활동은 융통성 있게 운영한다. 유아의 흥미, 제안, 심리상태, 날씨 등을 고려하여 교사는 융통성 있게 계획을 조정 혹은 변형시킬 필요가 있다.

일곱째, 활동의 계획과 실행 후에는 유아와 교사 모두 반드시 평가의 시간을 갖는다. 유아들은 하루 일과의 마지막에 평가의 시간을 마련하여 하루 일과를 정리해 보고 성취감을 느끼고 반성할 수 있는 시간을 갖는다. 교사는 활동의 목표가 어느 정도 성취되었는지, 계획대로 실행되었는지, 그렇지 못하다면 어떠한 문제점들이 있었는지, 수정, 개선해야 할 점은 무엇인지 살펴보고 이를 기록한다. 이러한 기록을 참고하여 교사는 다음 활동 계획에 평가 결과를 반영시켜 더욱더 발전적인 방향으로 이끈다.

위와 같은 기본적인 원리에 근거하여 유아의 활동들을 구성할 때 활동의 순서도 효율적으로 구성해야 한다. 다음은 활동의 순서를 결정할 때 고려해야 할 내용들이다(이영자 · 이기숙 · 이정욱, 1999).

첫째, 일과 활동 순서를 결정할 때에는 활동 간의 균형을 이루어야 한다. 즉 정적인 활동과 동적인 활동, 소집단 활동과 대집단 활동 등 참여방법과 활동의 성격이 서로 다른 활동들이 교차되도록 순서를 정한다.

둘째, 여러 유형의 상호작용, 대 · 소집단 활동, 교사와 유아, 유아와 교구(환경), 유아와 유아의 상호작용 기회가 골고루 주어질 수 있도록 균형 있게 활동의 순서를 정한다.

셋째, 유아교육기관의 실외 물리적 환경과 인적 자원을 고려하여 활동 순서를 정한다. 교실 및 실외 놀이터의 공간 크기 및 놀이기구의 수, 학급의 수,

도와줄 수 있는 성인의 수 등을 고려하여 고정된 시간을 미리 정한다.

넷째, 하루 일과의 순서가 계획, 활동, 평가의 순으로 시간대가 구성되어 유아가 참여하고 싶은 활동을 미리 계획하고 실행하며, 자신이 실행한 활동에 대한 평가가 이루어질 수 있는 기회를 제공한다.

위와 같은 교육운영의 원리를 바탕으로 연령별로 일과 운영에서 주의해야 할 사항들을 살펴보면 다음과 같다.

1) 2세 미만 영아를 위한 일과 계획과 운영

2세 미만 영아를 위한 일과 운영은 기본적으로 보호와 교육의 통합이 이루어져야 한다. 영아가 가정 밖의 유아교육기관에서의 생활에 적응하기 위해서는 일관성 있는 일과 운영이 필요하다. 이를 통해 자신의 생활 리듬 및 활동 참여에 있어 자기 통제력을 기르며 안정감을 느낄 수 있게 된다. 한편 영아는 유아에 비해 교사로부터 신체적인 돌봄을 더 요구하며 자신의 심리적 · 신체적 상태에 따라 하루 일과에 크게 영향을 받으므로 교사는 이를 유념하여 하루 일과를 융통성 있게 진행해야 한다. 또한 2세 미만의 영아를 위해 제공하는 경험들은 단지 쉽기만 한 것이 아니라 더욱 실제적인 경험을 할 수 있는 기회를 제공하는 것이어야 하고 활동을 다양하게 구성하여 영아의 흥미를 유지시켜 주어야 한다. 2세 미만 영아를 위한 하루 일과 구성의 예는 다음과 같다.

(1) 등원

부모와의 의사소통을 통해 유아의 배변상태, 식사여부, 투약 의뢰, 일일 연락장(알림장)들을 살피고 영아의 심리 상태 및 건강을 알아본다. 부모가 떠날 때 인사를 하고 헤어지는 절차를 거치며 영아의 분리불안을 완화시킨다.

(2) 오전 실내활동

일일계획을 바탕으로 각 영역별로 영아들의 발달수준 및 주제에 적절한 교구와 놀잇감을 배치한다. 영아들이 충분한 탐색 시간을 가지고 자유롭게 활동하도록 공간을 확보한다.

(3) 정리정돈 및 전이활동

영아가 활동하였던 교구와 놀잇감을 정리하는 시간을 줌으로써 기본생활습관 형성을 돕는다. 영아 스스로 정리정돈하기 힘든 경우는 교사가 영아 앞에서 시범을 보여줌으로써 영아가 정리정돈하는 방법을 모델링을 통해 먼저 익히게 한다. 전이활동은 주로 벨소리, 노래, 교사의 언어적 지시, 다양한 음악 등을 사용하여 기존의 활동이 끝나고 새로운 활동이 시작됨을 알린다. 전이활동을 통해서 영아는 자신이 참여하였던 활동을 정리하고 다음 활동을 위한 준비를 할 수 있다.

(4) 기저귀 갈기 및 배변훈련의 시작

영아의 발달수준 및 배변훈련의 완성 여부에 따라 교사의 도움과 개입 수준이 달라진다. 배변훈련을 완성하지 못한 영아라 할지라도 배변훈련을 끝낸 영아를 모델링할 수 있는 기회를 준다.

(5) 실외 자유놀이

영아가 실외활동에 참여하는 데 있어서 가장 우선시되어야 하는 것은 안전이다. 모든 영아의 활동 범위가 교사의 시야에 확보되어야 하고, 보조 인력의 도움을 받을 수 있을 때 다양한 활동을 마련하는 것이 좋다.

(6) 간식과 식사

간식과 식사 전에 반드시 손씻기를 하는 등 위생에 철저히 신경을 써야 하며, 영아기서부터 올바른 식습관이 형성되도록 지도해야 한다.

(7) 낮잠 자기

교실 공간에 영아의 잠자리를 정하여 영아가 가정 밖의 공간에서도 친숙함과 편안함을 느끼며 잠자리에 들게 한다. 영아기에는 수면 패턴이 영아의 심리 및 신체 상태에 따라 쉽게 바뀌므로 낮잠 자는 시간은 융통성 있게 조절한다. 낮잠 자는 시간에 잠자기를 거부하는 영아는 다른 영아에게 방해가 되지 않도록 조용히 휴식을 취하게 한다.

(8) 귀가

유아교육기관에서의 하루 일과 및 특이사항을 부모에게 알리고, 가정과 연계하여 지도할 사항이 있으면 부모의 협조를 구한다.

2) 만 3-5세 유아를 위한 일과 계획과 운영

만 3-5세 유아에게는 구조적인 일과 운영이 가능하며 여러 가지 유형의 활동, 즉 개별 활동, 대 · 소집단 활동에 참여하게 함으로써 다양한 경험을 할 수 있도록 한다. 한편 일과 운영에 있어서 날씨, 계절, 전체 유아의 건강상태 등을 고려하여 융통성 있게 진행할 필요가 있다. 실내 · 외 자유선택 활동은 일과에 매일 포함시키며 개별 활동 또는 소집단 활동으로 운영할 필요가 있으며 대집단 활동은 활동의 빈도에 따라 일과에 배치되는 정도를 조정한다.

만 3-5세 유아들 사이에는 연령에 따른 발달수준의 차이가 크기 때문에 만 5세 아동에 비해 만 3-4세 아동은 자유선택 활동의 시간을 더 길게 배치하며, 개인적인 생리적 요구를 더욱 민감하게 반영하여 자유간식 시간이나 화장실 가는 시간 및 휴식시간을 융통성 있게 조정해야 한다. 또한 연령이 더 낮은 집단의 아동에게는 대집단 활동보다는 소집단 활동을 지향하도록 하며 이를 통해 교사와 유아, 유아와 유아 간의 상호작용을 더 활발히 하도록 유도한다. 이러한 교육 운영을 위해 교사는 유아의 놀이 파트너, 관찰자, 확장자로서의 다양한 역할을 수행하고 유아의 요구에 더 민감하게 파악할 수 있어야 한다.

(1) 등원

전달사항을 위한 메모판을 교실 밖에 마련하여 부모가 쉽게 볼 수 있도록 한다. 유아 스스로 외투 및 가방 등을 놓을 개인사물함을 정리할 수 있도록 지도한다.

(2) 실내 자유선택 활동

활동 전 유아들과 계획하는 시간을 마련하여 유아가 활동에 참여하기 전에 스스로 계획하고 준비하게 한다. 흥미영역별로 어떤 활동이 준비되어 있고 참여할 수 있는지 교사가 전체적으로 소개할 필요가 있다. 흥미영역에는 적절한 인원을 배치하여 유아들 간의 안전사고 및 갈등을 줄인다.

(3) 대 · 소집단 활동

활동의 성격과 유형에 따라 유아들을 대집단 혹은 소집단으로 구성한다. 교사의 사전 계획에 의한 집단 구분이라도 활동 중간에 융통성 있게 조절한다.

(4) 실외활동

실외활동을 할 수 있는 공간의 크기 및 놀이시설과 교구들을 파악하여 적절한 시간에 실외활동 시간을 마련한다. 실외활동 시에는 유아의 안전사고에 특별히 유의하고, 활동 중간에 유아들이 휴식할 수 있는 시간 및 장소를 제공한다. 날씨 및 유아의 건강 상태에 의해 실외활동이 불가할 시에는 융통성 있게 실내활동으로 전환한다.

(5) 정리정돈

유아 스스로 정리정돈할 수 있는 습관을 길러 준다. 유아 혼자서 정리정돈이 힘든 활동일 경우 다른 유아 및 교사와의 협동을 통해 정리할 수 있는 기회를 제공한다.

(6) 간식 및 점심

간식 및 점심 전에는 손을 씻을 수 있는 시간을 마련하여 유아의 위생에 유의하며 유아에게 올바른 기본생활습관을 형성하게 도와준다.

(7) 이닦기와 손씻기

올바른 이닦기와 손씻는 습관을 형성하기 위하여 이를 닦는 순서나 손을 씻는 방법을 그림판을 통해 제시하고 화장실의 벽면에 붙여서 유아들이 쉽게 익힐 수 있게 한다. 또한 체크표를 만들어서 유아들의 습관 형성을 고무시킨다.

(8) 낮잠

교실 공간에 유아의 잠자리를 정하여 유아가 친숙함과 편안함을 느끼며 잠자리에 들게 한다. 낮잠 자는 시간에 잠자기를 거부하는 유아는 다른 영아에게 방해가 되지 않도록 조용히 휴식을 취하게 하거나 책을 읽게 한다.

(9) 화장실 다녀오기

유아 스스로 청결과 위생을 유지할 수 있도록 화장실 사용 후 손씻기 등 올바른 화장실 사용법을 알게 한다. 배변훈련이 완성되지 않았거나 배변 중 실수하는 유아를 위해 여벌옷을 준비하고 유아가 당황하지 않도록 지도한다.

(10) 귀가

유아교육기관에서의 하루 일과 및 특이사항을 부모에게 알리고, 가정과 연계하여 지도할 사항이 있으면 부모의 협조를 구한다.

이와 같이 연령에 따라 하루 일과를 운영함으로써 유아교육기관의 교육목표를 달성하고 유아들이 의미 있는 교육적 경험을 할 수 있도록 안내해야 한다.

제 5장

우리나라의 유아교육과정

1. 3-4세 누리과정 확대 도입과 추진계획
2. 3- 5세 연령별 누리과정
3. 3-5세 누리과정의 영역별 목표 및 내용체계

1. 3~4세 누리과정 확대 도입과 추진계획

1) 5세 누리과정 도입 관련 법령 개정 공포

만 5세를 위한 보육과정은 이원화되어 있던 유치원교육과정과 통합과정을 거쳐서 2011년 9월 5일 양질의 보육과 교육을 제공하기 위해 5세 누리과정이 고시되었다(보건복지부 고시 제2011-106호). '누리'는 '세상'을 뜻하는 순 우리말로 만 5세아들이 어린이집에서 꿈과 희망을 마음껏 누리도록 하는 의미를 담고 있다.

① 정부는 2011년 5월 2일 만 5세 공통과정 도입을 발표하였다.「만 5세 공통과정(5세 누리과정)[1]」은 유치원과 어린이집으로 이원화되어 있는 교육 · 보육과정을 통합해 만 5세의 모든 어린이들이 새로운 양질의 공통과정을 배울 수 있도록 하는데 의의가 있다.

② 또한, 유치원과 어린이집에 만 5세 자녀를 보내는 모든 학부모(보호자)에 대해 유치원비 · 보육비 지원을 순차적으로 늘려 젊은 부부들의 경제적 부담을 경감하는 것도 이 제도의 중요한 의미 중 하나이다.

③ 5세아 교육 · 보육에 대한 국가 책임은 지난 1997년「유아교육법」및「영유아보육법」등 법률에 명문화된 것으로 현재는 소득기준으로 전체의 70%에 대하여만 지원하고 있다.

④ 교육과학기술부와 보건복지부는 유치원과 어린이집으로 이원화되어 있는 교육 · 보육과정을 통합하여 새로운 5세 누리과정 공통과정을 9월 5일 고시했다.

---

1) 정부는 전국민 대상으로 만 5세 공통과정의 명칭을 공모한 결과, '5세 누리과정'을 정책 명칭으로 정한 바 있음(2011년 7월 14일 보도자료).

⑤ 5세 누리과정의 고시는 보육계와 유아교육계가 합심하여 국가수준의 공통과정을 마련하였다는 점에서 보육과 유아교육의 질적 수준을 한 단계 발전시킨 좋은 계기가 될 것으로 바라본다.

5세 누리과정의 도입 근거를 확보하기 위하여 2011년 6월 말 「영유아보육법 시행령」, 「유아교육법 시행령」 및 「지방교육재정교부금법 시행령」 일부 개정령안을 입법 예고한 후, 9월 30일 최종 개정 · 공포하였다. 이는 「유아교육법 시행령」 개정에 따라 무상교육 대상을 현행 소득하위 70% 이하에서 유치원, 유아교육 위탁기관 등에서 공통과정을 제공받는 모든 만 5세 유아로 확대하고 '영유아보육법 시행령' 개정으로 무상보육 대상을 어린이집에서 공통과정을 제공받는 만 5세 유아로 확대하는 동시에, 소요 비용을 지방교육재정교부금으로 부담한다는 것이다.

아울러, 「지방교육재정교부금법 시행령」에는 유아교육비 · 보육료 기준 재정 수요액 산정 기준에 「유아교육법 시행령」 및 「영유아보육법 시행령」에 따른 만 5세 유아수를 반영하도록 했다.

표 5-1 현행 제도와 '5세 누리과정' 비교

구분	기존(2011년)		만 5세 공통과정(5세 누리과정)
지원 대상	소득하위 70%	➧	전 계층으로 확대(100%)
교육 · 보육과정	유치원 교육과정, 어린이집 보육과정으로 이원화		5세 누리과정으로 일원화
지원 단가	공립유치원(월 5.9만원) 사립유치원 및 어린이집 ('11년 월 17.7만원)		공립유치원(현행 유지) 사립유치원 및 어린이집 (연차적 인상 : '16년 월 30만원)
재원 부담	유아교육비 및 보육료로 이원화 (단, 지원범위 및 단가는 동일)		지방교육재정교부금으로 유아학비 및 보육료 부담
관리 체제	유치원(교과부) 어린이집(복지부)		현행 유지

2) 3-4세 누리과정 정책 확대 도입

정부는 2012년 제 3차 위기관리대책회의에서 유아교육 · 보육에 대한 국가의 책임을 강화하기로 결정하고 2012년 3월 도입한 '5세 누리과정'에 이어 2013년에는 만 3-4세까지 누리과정을 확대한다는 '3-4세 누리과정 도입 계획'을 발표하였다. '누리과정'은 현재 유치원과 어린이집으로 이원화되어 있는 교육 · 보육과정을 통합하여 유아기 단계에서 교육의 질을 제고하고, 생애 초기 출발점 평등을 보장하는데 그 의의가 있으며, 특히 유아기부터 타인을 배려하고 존중하며 공감하는 역량을 기르기 위한 인성교육을 대폭 강화하고자 하였다.

현재 만 3-4세 유아에 대하여는 유치원과 어린이집에 자녀를 보내는 소득하위 70%이하 가정에 일부 금액을 지원하고 있으나, 2013년부터는 소득과 관계없이 유아학비와 보육료를 지원하게 된다. 5세 누리과정에 이어 2013년부터 만 3-4세까지 누리과정이 확대 도입됨에 따라, 우리나라 모든 만 3-5세 유아들에게 유아교육 · 보육과정이 통합된 3-5세 누리과정을 제공함으로써 취학전 교육의 질을 제고하고, 생애 초기 출발점 평등을 보장할 수 있게 되었다.

3) 3-4세 누리과정 제정의 필요성

(1) 만 5세 누리과정에 이어 만 3-4세 누리과정이 확대됨에 따라, '5세 누리과정'과 연계된 '3-4세 누리과정'의 개발이 필요하였다.

(2) 이에 교육과학기술부와 보건복지부의 위탁으로 육아정책연구소는 2012년 3월부터 3-4세 누리과정 제정 TF를 구성 · 운영하여 3-4세 누리과정 시안을 마련하였다.

(3) 3-4세 누리과정 시안 제정과 함께 2011년 5월 2일 고시된 바 있는 5세 누리과정의 일부 개정을 동시에 마련하고, 학계, 교원 및 학부모를 대상으로 공청회를 거친 후, 교육과학기술부장관과 보건복지부장관이 3-5세 연령별 누리과정을 동시에 고시하였다.

4) 3-5세 누리과정 제정의 특성

(1) 총론 내용 강화

3-5세 연령별 누리과정에서는 총론의 구성 체계와 내용을 강화하였다. 5세 누리과정 총론에는 구성방향, 목적, 영역별 총괄 목표만 제시되었던 것에 비하여, 3-5세 연령별 누리과정 총론에는 구성 방향, 목적, 영역별 총괄 목표 외에 편성, 운영, 교수 · 학습 방법 및 평가의 내용을 추가함으로써 국가수준의 공통과정의 구성 체계와 형식을 갖추게 되었다.

(2) 5세 누리과정의 구성 방향과 구성 체계 유지

3-5세 연령별 누리과정의 영역과 내용을 구성함에 있어서 누리과정의 안정적인 현장 착근을 위하여 5세 누리과정의 구성 방향과 구성 체계를 그대로 유지하였다.

표 5-2 3-5세 누리과정, 내용 및 세부내용 개수

구분	신체운동 · 건강	의사소통	사회관계	예술경험	자연탐구	총계
내용범주	· 신체 인식하기 · 신체 조절과 기본 운동하기 · 신체활동에 참여하기 · 건강하게 생활하기 · 안전하게 생활하기	· 듣기 · 말하기 · 읽기 · 쓰기	· 나를 알고 존중하기 · 나와 다른 사람의 감정 알고 조절하기 · 가족을 소중히 여기기 · 다른 사람과 더불어 생활하기 · 사회에 관심 갖기	· 아름다움 찾아보기 · 예술적 표현하기 · 예술 감상하기	· 탐구하는 태도 기르기 · 수학적 탐구하기 · 과학적 탐구하기	20

구분		신체운동 · 건강	의사소통	사회관계	예술경험	자연탐구	총계
내용	3세	14	10	11	10	11	56
	4세	14	11	12	10	12	59
	5세	14	11	12	10	12	59
세부내용	3세	31	17	20	17	18	103
	4세	32	25	28	20	24	129
	5세	33	25	29	20	30	137

2. 3~5세 연령별 누리과정

2013년 3월부터 시행되는 「3-5세 연령별 누리과정」은 유치원의 유아교육과정과 어린이집의 보육과정을 통합하고 초등학교 교육과정과의 연계를 고려하여 새롭게 구성한 유아교육서비스로 2012년 3월부터 실시되어 온 5세 누리과정을 3-4세까지 확장해 시행하는 제도이다.

「3-5세 연령별 누리과정」은 3-5세 유아의 심신의 건강과 조화로운 발달을 도와 바른 인성을 갖춘 민주시민의 기초를 형성하는 것을 목적으로 하며, 0-2세 표준보육과정 및 초등학교 교육과정과의 연계를 강화하고 있다. 특히 바른 생활습관 형성을 위한 기본생활습관을 강조하고, 남을 배려하고 존중하며, 더불어 함께하는 다양한 내용으로 구성하여 '누리과정부터 인성교육을 강화'하고 있다. 이는 최근 사회적 문제가 되고 있는 학교폭력이 유아기의 사소한 따돌림 등으로부터 시작될 수 있고, 초 · 중 · 고교에서의 폭력성으로 습관화될 수 있다는 우려에 대처하기 위한 것이다. 또한 건강한 몸과 마음을 기르도록 다양한 신체활동 참여를 강화하고, 유아 단계에 맞는 인터넷 · 미디어 중독 예방, 녹색 성장교육 및 다른 문화에 대한 이해 등의 내용도 추가하였다. 「3-5세 연령별 누리과정」은 1일 3~5시간을 기준으로, 유연하고 탄력적으로 편성·운영 할 수 있도록 하여 어린이집과 유치원 모두 공통과정을 최대한 충실히 운영하도록 하고 있다.

「3-5세 연령별 누리과정」은 신체운동, 건강, 의사소통, 사회관계, 예술경험, 자연탐구 5개 영역으로 구성된 보육 · 교육과정 제공하도록 구성되어있으며, 각 영역별 내용체계와 세부내용은 다음과 같다.

1) 3-5세 연령별 누리과정의 구성 방향과 목적 및 목표

(1) 구성 방향

① 질서, 배려, 협력 등 기본생활습관과 바른 인성을 기르는 데 중점을 두어 구성한다.

② 자율성과 창의성을 기르는 데 중점을 두고, 전인발달을 이루도록 구성한다.

③ 사람과 자연을 존중하고, 우리 문화를 이해하는 데 중점을 두어 구성한다.

④ 만 3~5세아의 발달 특성을 고려하여 연령별로 구성한다.

⑤ 신체운동 · 건강, 의사소통, 사회관계, 예술경험, 자연탐구의 5개 영역으로 구성한다.

⑥ 초등학교 교육과정과 0~2세 표준보육과정과의 연계성을 고려하여 구성한다.

(2) 목적

누리과정은 만 3~5세 유아의 심신의 건강과 조화로운 발달을 도와 민주시민의 기초를 형성하는 것을 목적으로 한다.

(3) 목표

① 기본 운동 능력과 건강하고 안전한 생활 습관을 기른다.
② 일상생활에 필요한 의사소통 능력과 바른 언어 사용 습관을 기른다.
③ 자신을 존중하고 다른 사람과 더불어 생활하는 능력과 태도를 기른다.
④ 아름다움에 관심을 가지고 예술 경험을 즐기며, 창의적으로 표현하는 능력을 기른다.
⑤ 호기심을 가지고 주변세계를 탐구하며, 일상생활에서 수학적 · 과학적으로 생각하는 능력과 태도를 기른다.

2) 편성과 운영

(1) 편성

① 1일 3~5시간을 기준으로 편성한다.
② 5개 영역의 내용을 균형 있게 통합적으로 편성한다.
③ 유아의 발달 특성 및 경험을 고려하여 놀이를 중심으로 편성한다.
④ 반(학급) 특성에 따라 융통성 있게 편성한다.
⑤ 성별, 종교, 신체적 특성, 가족 및 민족 배경 등으로 인한 편견이 없도록 편성한다.
⑥ 일과 운영 시간에 따라 심화 확장할 수 있도록 편성한다.

(2) 운영

① 연간, 월간, 주간, 일일 계획에 의거하여 운영한다.
② 실내 · 외 환경을 다양한 흥미 영역으로 구성하여 운영한다.

③ 유아의 능력과 장애정도에 따라 조정하여 운영한다.
④ 부모와 각 기관의 실정에 따라 부모교육을 실시한다.
⑤ 가정과 지역사회와의 협력과 참여에 기반하여 운영한다.
⑥ 교사 재교육을 통해서 누리과정 활동이 개선되도록 운영한다.

(3) 교수 · 학습 방법

① 놀이를 중심으로 교수 · 학습활동이 이루어지도록 한다.
② 유아의 흥미를 중심으로 활동을 선택하고 지속할 수 있도록 한다.
③ 유아의 생활 속 경험을 소재로 하여 지식, 기능, 태도 및 가치를 습득하도록 한다.
④ 유아와 교사, 유아와 유아, 유아와 환경 간에 능동적인 상호작용이 이루어지도록 한다.
⑤ 주제를 중심으로 여러 활동이 통합적으로 이루어지도록 한다.
⑥ 실내 · 실외활동, 정적 · 동적활동, 대 · 소집단활동 및 개별활동, 휴식 등이 균형 있게 이루어 지도록 한다.
⑦ 유아의 관심과 흥미, 발달이나 환경 특성 등을 고려하여 개별 유아에게 적합한 방식으로 학습하도록 한다.

(4) 평가

① 누리과정 운영 평가

- 운영 내용이 누리과정의 목표와 내용에 근거하여 편성 · 운영되었는지 평가한다.
- 운영 내용 및 활동이 유아의 발달수준과 흥미 · 요구에 적합한지를 평가한다.
- 교수 · 학습 방법이 유아의 흥미와 활동의 특성에 적합한지를 평가한다.

- 운영 환경이 유아의 발달특성과 활동의 주제, 내용 및 효율성 등을 고려하여 구성되었는지를 평가한다.
- 계획안 분석, 수업 참관 및 모니터링, 평가척도 등 다양한 방법을 활용하여 평가한다.
- 운영 평가의 결과를 반영하여 운영계획을 수정 · 보완하거나 이후 누리과정 편성 · 운영에 활용한다.

② 유아 평가

- 누리과정 목표와 내용에 근거하여 유아의 특성과 변화 정도를 평가한다.
- 유아의 지식, 기능, 태도를 포함하여 평가한다.
- 유아의 일상생활과 누리과정 활동 전반에 걸쳐 평가한다.
- 관찰, 활동 결과물 분석, 부모면담 등 다양한 방법을 사용하여 종합적으로 평가하고, 그 결과를 기록한다.
- 유아평가 결과는 유아에 대한 이해와 누리과정 운영 개선 및 부모 면담 자료로 활용할 수 있다.

3. 3~5세 누리과정의 영역별 목표 및 내용체계

1) 신체운동 · 건강

신체운동 · 건강 영역은 유아가 자신의 신체를 긍정적으로 인식하고 신체활동에 즐겁게 참여함으로써 유아기에 필요한 기본 운동 능력과 기초 체력을 기르고, 건강하고 안전한 생활을 실천하는 능력과 태도를 기르기 위한 영역으로 다음과 같은 목표를 지닌다.

(1) 목표

기본 운동 능력과 건강하고 안전한 생활 습관을 기른다.

① 감각 능력을 기르고, 자신의 신체를 긍정적으로 인식한다.

② 신체를 조절하고 기본 운동 능력을 기른다.

③ 신체 활동에 즐겁게 참여한다.

④ 건강한 생활 습관을 기른다.

⑤ 안전한 생활 습관을 기른다.

(2) 연령별 세부내용체계

내용 범주	내용	세부 내용		
		3세	4세	5세
신체 인식하기	감각능력 기르고 활용하기	감각적 차이를 경험한다.	감각적 차이를 구분한다.	감각으로 대상이나 사물의 특성과 차이를 구분한다.
		감각기관을 인식하고, 활용해 본다.	여러 감각기관을 협응하여 활용한다.	여러 감각기관을 협응하여 활용한다.
	신체를 인식하고 움직이기	신체 각 부분의 명칭을 알고, 움직임에 관심을 갖는다.	신체 각 부분의 특성을 이해하고 활용하여 움직인다.	신체 각 부분의 특성을 이해하고 활용하여 움직인다.
		자신의 신체를 긍정적으로 인식하고 움직인다.	자신의 신체를 긍정적으로 인식하고 움직인다.	자신의 신체를 긍정적으로 인식하고 움직인다.

내용 범주	내용	세부 내용		
		3세	4세	5세
신체 조절과 기본 운동하기	신체 조절하기	신체균형을 유지해 본다.	다양한 자세와 움직임에서 신체균형을 유지한다.	다양한 자세와 움직임에서 신체균형을 유지한다.
		공간, 힘, 시간 등의 움직임 요소를 경험한다.	공간, 힘, 시간 등의 움직임 요소를 활용하여 움직인다.	공간, 힘, 시간 등의 움직임 요소를 활용하여 움직인다.
		신체 각 부분의 움직임을 조절해 본다.	신체 각 부분을 협응하여 움직임을 조절한다.	신체 각 부분을 협응하여 움직임을 조절한다.
		눈과 손을 협응하여 소근육을 조절해 본다.	눈과 손을 협응하여 소근육을 조절해 본다.	눈과 손을 협응하여 소근육을 조절해 본다.
	기본 운동하기	걷기, 달리기 등 이동운동을 한다.	걷기, 달리기, 뛰기 등 다양한 이동운동을 한다.	도구를 활용하여 여러 가지 조작운동을 한다.
		제자리에서 몸을 움직여 본다.	제자리에서 몸을 다양하게 움직인다.	걷기, 달리기, 뛰기 등 다양한 이동운동을 한다.
신체 활동에 참여하기	자발적으로 신체 활동에 참여하기	신체 활동에 자발적으로 참여한다.	신체 활동에 자발적이고 지속적으로 참여한다.	제자리에서 몸을 다양하게 움직인다.
		다른 사람과 함께 하는 신체 활동에 참여한다.	다른 사람과 함께 하는 신체 활동에 참여한다.	신체 활동에 자발적이고 지속적으로 참여한다.
	바깥에서 신체 활동하기	규칙적으로 바깥에서 신체 활동을 한다.	자신과 다른 사람의 운동능력의 차이에 관심을 갖는다.	다른 사람과 함께 하는 신체 활동에 참여한다.
	기구를 이용하여 신체 활동하기	여러 가지 기구를 이용하여 신체 활동을 한다.	규칙적으로 바깥에서 신체 활동을 한다.	자신과 다른 사람의 운동능력의 차이를 이해한다.

내용 범주	내용	세부 내용		
		3세	4세	5세
건강하게 생활하기	몸과 주변을 깨끗이하기	손과 이를 깨끗이 하는 방법을 알고 실천한다.	여러 가지 기구를 이용하여 신체 활동을 한다.	규칙적으로 바깥에서 신체 활동을 한다.
		주변을 깨끗이 한다.	손과 이를 깨끗이 하는 방법을 알고 실천한다.	여러 가지 기구를 이용하여 신체 활동을 한다.
	바른 식생활하기	음식을 골고루 먹는다.	주변을 깨끗이 하는 습관을 기른다.	스스로 몸을 깨끗이 하는 습관을 기른다.
		몸에 좋은 음식에 관심을 갖는다.	음식을 골고루 먹는다.	주변을 깨끗이 하는 습관을 기른다.
		바른 태도로 식사한다.	몸에 좋은 음식을 알아본다.	적당량의 음식을 골고루 먹는다.
	건강한 일상생활하기	규칙적으로 잠을 자고, 적당한 휴식을 취한다.	음식을 소중히 여기고 식사예절을 지킨다.	몸에 좋은 음식을 선택할 수 있다.
		하루 일과에 즐겁게 참여한다.	규칙적으로 잠을 자고, 적당한 휴식을 취한다.	음식을 소중히 여기고 식사예절을 지킨다.
		스스로 화장실에서 배변한다.	하루 일과에 즐겁게 참여한다.	규칙적으로 잠을 자고, 적당한 휴식을 취한다.
	질병 예방하기	질병의 위험을 알고 주의한다.	바른 배변습관을 가진다.	하루 일과에 즐겁게 참여한다.
		날씨에 맞게 옷을 입는다.	질병을 예방하는 방법을 알고 실천한다.	규칙적인 배변습관을 가진다.

내용 범주	내용	세부 내용		
		3세	4세	5세
안전하게 생활하기	안전하게 놀이하기	놀이기구나 놀잇감, 도구를 안전하게 사용한다.	날씨와 상황에 알맞게 옷을 입는다.	질병을 예방하는 방법을 알고 실천한다.
		안전한 놀이장소를 안다.	놀이기구나 놀잇감, 도구를 안전하게 사용한다.	날씨와 상황에 알맞게 옷을 입는다.
		TV, 인터넷, 통신기기 등을 바르게 사용한다.	안전한 장소를 알고 안전하게 놀이한다.	놀이기구나 놀잇감, 도구의 바른 사용법을 알고 안전하게 사용한다.
	교통안전 규칙 지키기	교통안전 규칙을 안다.	TV, 인터넷, 통신기기 등의 위해성을 알고, 바르게 사용한다.	안전한 장소를 알고 안전하게 놀이한다.
		교통수단을 안전하게 이용한다.	교통안전 규칙을 알고 지킨다.	TV, 인터넷, 통신기기 등의 위해성을 알고, 바르게 사용한다.
	비상 시 적절히 대처하기	학대, 성폭력, 실종, 유괴상황을 알고 도움을 요청한다.	교통수단을 안전하게 이용한다.	교통안전 규칙을 알고 지킨다.
		재난 및 사고 등 비상 시 적절하게 대처하는 방법을 안다.	학대, 성폭력, 실종, 유괴상황 시 도움을 요청하는 방법을 알고 행동한다.	교통수단을 안전하게 이용한다.

2) 의사소통

의사소통 영역은 언어의 기본 형태인 구어와 문어를 활용하여 나와 다른 사람의 느낌이나, 생각, 경험을 상황과 상대방에 알맞게 소통할 수 있는 능력을 기르는 영역이다. 또한 말과 글의 관계를 알고 읽기와 쓰기에 흥미를 가져

언어 사용을 즐기도록 하는 영역으로 다음과 같은 목표를 지닌다.

(1) 목표

일상생활에 필요한 의사소통 능력과 바른 언어 사용 습관을 기른다.

① 다른 사람의 말을 주의 깊게 듣는 태도와 이해하는 능력을 기른다.
② 자신의 생각과 느낌을 말하는 능력을 기른다.
③ 글자와 책에 친숙해지는 경험을 통하여 글자 모양을 인식하고 읽기에 흥미를 가진다.
④ 말과 글의 관계를 알고 자신의 생각, 느낌, 경험을 글로 표현하는 데 관심을 가진다.

(2) 연령별 세부내용체계

내용 범주	내용	세부 내용		
		3세	4세	5세
듣기	낱말과 문장 듣고 이해하기	낱말의 발음에 관심을 가지고 듣는다.	낱말의 발음에 관심을 가지고 듣는다.	낱말의 발음에 관심을 가지고 비슷한 발음을 듣고 구별한다.
		일상생활과 관련된 낱말과 문장을 듣고 뜻을 이해한다.	일상생활과 관련된 낱말과 문장을 듣고 뜻을 이해한다.	다양한 낱말과 문장을 듣고 뜻을 이해한다.
	이야기 듣고 이해하기	다른 사람의 이야기를 관심 있게 듣는다.	다른 사람의 이야기를 듣고 이해한다.	다른 사람의 이야기를 듣고 이해한다.
	동요, 동시, 동화 듣고 이해하기	동요, 동시, 동화를 다양한 방법으로 듣고 즐긴다.	이야기를 듣고 궁금한 것에 대해 질문한다.	이야기를 듣고 궁금한 것에 대해 질문한다.
	바른 태도로 듣기	말하는 사람을 바라보며 듣는다.	동요, 동시, 동화를 다양한 방법으로 듣고 즐긴다.	동요, 동시, 동화를 다양한 방법으로 듣고 이해한다.

내용 범주	내용	세부 내용		
		3세	4세	5세
말하기	낱말과 문장으로 말하기	친숙한 낱말을 발음해 본다.	전래 동요, 동시, 동화를 듣고 우리말의 재미를 느낀다.	전래 동요, 동시, 동화를 듣고 우리말의 재미를 느낀다.
		새로운 낱말에 관심을 가진다.	다른 사람의 이야기를 주의 깊게 듣는다.	다른 사람의 이야기를 끝까지 주의 깊게 듣는다.
		일상생활에서 일어나는 일들을 간단한 문장으로 말한다.	친숙한 낱말을 정확하게 발음해 본다.	정확한 발음으로 말한다.
	느낌, 생각, 경험 말하기	자신의 느낌, 생각, 경험을 말해본다.	다양한 낱말을 사용하여 말한다.	다양한 낱말을 사용하여 상황에 맞게 말한다.
	상황에 맞게 바른 태도로 말하기	상대방을 바라보며 말한다.	일상생활에서 일어나는 일들을 간단한 문장으로 말한다.	일상생활에서 일어나는 일들을 다양한 문장으로 말한다.
		바르고 고운 말을 사용한다.	자신의 느낌, 생각, 경험을 말한다.	자신의 느낌, 생각, 경험을 적절한 낱말과 문장으로 말한다.
읽기	읽기에 흥미 가지기	주변에서 친숙한 글자를 찾아본다.	주제를 정하여 함께 이야기를 나눈다.	주제를 정하여 함께 이야기를 나눈다.
		읽어 주는 글의 내용에 관심을 가진다.	이야기를 지어 말한다.	이야기 지어 말하기를 즐긴다.
	책 읽기에 관심 가지기	책에 흥미를 가진다.	듣는 사람의 생각과 느낌을 고려하여 말한다.	듣는 사람의 생각과 느낌을 고려하여 말한다.
		책의 그림을 단서로 내용을 추측해 본다.	차례를 지켜 말한다.	때와 장소, 대상에 알맞게 말한다.
쓰기	쓰기에 관심 가지기	말을 글로 나타내는 것에 관심을 보인다.	바르고 고운 말을 사용한다.	바르고 고운 말을 사용한다.
		자기 이름의 글자에 관심을 가진다.	주변에서 친숙한 글자를 찾아본다.	주변에서 친숙한 글자를 찾아 읽어 본다.

3) 사회관계

사회관계 영역은 유아가 자신을 알고 소중하게 여기며 가족, 또래와 함께 원만하게 지내는 방법 뿐 아니라 공동체에서 함께 살아가는 방법을 익히고 사회에 관심을 가지며 적응해 나갈 수 있는 기초능력과 인성을 기르기 위한 영역으로 다음과 같은 목표를 지닌다.

(1) 목표

자신을 존중하고 다른 사람과 더불어 생활하는 능력과 태도를 기른다.

① 자신을 소중히 여기며 자율성을 기른다.
② 자신과 타인의 감정을 알고, 자신의 감정을 적절하게 표현하고 조절한다.
③ 가족과 화목하게 지내며 서로 협력한다.
④ 친구, 공동체 구성원들과 서로 돕고, 예의·규칙 등 사회적 가치를 알고 지킨다.
⑤ 우리 동네, 우리나라, 다른 나라에 관심을 가진다.

(2) 연령별 세부내용체계

내용 범주	내용	세부 내용		
		3세	4세	5세
나를 알고 존중하기	나를 알고, 소중히 여기기	나에 대해 관심을 갖는다.	나에 대해 알아본다.	나에 대해 알아본다.
		나와 다른 사람의 차이에 관심을 갖는다.	나와 다른 사람의 차이점을 알아본다.	나와 다른 사람의 신체적, 사회적, 문화적 차이를 존중한다.
		나를 소중하게 여긴다.	나에 대해 긍정적으로 생각하고 나를 소중하게 여긴다.	나에 대해 긍정적으로 생각하고 나를 소중하게 여긴다.

내용 범주	내용	세부 내용		
		3세	4세	5세
	나의 일 스스로 하기	내가 할 수 있는 일을 알아본다.	내가 할 수 있는 일을 해 본다.	내가 할 수 있는 일을 스스로 한다.
		내가 하고 싶은 일을 선택해 본다.	하고 싶은 일을 계획하고 해 본다.	하고 싶은 일을 계획하고 해 본다.
나와 다른 사람의 감정 알고 조절하기	나와 다른 사람의 감정 알고 표현하기	자신에게 여러 가지 감정이 있음을 안다.	자신의 감정을 알고 표현한다.	자신의 감정을 알고 표현한다.
		다른 사람의 감정에 관심을 갖는다.	다른 사람의 감정을 안다.	다른 사람의 감정을 알고 공감한다.
	나의 감정 조절하기	자신의 감정을 조절해 본다.	자신의 감정을 조절해 본다.	자신의 감정을 상황에 맞게 조절한다.
가족을 소중히 여기기	가족과 화목하게 지내기	가족의 소중함을 안다.	가족의 소중함을 안다.	가족의 의미와 소중함을 안다.
	가족과 협력하기	가족 구성원을 알아본다.	가족 구성원의 역할에 대해 알아본다.	가족과 화목하게 지낸다.
		가족을 위하여 내가 할 수 있는 일을 알아본다.	가족을 위하여 내가 할 수 있는 일을 알아보고 실천한다.	다양한 가족구조에 대해 알아본다.
다른 사람과 더불어 생활하기	친구와 사이좋게 지내기	친구와 함께 놀이한다.	친구와 협동하며 놀이한다.	가족은 서로 도와야 함을 알고 실천한다.
		나와 친구의 의견에 차이가 있음을 안다.	친구와의 갈등을 긍정적인 방법으로 해결한다.	친구와 협동하며 놀이한다.
	공동체에서 화목하게 지내기	교사 및 주변 사람과 화목하게 지낸다.	도움이 필요할 때 다른 사람과 도움을 주고받는다.	친구와의 갈등을 긍정적인 방법으로 해결한다.
	사회적 가치를 알고 지키기	다른 사람의 소유물을 존중한다.	교사 및 주변 사람과 화목하게 지낸다.	다른 사람과 도움을 주고받고, 서로 협력한다.
		약속과 규칙을 지켜야 함을 안다.	정직하게 말하고 행동한다.	교사 및 주변 사람과 화목하게 지낸다.

내용 범주	내용	세부 내용		
		3세	4세	5세
사회에 관심 갖기	지역사회에 관심 갖고 이해하기	우리 동네의 이름을 안다.	다른 사람의 생각, 행동을 존중한다.	정직하게 말하고 행동한다.
		우리 동네 사람들에 관심을 갖는다.	친구와 어른께 예의 바르게 행동한다.	다른 사람을 배려하여 행동한다.
	우리나라에 관심 갖고 이해하기	우리나라를 상징하는 것에 관심을 가진다.	다른 사람과 한 약속이나 공공규칙을 지킨다.	친구와 어른께 예의 바르게 행동한다.
		우리나라의 전통놀이와 풍습에 관심을 갖는다.	자연과 자원을 아끼는 습관을 기른다.	다른 사람과 한 약속이나 공공규칙을 지킨다.

4) 예술경험

예술경험 영역은 유아가 친근한 주변 환경에서 발생하는 소리, 음악, 움직임과 춤, 모양과 색 등의 미술 요소에서 아름다움을 느끼고, 또래와 교사, 부모, 지역사회의 주민이나 작가가 표현한 예술작품을 가까이 접하면서, 이를 탐색하고 창의적으로 표현하는 것을 즐기며 감상하기 위한 영역으로 다음과 같은 목표를 지닌다.

(1) 목표

아름다움에 관심을 가지고 예술 경험을 즐기며, 창의적으로 표현하는 능력을 기른다.

① 자연과 주변 환경에서 발견한 아름다움과 예술적 요소에 관심을 갖고 탐색한다.

② 자신의 생각과 느낌을 음악, 움직임과 춤, 미술, 극놀이를 통해 창의적으

로 표현하는 것을 즐긴다.

③ 자연과 다양한 예술 작품을 감상하며, 풍부한 감성과 심미적 태도를 기르다.

(2) 연령별 세부내용체계

내용 범주	내용	세부 내용		
		3세	4세	5세
아름다움 찾아보기	음악적 요소 탐색하기	다양한 소리, 음악의 셈여림, 빠르기, 리듬 등에 관심을 갖는다.	다양한 소리, 음악의 셈여림, 빠르기, 리듬 등에 관심을 갖는다.	다양한 소리, 악기 등으로 음악의 셈여림, 빠르기, 리듬 등을 탐색한다.
	움직임과 춤 요소 탐색하기	움직임과 춤의 모양, 힘, 빠르기 등에 관심을 갖는다.	움직임과 춤의 모양, 힘, 빠르기 등에 관심을 갖는다.	움직임과 춤의 모양, 힘, 빠르기, 흐름 등을 탐색한다.
	미술적 요소 탐색하기	자연과 사물의 색, 모양, 질감 등에 관심을 갖는다.	자연과 사물의 색, 모양, 질감 등에 관심을 갖는다.	자연과 사물에서 색, 모양, 질감, 공간 등을 탐색한다.
예술적 표현하기	음악으로 표현하기	간단한 노래를 듣고 따라 부른다.	노래로 자신의 생각과 느낌을 표현한다.	노래로 자신의 생각과 느낌을 표현한다.
		전래동요를 즐겨 부른다.	전래동요를 즐겨 부른다.	전래동요를 즐겨 부른다.
		리듬악기로 간단한 리듬을 표현해 본다.	리듬악기를 연주해 본다.	리듬악기를 연주해 본다.
		간단한 리듬과 노래를 즉흥적으로 만들어 본다.	간단한 리듬과 노래를 즉흥적으로 만들어 본다.	리듬과 노래 등을 즉흥적으로 만들어 본다.
	움직임과 춤으로 표현하기	신체를 이용하여 주변의 움직임을 자유롭게 표현한다.	신체를 이용하여 주변의 움직임을 자유롭게 표현한다.	신체를 이용하여 주변의 움직임을 다양하게 표현하며 즐긴다.

내용 범주	내용	세부 내용		
		3세	4세	5세
	움직임과 춤으로 표현하기	움직임과 춤으로 자신의 생각과 느낌을 표현한다.	움직임과 춤으로 자신의 생각과 느낌을 표현한다.	움직임과 춤으로 자신의 생각과 느낌을 표현한다.
		도구를 활용하여 다양한 움직임으로 표현한다.	도구를 활용하여 다양한 움직임으로 표현한다.	다양한 도구를 활용하여 창의적으로 움직인다.
	미술 활동으로 표현하기	다양한 미술활동을 경험해 본다.	다양한 미술활동으로 자신의 생각과 느낌을 표현한다.	다양한 미술활동으로 자신의 생각과 느낌을 표현한다.
		미술활동에 필요한 재료와 도구에 관심을 가지고 사용한다.	협동적인 미술활동에 참여한다.	협동적인 미술활동에 참여하여 즐긴다.
	극놀이로 표현하기	일상생활의 경험을 극놀이로 표현한다.	미술활동에 필요한 재료와 도구를 다양하게 사용한다.	미술활동에 필요한 재료와 도구를 다양하게 사용한다.
	통합적으로 표현하기	예술 활동에 참여하여 표현과정을 즐긴다.	일상생활의 경험이나 간단한 이야기를 극놀이로 표현한다.	경험이나 이야기를 극놀이로 표현한다.
예술 감상하기	다양한 예술 감상하기	다양한 음악, 춤, 미술작품, 극놀이 등을 듣거나 본다.	소품, 배경, 의상 등을 사용하여 협동적으로 극놀이를 한다.	소품, 배경, 의상 등을 사용하여 협동적으로 극놀이를 한다.
		나와 다른 사람의 예술 표현을 소중히 여긴다.	음악, 움직임과 춤, 미술, 극놀이 등을 통합하여 표현한다.	음악, 움직임과 춤, 미술, 극놀이 등을 통합하여 표현한다.
	전통예술 감상하기	우리나라의 전통예술에 관심을 갖는다.	예술 활동에 참여하여 표현과정을 즐긴다.	예술 활동에 참여하여 창의적으로 표현하는 과정을 즐긴다.

5) 자연탐구

자연탐구 영역은 유아가 자신을 둘러싸고 있는 주변 세계에 대해 호기심을 가지고 궁금한 것을 해소하기 위해 탐구하며, 일상생활에서 부딪치는 현상이나 문제해결을 통해 수학적 · 과학적으로 생각하는 기초 능력과 태도를 기르기 위한 영역으로 다음과 같은 목표를 지닌다.

(1) 목표

호기심을 가지고 주변세계를 탐구하며, 일상생활에서 수학적 · 과학적으로 생각하는 능력과 태도를 기른다.

① 주변의 사물과 자연 세계에 대해 알고자 하는 호기심을 가지고 탐구하는 태도를 기른다.

② 생활 속의 여러 상황과 문제를 논리 · 수학적으로 이해하고 해결하기 위한 기초 능력을 기른다.

③ 주변의 관심 있는 사물과 생명체 및 자연현상을 탐구하기 위한 기초능력을 기른다.

(2) 연령별 세부내용체계

내용 범주	내용	세부 내용		
		3세	4세	5세
탐구하는 태도 기르기	호기심을 유지하고 확장하기	주변 사물과 자연세계에 대해 호기심을 갖는다.	주변 사물과 자연세계에 대해 지속적으로 호기심을 갖는다.	주변 사물과 자연세계에 대해 지속적으로 호기심을 갖고 알고자 한다.
	탐구과정 즐기기	궁금한 점을 알아보는 과정에 흥미를 갖는다.	궁금한 점을 알아보는 탐구과정에 관심을 가지고 참여한다.	궁금한 점을 알아보는 탐구과정에 참여하고 즐긴다.

내용 범주	내용	세부 내용		
		3세	4세	5세
수학적 탐구하기	수와 연산의 기초개념 알아보기	생활 속에서 수에 관심을 갖는다.	일생생활의 문제를 해결하는 과정에서 탐색, 관찰 등의 방법을 활용해 본다.	탐구과정에서 서로 다른 생각에 관심을 갖는다.
		구체물 수량의 많고 적음을 비교한다.	생활 속에서 사용되는 수의 여러 가지 의미를 안다.	일상생활의 문제를 해결하는 과정에서 탐색, 관찰, 비교, 예측 등의 탐구기술을 활용해 본다.
		다섯 개 가량의 구체물을 세어보고 수량에 관심을 갖는다.	구체물 수량에서 '같다', '더 많다', '더 적다'의 관계를 안다.	생활 속에서 사용되는 수의 여러 가지 의미를 안다.
	공간과 도형의 기초개념 알아보기	나를 중심으로 앞, 뒤, 옆, 위, 아래를 알아본다.	열 개 가량의 구체물을 세어보고 수량을 알아본다.	구체물 수량의 부분과 전체 관계를 알아본다.
		물체의 모양에 관심을 갖는다.	위치와 방향을 여러 가지 방법으로 나타내 본다.	스무 개 가량의 구체물을 세어보고 수량을 알아본다.
	기초적인 측정하기	두 물체의 길이, 크기를 비교해 본다.	기본 도형의 특성을 인식한다.	구체물을 가지고 더하고 빼는 경험을 해 본다.
	규칙성 이해하기	생활주변에서 반복되는 규칙성에 관심을 갖는다.	기본 도형을 사용하여 여러 가지 모양을 구성해 본다.	위치와 방향을 여러 가지 방법으로 나타내 본다.
	기초적인 자료 수집과 결과 나타내기	같은 것 끼리 짝을 짓는다.	일상생활에서 길이, 크기, 무게 등을 비교해 본다.	여러 방향에서 물체를 보고 그 차이점을 비교해 본다.
과학적 탐구하기	물체와 물질 알아보기	친숙한 물체와 물질의 특성에 관심을 갖는다.	생활주변에서 반복되는 규칙성을 알아본다.	기본 도형의 공통점과 차이점을 알아본다.
	생명체와 자연환경 알아보기	나의 출생과 성장에 대해 관심을 갖는다.	반복되는 규칙성을 인식하고 모방한다.	기본 도형을 사용하여 여러 가지 모양을 구성해 본다.

내용 범주	내용	세부 내용		
		3세	4세	5세
과학적 탐구하기	생명체와 자연환경 알아보기	주변의 동식물에 관심을 가진다.	필요한 정보나 자료를 수집한다.	일상생활에서 길이, 크기, 무게, 들이 등의 속성을 비교하고, 순서를 지어 본다.
		생명체를 소중히 여기는 마음을 갖는다.	한 가지 기준으로 자료를 분류해 본다.	임의 측정 단위를 사용하여 길이, 면적, 들이, 무게 등을 재 본다.
	자연현상 알아보기	돌, 물, 흙 등 자연물에 관심을 갖는다.	친숙한 물체와 물질의 특성을 알아본다.	생활주변에서 반복되는 규칙성을 알고 다음에 올 것을 예측해 본다.
		날씨에 관심을 갖는다.	물체와 물질을 여러 가지 방법으로 변화시켜 본다.	스스로 규칙성을 만들어 본다.
	간단한 도구와 기계 활용하기	생활 속에서 간단한 도구와 기계에 관심을 갖는다.	나의 출생과 성장에 대해 관심을 갖는다.	필요한 정보나 자료를 수집한다.
		도구와 기계의 편리함에 관심을 갖는다.	관심 있는 동식물의 특성을 알아본다.	한 가지 기준으로 분류한 자료를 다른 기준으로 재분류해 본다.

제 6장

유아교육 프로그램 및 프로그램의 종류

1. 프로젝트 접근법
2. 발도르프의 유아교육
3. 디스타 프로그램

1. 프로젝트 접근법

1) 프로젝트 접근법의 역사적 배경

'프로젝트'란 용어가 교육에 처음으로 등장한 것은 1900년 컬럼비아 대학에서 학생들의 공작학습에 프로젝트를 활용한 데서 비롯된다. 그 후 1908년 메사추세츠에 있는 농업학교에서 가정학습과제로 'home project'라는 용어를 사용하면서부터 교육에서 프로젝트라는 용어가 일반화되기 시작하였다.

Dewey가 자신의 실험학교에서 기존의 방식, 즉 교과목에 의한 분절된 학습을 지양하고 아동의 정신 발달 성향에 초점을 맞춘 통합된 학습을 제시함으로써 그 근거를 마련하였다. Dewey는 교육과정의 초점을 학문의 체계적 구조가 아닌 학습자에게 맞추었으며 이의 시행을 위해 프로젝트의 형식을 취하였다. Dewey의 교육활동은 그의 수제자였던 Kilpatrick에 의해 1919년 컬럼비아 대학교의 논문집인 「Teacher's College Record」에 프로젝트법(The Project Method: The use of purposeful act educative process)라는 제목으로 그 당시까지 진행되어온 프로젝트에 의한 학습활동들이 이론으로 정립되었다(이영미, 2009).

Kilpatrick에 의하면 프로젝트법은 아동이 마음대로 자신의 교육과정을 결정하도록 하자는 것이 아니라 교사의 현명한 지도하에 아동으로 하여금 유목적적인 활동이 이루어 나가도록 하자는 것이었다. 그럼에도 불구하고, 프로젝트법이 그의 의도와는 달리 잘못 이해되고 적용되어 당시 주로 초등학교를 중심으로 적용된 프로젝트법은 지나치게 아동의 흥미 위주로 흘러버림으로써 단편적이고 통일성이 없는 교육과정으로 전락되고 말았다는 것이다. 이와 같은 문제점으로 인해 결국 프로젝트법은 교육과정 전개이론으로 제안된 것이긴 하지만, 단지 많은 교수방법 중의 하나에 불과했던 것이 되고 말았다는 지적이다(정지선, 2009).

이런 문제점 부각과 함께 상대적으로 학문중심 교육과정이 강조되다가 1960년대 말 미국에서 부모, 학생, 교육자 등 많은 사람들에 의해 지나치게 정형화된 교육과정에 대한 비판과 함께 교육의 비인간화 현상을 우려하는 소리가 높아지면서 새로운 대안으로 자유학교 운동(free school movement)이 등장하기도 하였다(은용기 · 길형석, 1992). 그리고 이런 움직임과 함께 1970년대에 들어와 교육의 적합성 문제가 제기되고 인간중심 교육을 비롯한 여러 가지 교육운동이 전개되면서 인성 계발, 지적 교육과 정의적 교육이 균형을 이루는 교육 등에 대한 관심과 함께 프로젝트법에 대한 관심도 다시 대두되었다.

Katz와 Chard(1989)는 교육의 주목적이 교육하는 사람보다는 교육받는 학습자의 발전에 중점을 두고 주제를 완성하는 과정에서 교사와 유아가 함께 참여하면서 구체적인 교육활동과정을 단계에 따라 제시하면서 현장 견학이 강조된다. Katz와 Chard(1989)는 지난 20년간 이루어진 프로젝트 활동과 관련된 많은 연구들을 검토한 후, 프로젝트에 의한 학습활동이 유아의 학문적, 인지적 발달을 저해한다는 어떤 증거도 찾을 수 없다면서, 종전의 프로젝트에 의한 학습방법을 프로젝트 접근법이라는 용어로 재조직하여 발표하였는데 이를 계기로 유아의 지적, 정서적, 사회적 발달을 위한 유용한 방법으로 다시 활발한 논의가 이루어지고 있다.

결국, 프로젝트 접근법은 Dewey의 이론적 바탕 위에서 Kilpatrick이 체계화한 '프로젝트법'을 Katz와 Chard가 오늘날 유아교육의 현실에 맞게 다시 재조직화한 것이라고 할 수 있다. 그러므로 프로젝트는 교육과 발달의 조화를 이루며 일상생활의 통합과 활동의 균형을 지닌 교육으로 공동체 정신을 기르는 학습활동이다.

2) 프로젝트 접근법의 목적 및 특성

프로젝트는 개별 또는 집단의 유아가 한 특정 주제에 대해 깊게 탐색하는 활동을 말한다.

(1) 프로젝트 접근법의 목적

프로젝트 접근법의 궁극적 목적은 유아의 '정신(mind) 계발'에 있다. '정신'이란 단순한 지식, 기능뿐 아니라, 정서적, 도덕적, 심미적인 감수성까지를 포함하는 개념이다. Katz와 Chard(1989)는 프로젝트 접근법의 목적을 구체적으로 살펴보면 첫째, 유아의 주변 세계에 대한 이해를 증진시키고 긍정적인 학습 성향을 발전시킨다. 둘째, 체계적 교수(systematic instruction)나 자발적 놀이를 통해 학습한 내용을 프로젝트 활동으로 보완하고 강화한다. 셋째, 학교에서의 학습과 유아의 삶이 분리되지 않도록 교육을 실제 생활과 연결시킨다. 넷째, 집단에 대한 소속감과 공동체 의식의 발달을 돕는다. 다섯째, 교사가 도전감을 가지고 자신의 일을 수행하도록 한다.

이와 함께 Katz와 Chard는 프로젝트 접근법이 유아 학습의 전 영역에 긍정적 영향을 미친다고 주장하면서 프로젝트 활동을 통해 얻을 수 있는 학습의 목표를 다음과 같이 4가지 범주로 나누었다.

첫째, 지식의 획득이다. 지식은 크게 아이디어, 사리, 단순 개념 및 도식(schemata)과 같은 '정신의 내용물'로 정의된다.

둘째, 기능의 획득이다. 기능에는 차례 지키기, 협상하기, 문제해결 방안 세우기 등의 사회적 역량, 의사소통 능력, 읽기, 세기, 쓰기 등의 학문적 기능이 포함된다.

셋째, 성향(disposition)의 계발이다. 성향이란 정신적 습성 또는 지속적으로 나타나는 행동 유형으로서 바람직한 성향과 바람직하지 않은 성향으로 나누어 볼 수 있다. 유아들은 프로젝트가 진행되는 중에 스스로 하고 싶은 활동을 선택할 수 있으므로 바람직한 성향, 즉 '계속적으로 학습하고자 하는 성향'의 계발이 이루어질 수 있다.

넷째, 느낌이다. 느낌은 주관적인 정서 상태로서 특히 학습자가 자기 자신이 능력 있고 가치 있는 존재로 자각하고, 소속된 집단에서 자신이 필요한 존재라고 느끼는 것을 말한다. 프로젝트 활동에서는 어떤 주제라도 교사가 위의 4가지 범주의 학습 목표를 반드시 다루어야 할 기술이나 지식을 특별히 강조하지 않는다.

(2) 프로젝트 접근법의 특성

지옥정(2005)은 프로젝트 접근법의 특성을 다음과 같이 제시하고 있다.

첫째, 프로젝트 접근법은 학습 내용 선정 방법과 교수-학습 방법을 함께 제시하고 있는 교육 방법론 이론이다. 학습 내용은 교사에 의해 사전에 획정되는 것이 아니라 교사와 유아에 의한 공동 주제망 형성 과정, 질문거리 작성 등을 거쳐 정해지며 프로젝트 진행과정에서도 아동의 관심을 반영하여 그 내용이 수정되거나 새롭게 추가될 수 있다. 교수-학습 방법은 각 단계의 특성에 따라 수업 상황에서 교사와 유아가 함께 능동적으로 참여하는 방법을 뜻한다.

둘째, 프로젝트 접근법에서는 학습의 전 영역이라고 할 수 있는 지식, 기능, 성향, 느낌의 상호 보완적이고 유기적인 관계를 통한 인격적 통합을 강조한다.

셋째, 프로젝트 접근법에서는 학습 내용이 아동 개개인에게 유의미하여야 한다는 점을 강조한다. 각 유아의 사전 경험 및 현재 그 주제에 대하여 가지고 있는 지식 등에 기초한 학습 내용 선정과 각 유아의 특성에 따른 다양한 학습 활동이 이루어질 것을 강조한다.

넷째, 교수-학습 과정 면에서 프로젝트 접근법은 시작, 전개, 마무리의 3단계 과정으로 구분되는데, 각 단계마다 중심 사건과 과정, 그리고 아동들의 활동 내용이 다르며 이와 유기적인 관계 속에서 교사의 관심 및 역할이 달라진다. 프로젝트 접근법의 구조적 특성이란 프로젝트 각 단계를 프로젝트 활동의 전형적 요소들인 토의, 현장 활동, 표현, 조사, 전시로 구조화하여 보는 것이다.

다섯째, 프로젝트 접근법은 바람직한 유아교육을 위해 부모나 주변 사람들 더 나아가 지역사회 구성원들과의 협력적 관계를 강조한다. 효율적인 교육이 되기 위해서는 가정, 즉 부모와의 연계가 필요하다. 여섯째, 프로젝트 접근법에서는 프로젝트 전 과정을 통하여 교사와 유아, 유아와 유아간의 적극적인 사고의 교류와 상호작용 및 협동적 학습이 될 것을 강조한다.

3) 프로젝트 접근법의 전개과정

(1) 학습내용 선정

프로젝트 접근법에서 제시하는 학습내용 선정 절차를 살펴보면 다음과 같다.

① 주제 선정

먼저 교사의 주제 선정이 필요하다. 주제 선정 시 참고 사항은 유아들이 가장 잘 학습하는 방법, 중요한 사회적 가치, 학교의 역할에 대한 기본 가정 등이다. 아울러 다음과 같은 준거에 비추어 볼 것이 요구된다(Katz & Chard, 1989). 유아의 흥미나 관심사도 중요하지만 교육적 가치가 있는 것을 선정해야 한다.

- 유아들의 일상생활, 직접경험과 관련된 친숙한 주제인가?
- 주제와 관련된 실물, 현장 견학, 함께 이야기 나누거나 활동할 수 있는 전문가 등을 주변에서 쉽게 찾을 수 있는 주제인가?
- 여러 교과 영역이나 학문 영역을 통합적으로 다룰 수 있도록 하는 주제인가?
- 유아들 간에 서로 더 잘 이해하고 도울 수 있는 상호 협동의 기회를 제공하는 주제인가?
- 탐구와 조사활동을 위한 충분한 기회를 제공할 수 있는 주제인가?
- 문제해결의 기회를 제공하는가?
- 구성(construction), 조사, 극화놀이, 표현활동 등을 위한 아이디어를 제공하는 주제인가?
- 유아들이 실제 생활 상황에서 문자나 수의 가치를 이해하도록 하는가?

- 유아들이 학교 밖에서도 정보의 자원을 찾아보도록 장려하는 주제인가?
- 부모와의 의사소통을 촉진하는 주제인가?

② 교사의 주제망 예비구성

유아의 관심사를 반영하여 유아의 흥미와 교육적 가치가 있는 주제로 교사가 판단하여 결정한다. 이런 과정을 거쳐 프로젝트 주제가 결정되고 나면 다음 단계는 교사가 주제망을 짜는 것이다. 주제망 구성이란 프로젝트 활동에 들어가기 전에 프로젝트 준비단계에서 교사가 그 주제에 대하여 가지고 있는 일반적인 지식을 기초로 주제에 관한 생각을 나름대로 조직해 보는 것을 말한다. 즉 교사가 그 주제에 대하여 현재 가지고 있는 지식, 개념, 아이디어 등을 정리하여 망의 형태로 조직해 보는 것으로 프로젝트 학습활동을 위한 출발점이라고 할 수 있다.

③ 교사와 유아의 주제망 구성

프로젝트의 시작단계에서 브레인스토밍을 통해 주제와 관련된 단어를 최대한 적는다. 브레인스토밍을 통해 나온 단어들을 그 유사성에 따라 몇 개의 그룹으로 분류하여 유목화하여 주제망을 구성하며 교사가 짠 주제망을 유아들의 생각과 통합 · 조정하여 교사-유아의 공동 주제망을 완성시키는 것은 학습에 대한 유아의 흥미와 요구를 존중한다는 의미를 갖는다. 이런 과정을 거쳐 작성된 주제망은 그 주제가 이루어지는 동안 학습내용에 대한 안내 및 지침의 역할을 하게 된다.

④ 학습내용의 수정과 추가

교사-유아가 함께 주제망을 작성하였다고 하더라도 프로젝트가 진행되어 나가면서 유아의 관심과 흥미나 교사의 특별한 의도에 따라 보다 심화된 새로운 내용이 주제망에 추가되기도 한다.

(2) 교수-학습 방법

프로젝트 접근법에서 제시하는 교수-학습 방법은 교사-아동 중심의 교수-학습 방법이라고 할 수 있다. 왜냐하면 프로젝트 활동을 통하여 유아들이 능동적이고 주체적으로 학습을 수행해 나가지만, 그 모든 과정에 대한 책임이 유아에게 일임되는 것은 아니기 때문이다. 교사는 프로젝트의 각 단계에서 유아들의 활동이 활성화될 수 있도록 자료를 마련해 주거나 제안을 해 주기도 하며, 유아들이 계속해서 무의미한 노력을 하고 있는 경우는 활동의 방향을 전환시켜 주기도 하여야 한다. 교사의 개입은 함께 활동할 친구의 선택이나 공간 또는 시간의 선택 등을 잘하지 못하는 유아의 경우에도 이루어진다.

① 1단계 : 시작단계

교사가 작성한 예비 주제망에 유아들의 생각과 관심을 통합하여 교사와 유아의 공동 주제망을 작성하고, 관련 주제에 대한 유아들의 사전 경험이나 이해의 정도, 잘못 알고 있는 개념, 의문점 등이 무엇인지를 파악하는 과정이다.

1단계에서 교사의 주된 관심은 그 주제에 관련된 유아들의 이전 경험이나 이해의 정도, 잘못 알고 있는 개념, 의문점 등은 무엇인지를 파악하는 것이다. 이를 위해 전체 모임 시간에 교사가 그 주제에 관한 자신의 개인적 경험을 들려주고 이에 관한 이야기를 나누는 기회를 갖는다. 이때 유아들은 자신들의 비슷한 경험을 일깨우게 되고 그 주제에 대해 이야기하도록 자극한다.

교사의 이야기가 끝난 다음에는 서너 명의 유아로 하여금 자신의 실제 경험을 이야기해 보게 한다. 그 다음 교사는 유아들에게 말로 하는 것 외의 표현방법을 생각하여 표현해 보게 한다. 그리거나 쓰기, 극화하기 및 조형활동 등이 표현활동의 예가 될 수 있다. 표현된 내용들은 전체가 함께 모이는 시간에 이야기된다거나 게시판에 전시되기도 하며, 사진으로 찍어 두거나 책으로 만들어 둘 수도 있다. 벽이나 게시판에 전시되는 경우는 전시되는 내용에 관한 제목을 붙여 놓는 것이 바람직하다. 이렇게 1단계에서부터 유아들의 작품을 전시함으로써 그 주제에 대한 내용이나 표현 기법에 대한 논의가 교사와 유아들 간에 더욱 풍부하게 일어날 수 있다.

1단계의 후반부에 가면 교사는 유아들이 2단계에서 조사할 질문 항목들을 모으고 정리할 수 있도록 도와 주어야 한다. 연령이 어린 유아들의 경우에는 교사가 유아의 질문 내용을 기록해 줄 수도 있다. 작성된 질문 목록들은 2단계에 들어가서 1, 2차적 자원을 통해 조사된다. 교사의 자원 조사에는 부모가 어떤 식으로 도움을 줄 수 있을 것인가에 관한 내용까지도 포함된다.

② 2단계 : 전개단계

1단계에서 설정된 주제와 의문점들을 알아보기 위한 현장 활동 준비, 현장 견학 활동, 견학 후 추후 활동 및 전문가와의 만남 등이 이루어지는 단계이다.

2단계는 대체적으로 4가지 부분으로 이루어진다. 즉, 현장 견학을 위한 준비, 현장 견학, 현장 견학 사후활동, 전문가와의 만남이다. 현장 견학은 유치원을 멀리 떠나 특정 장소를 가는 것 뿐만이 아니라 유치원 마당, 동네의 슈퍼마켓, 유치원 주변의 공사현장 등 바로 가까이에 있는 장소가 모두 현장 견학 장소로 활용될 수 있다. 그리고 전문가에는 어떤 특정 분야에 전문적 지식을 가지고 있는 사람이나 취미 활동을 하는 부모, 은퇴한 조부모, 옆반 교사, 특별한 경험을 가진 학습자 등이 모두 포함될 수 있으며 그들 중 누구나가 필요에 따라 학습을 돕는 역할을 할 수 있다. 견학 장소나 전문가를 구할 수 없다면 다른 2차적인 자원으로 대체할 수도 있다.

㉮ **현장 견학을 위한 준비** : 프로젝트의 수행 도중에는 1회 혹은 그 이상의 현장 견학을 실시하는 것이 효과적이다. 그 이유는 유아들이 주제와 관련된 현장에서 보다 실제적인 자료를 직접 보고 만져 보고 현장 사람들한테 설명을 들음으로써 프로젝트 활동이 보다 의미 있게 활성화될 수 있기 때문이다.

효율적인 현장 활동이 되도록 하기 위해서는 그에 따른 사전 준비가 필요하다. 준비 사항은 유아들이 현장에서 보고자 하는 것은 무엇이며 어떤 사항에 대해 조사할 것인가, 누구를 상대로 이야기해야 하며 현장에서 학급으로 얻어 올 수 있는 것에는 어떤 것들이 있을지 등의 문제에 대하여 생각하고 토의하며 기록하는 것이다.

㈏ **현장 견학** : 유아들은 현장 활동을 통하여 프로젝트와 관련이 깊은 물체나 현상 혹은 과정들을 직접 확인할 수 있고, 공장, 동물, 차량, 장비, 사람 및 각종 행사들을 구경할 수 있는 기회를 가질 수 있다. 여기서 유아들은 자신이 많은 관심을 가지고 있는 부분과 유치원에 돌아와 좀 더 구체적으로 공부하고 싶은 부분에 대하여 기록을 하도록 하는 것이 중요하다. 기록 방법 또는 내용에는 그림 그리기, 쓰기, 스케치, 문질러 그리기, 수로 나타내기, 측정하기, 사진 찍기 등이 포함될 수 있다. 가능하다면 현장에서 실물을 얻어 교실로 가지고 돌아오는 것도 현장 견학 사후 활동에 도움을 준다. 글씨를 쓰지 못하는 유아의 경우에는 간단히 그림으로 그리거나 교사나 친구들의 도움을 받아 활동할 수도 있다. 이렇게 함으로써 유아들은 현장에서 보고들은 것, 냄새 등에 보다 유의할 수 있으며 교실로 돌아온 후의 견학 사후 활동을 보다 생생하고 흥미있게 할 수 있다.

㈐ **현장 견학 사후 활동** : 유아들은 현장 견학을 마치고 돌아와 결과에 대하여 토론하면서 거기서 무슨 일이 일어났고, 누구와 이야기를 나누었는지 보고 배운 것이 무엇인지를 재확인하게 된다. 현장에서 해 온 스케치는 상세한 그림이나 도표를 작성하고 모델을 구성하는 데 중요한 기초 자료가 된다. 이외에도 현장 견학 사후 활동으로 각종 정보 서적들을 조사하고 새로운 질문을 제기하기도 하며 때로는 현장에서 도움을 준 사람들에게 감사 편지를 쓰기도 한다. 현장 견학과 관련된다면 현장 견학을 계획 이행할 수도 있다.

㈑ **전문가의 방문** : 전문가란 자신의 직업이나 여행, 혹은 여가 활동을 통하여 현재 유아들이 탐구 중인 주제에 대해 직접적인 경험이 풍부한 사람을 말한다. 교사는 이러한 전문가를 교실에 초빙하여 유아들의 질문에 답하고 대화하며, 함께 활동할 수 있도록 조정해 줄 수 있다.

③ 3단계 : 마무리단계

3단계는 유아들이 프로젝트 전 과정을 통해 성취하거나 도달한 결과 또는 결론을 다른 사람들에게 제시하고 의견을 교환하는 단계이다. 또 전시회 및 발표회를 준비하면서 교사와 유아들은 그 동안 진행해 온 프로젝트를 정리하면서 다른 각도에서 재창조해 보는 기회도 갖게 된다. 이런 활동을 통해 교사와 유아들은 그 동안 진행해 온 내용을 검토하고 평가 기회를 갖는다.

4) 프로젝트 접근법의 효과

프로젝트에 의한 학습이라는 아이디어는 오랜 역사를 가지고 있지만 프로젝트 접근법의 효과에 관한 연구는 최근에 와서 이루어지기 시작하였으므로 이에 관한 선행연구는 그리 많지 않은 편이다.

그 동안 이루어진 프로젝트 접근법에 관련된 연구는 크게 3가지 측면에서 살펴볼 수 있다. 첫 번째는 프로젝트 접근법의 이론과 적용에 관한 연구, 두 번째는 프로젝트법에 관한 연구, 세 번째는 프로젝트 접근법과 유사한 특성을 가진 유아교육 프로그램이나 교수방법을 적용한 연구들이다.

먼저, 프로젝트 접근법에 관한 이론 연구로서 Katz와 Chard(1989)가 저술한 프로젝트 접근법에 관한 최초의 저서 『Engaging Childrean's Minds』를 들 수 있다. 이 저서에서 Katz와 Chard는 지금까지 이루어진 많은 프로젝트 관련 연구들을 검토하고 난 후, 프로젝트 접근법은 유아의 발달과 학습 활동의 전 영역(지식, 기능, 성향, 느낌)에 긍정적인 효과가 있을 것이라는 주장을 하였다.

두 번째로 프로젝트법과 관련된 연구를 살펴볼 수 있다.

Caroiyn와 Gandni(1989)는 3세 미만에서 6세까지의 유아를 대상으로 레지오 에밀리아 프로그램에 따라 프로젝트를 통한 탐구활동을 적용한 결과, 프로젝트 활동이 유아들로 하여금 적극적인 학습 태도의 형성, 상징적 표상 활동의 신장, 공동체 의식의 강화 등에 긍정적인 효과를 가져다 주었다고 보고하였다.

세 번째로 프로젝트 접근법과 똑같지는 않지만, 프로젝트 접근법과 유사한 특성을 가진 프로그램 유형이나 교수방법을 적용한 연구들을 살펴볼 수 있다. 먼저, 이혜주(1993)는 유아교육의 교수방법 및 프로그램 유형의 차이가 유아의 학업 성취, 사회 정서발달, 창의성에 미치는 영향을 비교한 연구에서 유아의 관심과 흥미를 존중하는 아동중심 프로그램 유형이 유아의 사회 정서 발달에 더 효과적이라는 사실을 발견하였다. 이원영 · 박찬옥 · 노영희(1992)는 사회성이 다른 사람들과 원만한 관계를 유지하는 가운데 발달하게 되므로, 이러한 분위기 속에서 유아들의 건전한 분위기를 조성해 주는 것이 중요하며, 이러한 분위기 속에서 유아들의 건전한 사회 정서 발달이 이루어지고 올바른 자아 정체감이 확립된다고 하였다.

2. 발도르프의 유아교육

슈타이너의 상상력을 몸과 혼 그리고 영(정신)의 통합체인 인간이해를 기반으로 의지, 감정, 사고와의 깊은 관계 속에서 이해되는 개념이다. 슈타이너의 상상력은 '환상(phantasie)', '일상적 상상', '형상적 상상', '영감과 직관', '도덕적 환상'으로 구분될 수 있다. 이들은 인간 혼의 구성요소들과 밀접하게 연관되어 일종의 위계와 관계를 지니고 있다. 또한 이들 중 특히 유아기에 해당되는 상상력을 '판타지'로 규정할 수 있는데 발도르프 유아교육에서는 이 판타지를 위한 교육적 배려가 섬세하게 이루어지고 있다. 그리고 이러한 슈타이너의 상상력과 유아기의 판타지 그리고 구체적인 유아교육 현장에서 드러나는 교육적 실천은 우리 한국의 유아교육 전반에 교육적 통찰을 제공한다.

그것은 네 가지로 제안할 수 있다. '초월적 영역의 회복', '몸과 감각의 배려', '공감적 환경의 구성', 그리고 '여유와 자유를 돌려주자'이다. '초월적 영영의 회복'은 우리의 구체적인 유아교육 커리큘럼 속에서 시와 판타지, 의식(ritual)이 살아있는 종교적 경험을 포함시키자는 제언이다.

1) 이론적 기초

발도르프 학교는 개혁 교육학자인 Rudolf Steiner의 인지학(안드로포소피, anthroposophie)적 인간 이해에 기초하여 설립되었다. Steiner는 새로운 학교와 교육의 기본 원리를 "…… 오로지 성장 과정 중에 있는 인간(werdender menschen)에 대한 인식과 각 개개인의 소질에 대한 인식으로부터 출발해야 하며 가르침과 수업의 기본 바탕은 참된 인간학에 근거해야 한다."고 했다.

최초의 자유 발도르프 유치원은 Steiner에게 영향을 받은 엘리자베스 그린레스(1895-1981)가 1926년 슈투트가르트에 설립한 것으로, 현재 전세계에 1,200개 이상이 있다(곽노의, 2001).

발도르프 교육에서 강조하는 실제는 교육에 대한 예술적 접근, 통합적이고 균형 있는 교육과정, 공동체적 삶의 체험, 자율적 · 독립적인 학교 운영, 노작과 실천을 통한 교육, 예술가로서의 교사 역할 재인식, 도덕 교과가 없는 도덕교육이다(곽노의, 2001).

2) 교육 목적과 원리

발도르프 유치원의 교육 목적은 전인적인 인간 교육을 추구하는 데 있다. 그들은 인지 중심으로 치우친 교육에 반대하며 다음과 같은 원리들을 중요시한다.

- 인간은 모든 가능성들이 내면에 집중되어 있다.
- 어린이가 행하여 얻은 경험들은 어른이 되어서도 행할 수 있는 방식들에 영향을 준다.
- 교육의 기본 원리로서 사랑, 즉 어린이 안에 본질적인 사랑을 발달시키려는 데 중점을 둔다.

· 교육한다는 것은 학문, 예술, 종교를 배양하는 것이다.
· 어린이에게는 스스로 발전할 수 있는 시간과 공간이 필요하다.
· 놀이는 어린이의 진지한 작업이다.
· 능숙한 손가락 놀림은 활동적인 생각을 만들어 낸다.
· 교육의 중심은 어린이의 자립적인 발달을 돕는 것이다.

(1) 교육원리로서 질서

발도르프 유치원 교육은 특정한 프로그램을 만들어서 유아들에게 제공하고 유아들을 그것에 맞추어 훈련시키고 적응시키려고 하지 않는다. 발도르프 유치원 교육은 유아들이 나이에 맞게 건강한 생활을 유지함으로써 창의적인 발달 과정을 겪을 수 있는 생활의 한 틀을 마련해 주는 것이다.

생활의 틀이라고 하는 것은 '질서'를 말하는 것으로 공간적인 환경의 질서(사물이 제자리에 있음으로 해서 안정감을 느낌), 시간의 질서 - 리듬(하루의 삶의 리듬 속에 있는 시간의 흐름을 통해 안정감을 느낌), 영혼의 질서(감성적 느낌과 그것을 다시 자기 것으로 하여 무엇인가를 하려는 내면적 동기를 통해 인간으로서의 안정감과 스스로 딛고 설 수 있는 세계에 대한 신뢰감을 경험함)를 바탕으로 하여 창의적인 재능이 저절로 형성될 수 있다(이경랑, 1998).

(2) 교육원리로서 본보기와 모방

출생에서부터 7세까지 어린이 학습의 기본 형태는 본보기와 모방이다. 모방은 어른의 시범적인 행동을 따라 하는 것을 말하는 것이 아니라 어른과 유아의 내적인 유대를 의미한다. 유아의 모방 능력은 유아의 내면에 있는 자유 표현이며 이는 유아가 자기 주변의 인물들 속에서 비교될 수 있는 것을 인지한 경우에만 개발될 수 있는 능력이다. 이와 같이 비교될 수 있는 것이란 결국 주어진 상황에서 자신의 삶과 자신의 본질이 일체를 이루는 인간을 의미한다. 어른(교사)이 내적인 자기의 자유를 의식하고 말로써가 아니라 행동으로써 진실할 때, 이러한 어른의 존재 자체를 보면서 서로 유대감이 형성되고, 유아는 내적인 유대 속에서 진정으로 자유로운 존재가 되어 자신의 능력을 발휘할 수 있다.

다른 측면에서 유아는 어른에게 본보기를 보인다. 유아는 놀이를 통해 자유를 실천하고자 하는데 이를 통해 어른은 스스로 자신의 삶에 대한 자주성과 자유를 얻게 된다. 이러한 의미에서 어른과 유아는 서로 영향을 주는 상호 교류적인 만남의 관계를 형성하게 되는 것이다.

슈타이너는 "교육이란 언제나 교육자 자신이 어린이에게서 배울 때에야 참된 교육이 이루어진다."고 말하며, '만남이 교육에 선행하는 것이다."라고 보았다.

3) 교육 내용

발도르프 유치원의 일일교육 시간 계획의 예(Kurelgen, 1991)는 다음과 같다.

(1) 자유놀이(Freispiel)

오전의 자유놀이 시간은 한 시간 반에서 두 시간 동안 이루어진다. 나이 어린 유아들의 경우에는 놀이 그룹과 구성원들이 자주 바뀌게 되지만 큰 유아들의 경우는 전날 이미 오늘 무엇을 하고 놀 것인지에 대해서 약속 또는 결정을 하는 경우가 많다. 유아들은 맨 먼저 아침에 모여서 그들의 놀이에 어떤 것들이 필요하게 될 것인지를 생각하고 각자 교실의 구석구석을 다니면서 필요한 물건을 찾아가지고 온다. 한 유아가 자유롭게 놀이를 할 수 있다는 것은 그의 인생의 행복의 기초를 만드는 데 기여하게 된다. 정말 잠깐 동안이라도 유아는 무거운 짐이 되는 문제들로부터 자유롭게 놀이를 할 수 있고 또한 자기 존재의 신선함을 다시 찾을 수 있다.

(2) 아침 모임(Morgenkreis)

자유놀이 시간이 끝나면 아침 모임이 시작된다. 유아들은 바닥에 모여 명쾌한 손가락 놀이를 함께 하며 자유놀이 시간에 사용했던 장난감들을 함께 정리하고 자리를 정돈한다.

정리 정돈 후에 손을 씻은 유아들은 서로서로 손을 잡고 노래를 부르면서 교실 안으로 들어오면서 팀을 구성한다. 서 있는 상태에서 손뼉을 치면서 노래를 부르거나 윤무를 하는데 아침 모임에서의 놀이들은 몇 주 동안 같은 것으로 계속 진행된다. 이어서 오직 손가락만으로 재미있는 이야기 내용을 표현하는 시간이 이어지는데, 아침 모임은 기도, 금언 또는 노래를 통하여 종교적 동기를 줄 수 있는 적당한 시간이 된다.

아침 모임은 아침 식사를 하는 것으로 연결된다. 유아들은 똑같은 메뉴로 자연스럽고 가벼운 대화를 하며 즐거움을 나눈다.

(3) 정원에서의 자유놀이

날씨가 좋은 경우, 대부분 실외 공간에서 모래놀이, 줄넘기, 목발로 걷기 등의 활동이나 산책이 이어진다. 또는 그 시간에 수작업(일상생활) 활동이 이루어지기도 한다. 수작업 활동이란 취학 전의 마지막 유치원 시기에 유아들은 '진지한' 수작업의 과제를 통해서 무엇인가를 성취하는 것이다. 수작업을 통하여 부모님, 선생님 또는 친구에게 선물을 할 수 있다면 더욱 좋아한다. 여기에는 6세의 유아를 대상으로 나무를 잘라 간단한 도구 만들기, 물레로 실 짜기 등이 포함된다.

나무를 잘라 도구만들기

(4) 동화 모임(Marchenkreis)

오전 시간의 마무리로 동화 모임의 시간을 시작하는데, 조용한 노래를 하면서 경청의 자세를 준비한다. 발도르프 유치원에서는 동화를 책으로 읽어 주지 않고, 단지 이야기를 해 준다. 이 때에 어른과 유아 사이에는 책이 놓여 있지 않고 그들 사이에는 인간적인 직접성이 존재한다. 그리고 똑같은 동화를 매일 2주에서 3주 동안 계속해서 반복하여 이야기해 준다. 그 때는 단어 하나 틀리지 않게 열 번에서 열다섯 번이나 이야기한다. 우리는 새로운 것을 듣기 좋아하지만, 유아나 나이든 노인들은 신뢰할 수 있는 것을 반복적으로 듣는 것을 좋아한다. 그렇게 함으로써 자기 확인을 경험할 수 있기 때문이다.

동화듣기

(5) 주간 예술 활동 및 특별 활동

발도르프 유치원에서는 다양한 일반 활동들이 제공되면서도 동시에 서로를 리듬감있게 연결시키기 위해서 요일별로 예술 및 특별 활동이 준비되어 있다.

4) 교수-학습 방법

발도르프 유치원은 혼합 연령으로 학급을 구성하여 형제 자매 관계가 생기게 한다. 개별화 교육을 지향하는 데 보다 취약한 학생들을 촉진시키려고 노력하는 데서 개별화교육을 한다. 교사는 본보기로서 어린이들 앞에서 지도하며 활동의 시작에 자극을 주지만, 강요하지는 않으며 소규모 집단으로 행하여진다. 반일제를 원칙으로 하여 가장 작은 공동체인 가족 관계를 중시한다. 어린이를 보다 깊게 이해하는 교육을 실행하기 위해 유치원에서는 3세 동안 3년간, 발도르프 학교에서는 1학년부터 8학년까지 8년간을 같은 선생님이 계속 담임을 맡도록 하는 담임 교사제를 택하고 있다.

발도르프 학교는 거의 각이 없게 지붕, 교실, 복도 모두 곡선으로 되어 있다. 자연에는 각이 없고 다양한 곡선으로 이루어진 데서 비롯한 사상이다.

유원장에는 모래밭, 나무로 된 자그마한 놀이집, 뉘어져 있는 고목 등이 전부이고 미끄럼틀, 정글짐 등은 없다. 유치원에는 문명의 이기라고 하는 TV, 컴퓨터를 비롯한 각종 전자 제품은 없으며, 대부분 자연물이고 꾸밈없는 원형 그대로의 것들로 꾸며 어린이가 안정감을 느낄 수 있는 분위기를 제공하고 있다.

유치원에서는 인성교육과 생활습관교육, 친구 사귀기를 비롯한 사회성 교육 등에 치중하고 있다. 따라서 생활 규칙과 같은 기본생활습관은 유아 평가에 중요한 덕목 가운데 하나이다.

5) 가정에서의 유아교육

발도르프 학교의 운영 형태는 학부모, 교사, 학생들의 공동체로서 매우 긴밀하게 연계되어 있다. 슈타이너가 유치원 교육에서 적용한 것을 가정에서도 활용한다면 교육의 효과는 매우 높아질 것이다. 여기에는 두 가지를 고려하여야 하는데 하나는 유아의 발달에 장애가 되는 것을 제거하는 것이고, 다른 하나는 유아의 발달에 긍정적으로 기여해야 한다는 것이다.

<가정에서 지켜야 할 원칙들>

① 식사 시간은 좋은 교육의 장이다.

꾸중이나 훈계를 해서 실망감을 갖게 하는 일은 되도록 피하며 좀 더 편안한 분위기에서 먹을 수 있게 해 주며, 앞으로 사회의 일원이 될 때 어떻게 행동해야 할지를 부모를 통해 배울 수 있는 기회가 되도록 한다.

② 질문에 잘못된 대답은 유아 발달을 저해한다.

유아의 실제 수준을 훨씬 뛰어넘는 지적 수준으로 대답하거나 개념적인 대답을 하는 것보다는, 이미지를 통해 답을 제시해 주거나 추가적인 관찰을 제안하는 것이 바람직하다.

③ 가능하면 TV를 적게 보게 하자.

그 이유는 첫째, TV나 컴퓨터 등의 모니터에서 방출되는 전자파(알파파) 자체가 유아를 신체적으로 해롭게 한다.

둘째, 활동하려고 하는 의지가 약화되어 체험하려고 하지 않는다.

셋째, 자발성이 유지되지 않는다.

넷째, 무의식적으로 자제력이 없어진다. 어린이들이 싸울 때 한쪽이 '졌다'라고 하면 폭력 행위를 멈추는 것이 당연하지만 폭력적인 장면을 많이 목격한 어린이들은 상대편이 항복을 해도 폭력적인 행동을 그만 두지 않는 경향이 있다.

④ 일상생활 진행 과정에서 리듬이 매우 중요하다.

규칙과 질서가 유아의 일상생활에서 하나의 필수 구성 요소가 되도록 해야 한다. 식사는 매일매일 정시에 제공되어야 하며 일어나고 잠자리에 드는 일도 하나의 습관으로 당연하게 받아들여지게 함으로써 전체의 과정에 대해 스스로 자신감과 만족감을 느끼도록 해야 한다.

⑤ 간섭을 최대한으로 줄이자.

충고나 명령, 또는 교정 등으로 개입하고 싶은 생각이 들 때마다 두 가지(이 시점에서 내가 개입하는 것이 정말로 필요한가, 아이가 진정으로 하려고 하는 것이 무엇인지 알고 있는가)를 스스로에게 물어 보아야 한다.

'안 돼'라고 말해야 하는 경우 세 가지로는 첫째, 유아가 하고자 하는 일이 유아 자신에게 해를 미치는 경우(추운날 코트도 입지 않고 밖으로 나가는 행동), 둘째, 유아가 하고자 하는 일이 다른 사람에게 해를 미치는 경우(아기가 자고 있는데 소란을 피우는 행동), 셋째, 유아가 하고자 하는 일이 결국 실질적인 손상을 초래하는 경우(벽에 크레용으로 낙서하는 행동)다.

⑥ 자연이 가장 좋은 환경이다.

자연은 신이 창조한 가장 위대하고 소중한 가치를 창출할 수 있는 최적의 환경이라고 해도 과언은 아니다. 따라서 환경 친화적인 숲이나 개울, 돌멩이들을 활용하여 자연의 가치를 가르치는 것이 중요하다고 볼 수 있다.

⑦ 명령이나 훈계를 하지 말자.

유아의 본질적인 특성은 정해진 틀 속에 맞추어지는 것에 저항하게 되어 있다. 유아는 무의식적인 자신의 내적 요구로부터 삶에서 좋고, 아름답고, 진실한 것들을 스스로 찾고자 한다. 그러기 때문에 간섭받는 것을 싫어한다. 정해진 기대된 방식으로 어떤 행동을 해야 하는 지속적인 압력을 더 이상 받고 있지 않다는 것을 유아가 느끼게 되면 유아는 놀라울 정도로 자유롭게 스스로를 자신의 환경에 맞추어 나간다.

3. 디스타 프로그램

1) 개발 배경

미국의 유아교육의 목적은 1920년대 이후 줄곧 '유아의 전인적 발달'을 도모하는 것이 지배적인 생각이었으나 1950년대 말부터 여기에 분열이 생겼다(Harris, 1971; 현미숙, 1992, 재인용). 이러한 분열은 복잡한 사회를 유능하고 효과적으로 살기 위해서는 과학적 기능을 조기에 발달시켜야 한다는 생각, 혜택받지 못한 소외계층의 조기교육에 대한 사회적 관심의 증가, 그리고 지적 능력에 대한 관심이 소홀했다는 반성 등에 의해 일어났다. 이러한 사회적 가치의 변화와 더불어 소련의 스푸트니크(Sputnik) 발사로 인한 충격이 헤드 스타트(Head Start)라는 교육정책을 낳게 되었다. 이를 시발점으로 하여 미국에서 개발된 유아교육 프로그램의 종류는 약 160종에 다달으며(이영석외, 1985) 그 중 하나가 디스타 프로그램(Distar Program)이다.

디스타 프로그램은 미국의 일리노이 대학에 있는 베라이터(Bereiter)와 앵글만(Engelmann) 교수가 행동주의 이론에 기초하여 저소득층 유아를 위한 실천적 유아교육 프로그램을 개발하였다. 이를 베라이터-앵글만 프로그램이라고 불렀다. 그 이후에 베라이터가 1967년에 캐나다로 옮기고 앵글만이 오리건 대학으로 옮겨 행동주의 심리학자인 베커와 더불어 1967년에 앵글만-베커(Engelmann-Becker) 프로그램이라고 부르고 있는데, 이는 Direct Instructional System for Teaching Acceleration and Remediation의 첫 머리 글자를 따서 붙인 이름이다(류현수 · 김주아 · 조희연, 2010).

이러한 디스타 프로그램은 다음과 같은 네 가지 기본가정이 기초가 되었다(Becker, 1977).

첫째, 모든 아동은 그들의 발달적 준비도나 배경에 상관없이 배울 수 있다.

둘째, 논리적 절차를 포함한 기초기능의 학습은 지적 행동의 중심이며 모든 보상교육(compensatory education) 프로그램의 본질이 되어야 한다.

셋째, 빈곤아동들은 학교에서 성공하기 위해 필요한 기능들이 다른 아동보다 부족한 경향을 보인다.

넷째, 빈곤아동들은 중상류층의 일반아동보다 유아교육기관에서 정규 수업시간 내에 더 많은 교육이 필요하다.

2) 프로그램의 구성

디스타 프로그램은 유아의 학문적 기초를 형성시켜 주기 위하여 그 내용을 언어, 읽기, 셈하기의 세 가지로 나누고 그 외 반구조적 활동 예능적 기능(arts), 창작공예 기능(crafts), 사회적 기술(social skill), 가치관 확립(values) 등이 포함되어 있다. 또한 개인의 능력과 긍정적 자아개념을 형성할 수 있는 교수방법이 강조되었다(Becker, 1977).

디스타 언어, 읽기, 수학 프로그램은 각각 I, II의 두 가지 수준으로 되어 있으며 한 수준이 1년 과정으로 이루어진다(류현수 · 김주아 · 조희연, 2010).

언어학습은 유아의 언어능력을 충분히 신장시켜 주기 위한 것으로 바른 문장진술 능력과 문장형식의 논리적 구조를 이해시키기 위한 것이다. 디스타 언어 I 의 내용은 긍정 또는 부정으로 말하기, 긍정 또는 부정을 동작으로 나타내기, 반대말 알리기, 전치사 사용하기, 비슷한 말 알기, 동사의 시제, 범주화하기, 부분의 명칭 알기, 접속사 알기 등이며, 디스타 언어 Ⅱ의 내용은 여러 가지 지식 알기(계절의 이름, 측정 단위, 동 · 식물의 특성), 연역법 훈련, 어휘 습득, 사물의 기능, 동의어 분류, 정의 내리기 등이다. 언어학습을 위한 기본 모형은 '이것은 ∽(무엇)이다'의 문장형식과 '∽(무엇)은 ∽(무엇)이다.'의 두 가지이다.

읽기 학습은 유아가 책읽기를 위해 필요한 기초적 기술과 개념을 발달시키기 위한 것이다. 따라서 단어를 중시하고 철자법의 원리를 학습시킨다. 디스타 읽기 I 의 내용은 상징-동작 게임, 글자 발음하기, 혼성어 빨리 발음하기, 음률 맞추기, 발음 알아내기, 유음화하기 등이며 디스타 읽기 Ⅱ는 글자 이름 알기, 대문자 익히기, 글자의 순서 알기, 단어 읽기 등이다.

수리 학습은 언어발달을 도모하기 위한 것이다. 수학습에서도 규칙적인 수학적 진술 방법을 배우게 하며 현실에 대한 올바른 결론에 도달하기 위한 수학적 진술방법을 학습시킨다. 10까지 수세기, 뒤에서부터 세기, 수 이름 알기, 부호 알기, 더하기, 빼기, 다섯씩 세기, 둘씩 세기 등을 내용으로 한다,

이외에도 정규적으로 실시하고 있는 음악교육이다. 음악교육도 다른 학습에서처럼 언어발달을 위해 실시된다. 노래의 노랫말은 완전한 문장을 제시해 주며 반복 학습될 수 있다. 또한 노래에는 정확한 리듬이 있으므로 유아들은 노래를 통하여 문장을 더 쉽게 이해하고 기억 · 재현할 수 있다고 본다.

학습을 위한 교수전략은 두 가지, 즉 하나는 일정한 시간 내에 다양한 언어적 경험을 압축시켜 줌으로써 유아들이 배워야 하는 요소들은 빠른 시간 내에

학습할 수 있게 하는 것이며, 다른 하나는 수립한 목적에 가능한 한 직접적으로 초점을 맞춘 활동을 계획하여 직접 교수하는 방법이다

하루 일과는 세 번의 학습시간과 세 번의 대집단 활동시간으로 나뉘어 있다. 각 활동의 단위는 15-20분 정도이다. 그러나 시간은 유아의 상태, 물리적 환경, 활동의 종류에 따라 융통성이 있다. 유아들은 세 개의 집단으로 나뉘어 5명의 유아가 한 집단을 형성한다.

교실 환경구성에 있어서는 지나치게 풍부한 환경은 유아들에게 오히려 부적당하다고 보기 때문에 새로운 개념이나 학습을 소개하기 위하여 꼭 필요한 교구만 제시해 주는 것이 개념학습을 위해 효과적인 방법이라고 본다. 유아의 효과적인 학습이나 바람직한 행동을 수렴하기 위해 행동수정 기법을 사용하여 처음에는 교사의 강화에 의해 행동을 조정할 수 있게 한다. 이렇게 유아의 학습이 교사의 인위적인 강화에 의해 이루어지다가 점차 유아의 자발적인 학습으로 전이된다(류현수 · 김주아 · 조희연, 2010).

디스타 교수-학습 방법의 원리를 하나의 그림으로 정리하면 다음과 같다.

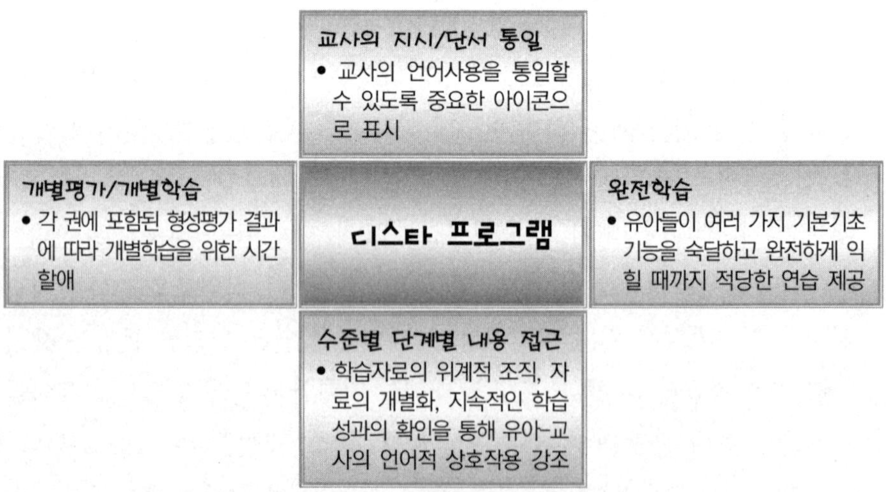

〈디스타 교수-학습 방법(미래유아교육연구소, 2004)〉

3) 특징

디스타 프로그램은 다음과 같은 9가지의 특징을 통해 지식의 구조를 분석한다(Becker, 1977).

첫째, 학습목표가 세분화되어 있다.

둘째, 아동수준에 맞는 적절한 단원에 배치하기 위해 학습에 들어가기 전에 정치검사(placement test)를 실시한다.

셋째, 아동이 학습활동에 적극적으로 참여할 수 있도록 하는 절차(강화를 포함)를 사용한다.

넷째, 교사의 자질에 따라 학습결과가 달라지는 것을 방지하고, 장기적인 교사연수 없이도 단 시일 내에 양질의 수업이 이루어지도록 하기 위해, 수업상황의 모든 절차가 명시된 교재를 제시한다.

다섯째, 개별학습을 위한 시간할애를 한다.

여섯째, 학습을 모니터하고 아동들에게 피드백을 주기 위하여 각 학습과제가 끝난 후 즉시 개별 테스트를 실시한다.

일곱째, 학습과제에 실패한 아동을 위한 교정적-치료적 절차가 제공된다.

여덟째, 하위기능 숙달을 위한 적정한 연습들을 제공한다.

아홉째, 장기적 목표 성취에 대한 테스트를 실시한다. 이외에 학습자료의 위계적 조직, 자료의 개별화, 지속적인 학습성과의 확인 등을 통해 유아와 교사의 언어적 상호작용을 조장한다.

4) 디스타 프로그램의 적용 효과

디스타 프로그램의 효과를 검증한 연구들을 소개하면 다음과 같다(현미숙, 1992, 연구 참조).

(1) Gersten과 Maggs의 연구(1988)

유치원 시기부터 초등학교 3학년까지 디스타 프로그램에 참여한 아동들을 대상으로 프로그램이 끝난 후 2년 후 읽기, 쓰기, 말하기 등의 기초기능 성취검사 결과 유의한 향상을 보였다. 그리고 디스타 교육을 받았던 아동들이 중·고등학교에서 보이는 학업성취 능력, 졸업, 상급학년 누락 비율, 대학진학 비율 등을 측정한 결과 유의한 향상을 보였다고 보고하고 있다.

(2) Karnes, Shwedel과 Williams의 연구(1983)

저소득층 아동이 학교 생활을 성공적으로 수행하는데 효과적인 유아교육 프로그램을 연구하기 위해 구조화 정도에 따라 5개 프로그램을 선정하였다. 즉 구조화 수준이 가장 높은 다스타 프로그램과 Amelioative 프로그램, 구조화가 보통 수준인 몬테소리 프로그램, 구조화 수준이 낮은 전통적인 프로그램과 지역사회 통합 프로그램을 채택하였다. 1년간 4세 아동을 대상으로 각 프로그램을 실시한 후 15년에 걸쳐 장기적인 추수 연구가 계속되었다. 프로그램 시행 1년 후, 프로그램이 아동발달에 미친 영향의 정도는 디스타 프로그램과 Ameliorative 프로그램이 가장 높았으며, 전통적인 프로그램이 중간 정도이고 몬테소리 프로그램과 지역사회 통합 프로그램이 가장 낮은 것으로 나타났다. 즉 구조화의 수준이 높은 디스타 프로그램과 Ameliorative 프로그램이 아동의 인지 및 언어기능에서 단기적 효과가 있는 것으로 나타났다.

(3) Miller와 Dyer의 연구(1975)

4가지 프로그램, 즉 디스타, DARCEE, 몬테소리, 그리고 전통적 프로그램의 효과 검증을 위한 연구였다. 이 중에서 디스타 프로그램과 DARCEE 프로그램은 교수적(didactic) 프로그램으로, 몬테소리 프로그램과 전통적 프로그램은 비교수적(non-didactic) 프로그램으로 분류되었다.

이상의 4가지 프로그램을 비교한 결과 디스타 프로그램의 유아는 학업수행 능력에서 증진되었으며, DARCEE 프로그램 유아는 학업수행 능력, 아동의 동기 및 언어, 사회적 참여에서 높은 점수를 보였다. 몬테소리 프로그램은 창의성과 호기심에서, 전통적인 프로그램은 언어 · 사회적 참여에서 높은 점수를 나타내었다. 즉 디스타 프로그램은 디스타 프로그램이 목표로 하는 학업수행 향상면에서는 일관된 효과를 나타내고 있었다.

4. 숲유치원 역사와 운영

숲유치원은 덴마크에서 처음 시작되었다. 후리루프트스리브—Friluftsliv: 자유로운 공기 속에서의 삶—라고 하는 노르웨이어(語)가 말해 주듯이 북유럽 사람들은 자연과 함께 자연 속에서 삶을 영위하는 생활방식으로 살아왔다. 자연을 통해 몸과 영혼과 정신의 조화로운 발달을 추구하는 삶이라 할 수 있다. 아이들은 어릴 때부터 부모를 통해 자연 속에서 생활해 가는 법을 자연스럽게 습득하며 자연 속에서 자유롭게 놀이하고 체험하면서 교육을 받아야 한다는 사고(思考)는 북유럽 국가들의 핵심교육사상이다.

1964년 엘라 플라타우(Ella Flatau) 부인이 자신의 자녀들을 데리고 매일 숲에서 놀이를 한 것이 숲유치원의 효시다. 이것을 주의 깊게 살펴본 이웃 주민들이 자신의 아이들도 참여하게 해달라고 요청하면서 점점 발전하여 부모들이 주도가 된 첫 번째 숲유치원(Skovbornehave)이 탄생하게 되었다(Bickel, 2001). 덴마크의 숲유치원은 1990년대에 기존 유치원교육의 대안으로 확고히 자리를 잡았고, 2004년도에 이미 100여 개의 숲유치원이 성공적으로 운영되고 있다(Miklitz, 2004).

독일의 숲유치원(Waltkindergarten)은 우위줄라 수베(Ursula Sube) 부인이 스바덴(Wiesbaden)에 속한 숲에서 1968년에 시작한 '숲 산책 그룹'이 효시라 할 수 있다. 숲 산책 그룹은 우워줄라 수베 부인이 남편과 사별 후 경제적인 어려움을 극복하고자 유치원에 다니지 못하는 인근 교회 목사의 자녀 4명을 맡아 숲에서 매일 3-4시간씩 교육활동을 하면서 시작되었다. 몇 년 뒤에는 28명의 유아들이 등원할 정도로 발전하였고, 1998년까지 30년간 우워줄라 수베 부인이 운영하다가 헬가 훠스만(Helga Forssman)이 이어받았다. 숲 산책 그룹은 정식 교육기관으로 인정받지 못하였는데 1980년대 후반에 이르러 그 교육적 효과가 알려지면서 정식 유아교육기관으로 인정받게 되었다. 독일의 공식적인 숲유치원은 1933년 플랜스부르크(Flensburg)에 세워졌다.

1) 숲유치원의 교육목적

숲유치원의 교육목적은 인간과 자연(환경)과의 조화스러운 관계를 어린 시기부터 자연스럽게 알게 하며, 유아의 신체와 정신을 전인적으로 성장 · 발달시키는데 있다. 무엇보다도 숲유치원은 자연 속에서 놀이를 중심으로 자연체험활동을 하면서 모든 활동영역을 통합적으로구성하여 유아의 전인적인 성장 · 발달을 돕는데 있다(Schede, 2000).

(1) 환경과 자연체험 교육

인류의 삶을 연장하기 위한 마지막 기회는 인간이 자연환경과의 중요한 관계를 깨닫고, 더 이상 자연을 훼손하지 않으며, 자연과 함께 살아가도록 노력하고 그를 위한 방안을 마련하는데 있다.

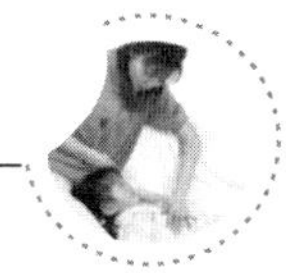

(2) 건강교육

유아들은 숲에서 스스로 할 수 있는 몸 관리와 위생관념에 대하여 그리고 병의 원인과 예방에 대하여 교육을 받으며, 가능한 한 위험과 사고로부터 자유로울 수 있는 건강한 삶의 방법과 지혜에 대해서도 숲 속에서의 활동을 통하여 지도를 받는다(Waldpäp, 1997). 자유스런 하늘 아래에서 신선한 공기와 날씨 속에서 행해지는 숲의 생활은 유아의 신체와 정신을 단련시켜 준다.

(3) 창의성교육

숲유치원은 그 어떤 유치원보다 창의성 있는 교육이 자연스럽게 실현될 수 있는 적절한 장소인데 이는 숲에는 유동적이며 개념고정이 안된 온갖 사물들이 실서 있게 산새되어 있어 이를 창의직으로 활용할 수 있기 때문이다. 즉, 숲 속 어디에나 유아의 창의성과 상상력을 일깨울 수 있는 요소들이 잠재해 있고, 유아들의 자연체험 공간으로서 숲은 다양한 형태와 현상으로 유아의 상상력과 창의성을 자극할 뿐 아니라 요구하고 있다(Köllner, 1998).

또한 자연소재들을 이용한 숲에서의 놀이활동은 유아들로 하여금 상품화되고 그 기능이 고정화된 장난감의 중독에서 벗어나게 하며, 창의적이고 자연친화적인 놀이를 즐겨하는 유아로 이끌고 있다(Neumann,1999).

(4) 움직임교육

움직임교육은 숲유치원에서 매일 자연체험활동과 놀이를 하면서 자연스럽게 이루어진다. 자유스럽게 확 트인 공간과 숲의 다양성은 일반유치원과는 달리 끊임없이 계속되는 동작활동으로 이어진다. 독일의 격언에 "아이들의 존재란 움직이는 존재라는데 있다"(Kind sein heiβ t in Bewegung sein)라는 말은 동작교육의 의의를 원천적으로 잘 표현하였다고 볼 수 있으며, 이 움직임을 통하여 유아는 매일 새로운 것을 발견한다(Köllner, 1998).

숲유치원에서는 일반유치원보다 오히려 안전사고가 적게 발생하는데, 이는 유아 자신들이 다양한 움직임의 가능성을 숲의 활동에서 익혀서, 유아 스스로 일어날 수 있는 위험을 사전에 예방하고, 위험시 바르게 대처하였다고 볼 수 있다.

(5) 사회성교육과 언어교육

숲유치원에서 유아의 사회성과 언어의 발달이 원만히 이루어질 수 있는 근거는 다음과 같다.

첫째, 숲 속의 다양함과 고요함은 유아와 교사에게 내면적인 평온과 조화로움을 선사한다.

둘째, 일반유치원에 비해 그룹의 크기가 작아 유아들간에 상호작용이 수월하게 이루어지며, 유아들 서로가 가깝게 바라보며, 접촉하며 활동할 수 있는데, 이러한 요소들이 공동의 연대감을 결속시키고, 그룹에서 생기는 일에 대하여 책임감을 느끼고 그룹을 위하여 활동하도록 이끈다.

셋째, 유아들의 창의적 놀이는 늘 대화의 과정을 요구하게 되며, 이를 통하여 놀이규칙이나 실행할 내용이 선정된다. 넷째, 숲이 주는 자극으로 인한 또래와의 빈번한 대화와, 이동수레에 싣고 간 그림책 보기, 동요 부르기, 자연 소재물을 이용한 다양한 놀이활동 등을 통해 일반유치원보다 더 언어발달이 촉진된다. 또한 숲에는 완성된 장난감이 없기에 자연소재를 장난감으로 활용하고, 거기에 의미를 부여하는 과정에서 언어를 사용하고자 하는 자극을 더 많이 받게 되어 유아 상호간에 대화가 늘어나게 된다(Bickel, 2001).

(6) 감각교육

숲유치원은 유아들에게 그들의 모든 감각을 통하여 자연환경을 올바르게 감지할 수 있는 가능성과 능력을 부여한다. 유아들은 그들 자신이 질문을 던지고, 어떤 사실을 받아들이기 위해서는 대상 사물을 보고, 만져 보고, 냄새 맡고, 듣고, 맛보고 그리고 직접 온 몸으로 체험해 보아야 하는데, 이는 호기심, 자발적 행위, 실험에 관한 흥미가 유아의 내면세계에 자리잡고 있다(Seitz, 1996).

아울러 최근에 신경학자나 뇌생리학자들도 감각을 총괄적으로 사용하여야만 뇌가 정상적으로 발달할 수 있다는 견해를 발표했다(Freud, 1998). 이러한 감각의 훈련은 유아기에 하는 것이 적기인데, 이 시기에는 유아가 호기심이 많고, 뇌는 아직 유연하고 체험을 갈구하고 있어 감각기관을 통하여 인상을 쉽게 받아들일 수 있고, 이 인상은 포괄적인 틀로 뇌에 저장이 된다.

감각기관의 수용능력은 유아가 감각능력을 요구하는 만큼 커지게 되므로 숲은 이를 위한 최적의 장소라 할 수 있다

(7) 지적교육

유아들에게 있어 어떤 사물에 대한 설명을 받아들이려면 그전에 먼저 그것을 보았거나, 만져 보았거나, 경험했어야 한다. 이런 의미에서 숲과 자연환경은 유아들을 위해서 가장 적절한 놀이와 학습의 공간이라 할 수 있다. 유아들은 숲유치원에서 사계절과 날씨 그리고 자연의 변화를 직접적으로 생생하게 체험하고 관찰할 수 있기에 의도적인 학습방법이 아니더라도 자연과 동 · 식물의 형태와 색상, 수효 등 시적인 요소에 대하여 자연스럽게 배우게 되며, 아울러 지적교육에 필요한 집중력이 증진되게 된다.

(8) 영성교육(종교교육)

사계절의 변화를 숲에서 직접 체험하며 생성과 소멸의 원리를 알게 되고, 숲 속의 고요함은 유아의 영성을 촉진시킨다. 궁극적으로 숲은 유아에게 종교적 관점에서 신이 인간에게 부여하고자 했던, 혹은 바램이였던 가치나 본질 등을 자연스럽게 인식하게 해 준다.

(9) 학교를 위한 준비교육

유아가 자신의 현재 삶의 상황을 극복해 나가기 위해서 유아 자신의 문제와 현 실태를 정확히 바라보고 숲유치원의 일상에서 긍정적이고도 자율적인 방법으로 행할 뿐 아니라, 연대의식을 가지고 남을 돕는 일이다(Münder, 1993). 초등학교에서의 초창기 학습은 사전지식을 요구하는 것이 아니라 이보다 더 중요한 것은 초등학교에 입학하여 학습이 시작될 때 호기심이 있어야 하고, 주의력을 가지고 관찰하며 많은 질문을 할 수 있어야 하는 것이다.

해프너(Häfner, 2003)는 숲유치원을 취원했던 유아들이 초등학교에 진학하여 일반유치원을 취원했던 유아들과 학교생활에서 어떤 차이를 보이는가에 대하여 연구를 하였는데, 연구결과 인내력과 집중력 영역, 음악영역, 인지영역, 신체영역, 사회성 영역 등에서 숲유치원을 다녔던 원아들이 일반유치원을 다녔던 원아들보다 초등학교에서 높은 성과를 보이는 것으로 나타났다.

2) 숲유치원 교육의 필요성

독일의 소아정신과 의사인 쉐쯔박사는 유아기를 다음과 같이 표현하고 있다.

> "아이들의 발달은 밀가루 반죽과 같다고 할 수 있다. 물론 밀가루 반죽을 하려면 여러 가지 들어가는 요소가 있다. 그렇지만 거기에 모든 것을 첨가만 한다고 되는 것은 아니다. 중요한 것은 시간이다. 즉, 반죽이 따끈하게 부풀어 오르게 될 때까지 기다려야 하는

것이다. 빵이 부풀어 오르면 그때야 비로소 구울 수 있는데, 이런 의미에서 학교라는 것은 빵을 굽는 장소이고, 유치원은 빵이 부풀어 오르는 시기라 볼 수 있다. 이런 의미에서 아이들은 자신의 성장 · 발달에 필요한 것을 모두 태어나면서부터 이미 가지고 있는 것이다. 다만 거기서 필요한 것은 아이들이 정상적으로 발달하기 위한 따뜻한 온도와 시간인 것이다."

(1) 자연이 유아에게 주는 힘

자연을 즐기는 것은 진정한 탐구와 해방의 길로서 자연 속에서 생활하는 유아들은 세상에 대한 무한한 호기심을 마음껏 추구해 볼 수 있다.

자연은 훌륭한 교재, 즉 자연에서 볼 수 있는 다양한 자연물은 유아들의 무한한 상상력과 창조적인 연상작용을 자극하는 대상이 된다.

자연에 대한 감동은 또래 유아들과 공감의 폭을 넓게 해 준다.

자연은 유아들에게 스스로 무엇인가 만들어 보고자 하는 의욕을 불러일으키고 진실을 알고자 하는 탐구심을 길러 준다.

자연은 계절감각을 길러 주며 계절의 변화 속에서 자연의 아름다움을 느끼게 한다. 자연에서 얻는 풍부하고 생생한 경험은 유아들의 학습에 대한 호기심과 흥미를 유발시킨다.

(2) 숲과의 만남

자연에서의 체험은 유아의 적응 행동을 돕는다. 자연학습 상황에서 길러줄 수 있는 적응 기술들로 도움을 요청하기(예 : 가파른 언덕에 올라가려고 하는데 좀 도와줄래?), 균형 유지하기(예 : 눈 속을 걷거나 모래 위를 걸을 때, 바닥이 고르지 않은 땅 위를 걸을 때), 가정이나 유치원의 일상적인 환경과 다른 곳에서 독립적으로 식사하기(예 : 견학장소에서 간식이나 식사를 먹게 될 때) 등이다.

자연체험을 통해 심미감이 발달된다. 심미감은 자연이나 예술 속에 있는 아름다움에 대해 민감해지는 것이다. 아름다움에 대한 민감성은 아름다움에 대해 말로 설명해서 길러지기보다 다양한 종류의 경험을 통해서 길러진다. 푸른 소나무 위에 쌓인 눈을 보면서, 비온 후 땅에서 나는 흙 냄새를 맡으면서, 나뭇잎과 풀 냄새를 맡으면서, 새 소리를 들으면서, 나무 둥지에 있는 이끼를 만져 보면서, 토끼털을 만져 보면서 유아는 자연의 아름다움을 느낀다. 자연의 세계는 유아에게 아름다움에 대한 감상능력을 길러줄 수 있는 훌륭한 교사이다. 3세 때 맞아본 첫눈, 하늘에 뜬 무지개를 난생 처음 볼 때, 이꽃 저꽃으로 옮겨 다니는 나비를 쳐다볼 때, 이런 경험들이 유아에게 강한 인상으로 남아 있을지 모른다. 아름다움이란 보이는 것뿐만 아니라 촉감으로 만져지고, 느껴지고, 들려질 수 있는 것이다. 자연세계는 이러한 광경, 소리, 촉감들로 가득 차 있기 때문에 어린 유아들에게 심미감을 발달시키기에 풍부하고 훌륭한 자원이 될 수 있다.

3) 숲유치원의 교육적 효과

(1) 감각 및 지각이 발달한다.

① 숲유치원에서 유아들은 가만히 서 있기만 해도 온몸의 감각으로 자연을 느끼며 상쾌해지게 된다. 또한 숲에서 즐겁게 뛰어놀고, 자연을 탐색하면서 보고, 듣고, 냄새 맡고, 손과 발뿐만 아니라 온몸으로 자연을 느끼는 과정을 통해 자연스럽게 감각을 발달시키게 된다.
② 자연을 접하면서 지각 능력이 발달하고, 자연의 소리에 귀를 기울이며 주의 깊게 듣는 것을 배운다. 또한 아주 세밀한 내적, 외적인 변화과정에 대한 감수성도 기를 수 있다.
③ 숲에 존재하는 자연의 다양성 속에서 유아들은 자연스럽게 직관 능력이 발달하게 된다.

(2) 신체발달 및 면역력이 강화된다.

① 숲이 제공하는 다채로운 환경에서 유아들은 마음껏 뛰어놀면서 신체기관 및 근육을 강화시키고, 운동능력도 발달하게 된다.
② 유아들은 자연 속에서 운동을 통해 자신의 신체 발달 가능성과 그 한계를 경험하게 된다. 또한 면역력이 발달되어 한 겨울에 숲에서 뛰어놀아도 쉽게 감기가 걸리지 않는다.
③ 자연 속에서 자유롭게 노는 과정을 통해 신체적인 힘과 지구력이 강화된다.

(3) 긍정적인 정서와 친사회성이 발달한다.

① 숲 속에는 문명의 이기가 주는 소음이 적고 고요함이 있기에 내적 평화로

움을 느끼면서 정서적인 안정감을 발달시키게 된다. 또한, 내면의 힘을 보다 집중적으로 발휘될 수 있게 된다.

② 자연과 숲은 그 자체로서 치유기능을 가지고 있어 유아의 마음과 영혼을 건강하게 발달시킨다. 자연 속에서 유아들은 자신이 뒤쳐질지도 모른다는 스트레스를 받지 않고 마음껏 뛰어노는 가운데 오히려 각종 스트레스를 해소하게 되는 것이다. 또한 넓은 숲 속에서 유아들은 그 동안 억제되었던 운동 욕구를 해결하며, 이를 통해 다른 유아를 무시하는 감정에 바탕을 둔 공격성도 사라지게 된다.

③ 유아들은 개방적인 자연환경에서 자신의 한계를 확장하고 모험심을 마음껏 발휘하면서, 자기 확신과 자기 신뢰감을 형성하게 된다.

④ 숲 속에서 이루어지는 집단놀이를 통해 다른 사람을 존중하는 마음가짐과 태도를 배움으로써 유아들은 서로 의존하며 배려하고 협동하게 된다.

⑤ 자연물을 이용해 또래와 놀이를 하면서 유아들은 규칙의 필요성과 의미를 자연스럽게 배우게 된다. 숲에서 각종 자연물을 이용해 놀이할 때 놀이 규칙을 유아들 스스로 만들어 가기 때문이다.

(4) 언어적 표현 능력이 발달된다.

① 숲에서는 탐구해야 할 미지의 것들이 매일 새롭게 발견된다. 이로부터 무수한 의사소통의 기회가 주어지므로 유아들의 언어적 표현 능력이 촉진된다.

② 숲에서는 혼자놀이보다는 다양한 자연물을 활용한 집단놀이가 주로 이루어져 사회적 상호작용이 활발히 이루어지므로 그 과정에서 자연스럽게 언어발달이 진행된다.

(5) 잠재능력, 그리고 상상력과 창의성이 크게 발달한다.

① 숲에는 놀이 방법이 정해져 있는 놀잇감은 거의 없다. 유아들은 자연 속에서 자연물을 이용해 스스로 놀 거리를 찾아서 놀아야 하기에 자신에게 잠재된 특별한 능력과 재주를 발달시킬 자연스러운 기회를 얻게 된다.
② 장난감 없는 숲 속에서 생명이 없는 나뭇가지나 솔방울 등 다양한 자연물에게 상상력을 이용하여 생명을 불어넣는 놀이를 함으로써 상상력과 창의성이 발달하게 된다.
③ 다양한 자연물을 관찰하거나 자연의 변화를 직접 체험하며 자연에 대한 체험적인 지식이 형성되는 등 인지능력이 발달하게 된다.

(6) 창조적인 조형능력이 발달한다.

숲은 유아들에게 종종 예기치 않았던 조형놀이의 가능성을 제공한다. 떨어진 나뭇가지를 이용하여 집을 짓거나, 죽은 통나무에 톱질 · 망치질 · 구멍 뚫기 등을 하여 악기를 만들거나 마른 풀 · 꽃 · 버들가지를 엮는 과정에서 창조적인 조형능력이 발달한다. 또한 그 과정에서 섬세한 동작능력 및 지구력과 집중력도 발달하게 된다.

(7) 자연체험교육과 생명존중의 교육

자연에 대한 단순한 지식 전달만으로는 자연을 소중하게 생각하는 마음을 배우지 못한다. 그러니 자연체험을 통해 자연을 사랑하는 것을 배운 유아는 어른이 되어서도 자연을 보호하고 귀중하게 다루게 된다. 숲유치원에서는 자연과 함께하며 자연과 상호작용하는 체험을 통해 유아들이 모든 종류의 생명체를 소중히 여기는 마음과 소중히 다루는 법을 깨닫게 된다. 즉 유아들은 숲 체험을 통해 자연에 대한 사랑과 존중하는 마음을 키우며, 이것이 긍정적인 감정으로 충전되어 그들의 내면에 자리잡게 되는 것이다.

〈숲유치원의 하루 일과〉

일과	시간	내용
등원	08:00	부모가 유아를 데리고 미팅포인트로 등원
아침모임	08:00	노래, 율동, 숲에게 인사하기 등으로 숲과 만날 준비
바우바겐으로 이동	08:30	관심 있는 자연물을 탐색하거나 흥미 있는 놀이를 하면서 바우바겐이 있는 활동 장소로 이동
이야기나누기	09:00	매일의 주제에 따라 이야기를 나눔
간식	09:20	매일의 주제에 따라 이야기를 나눔
자유놀이시간 및 프로젝트 활동	09:40	숲에서 구한 자연물을 이용하여 다양한 창의적 활동에 참여
서클활동 및 동화	11:40	대집단으로 모여 이야기를 나누거나 동화를 들음
마무리활동	12:00	노래를 부르며 활동을 정리
미팅포인트로 이동	12:15	다 함께 미팅포인트로 이동
귀가	12:30	부모가 아이들을 데리고 귀가

제 7장

유아교육 프로그램의 평가

1. 유아교육 프로그램 평가의 기본 개념
2. 유아교육 프로그램 효과
3. 유아교육 프로그램 평가 연구과제 및 발전방향

1. 유아교육 프로그램 평가의 기본 개념

교육평가의 기본 개념은 Tyler(1949)의 교육평가 개념에서 살펴볼 수 있다. 그는 교육평가란 교육과정이나 교육 프로그램에 의해 교육목표가 실지로 어느 정도 실현되었는지를 밝히는 과정이라고 보았다. 교육 프로그램 평가의 정의로서 Cronbach(1963)는 교육 프로그램에 대한 의사결정을 내리기 위하여 정보를 수집하고 사용하는 과정이라고 보았으며, Stufflebeam(1971)은 교육 프로그램의 개선을 위해 이와 관련된 자료를 수집, 분석하며 의사결정자들에게 자료를 제공함으로써 교육 현장의 의사결정을 돕기 위한 과정이라고 정의하였다. Ahmann(1971)은 교육 활동의 효율성을 따져 보고 판별하는 체계적인 과정이라고 보았으며, 국내 학자인 황정규(1975)는 교수 프로그램에 관한 의사결정을 하기 위해서 학습자의 행동변화 및 학습 과정에 관한 정보를 수집하고 이용하는 과정이라고 보았다.

황해익(2000)은 유아교육은 유아의 발달적 특징이나 교수방법의 특수성 때문에 자질과 능력에 의해 교육의 성패가 직결되므로 유아교사의 자질은 유아의 학습과 발달에 중요한 영향을 미치고 유아교육 프로그램의 질을 결정하는데 유아교육 프로그램 평가의 가장 중요한 의미를 갖는다고 하였다. 또한 유아교육연구자들(이윤식, 1999; 임승렬, 2001; 홍광식, 1999, 황정규, 1992)은 유아교사의 질적 향상을 위해서는 유아교육 프로그램의 평가, 유아에 대한 평가와 함께 교사 자신 평가 등 형식적 · 비형식적 평가를 함께하여 평가 결과를 다음 교육계획에 반영시킴으로써 교육과정의 운영이 보다 효율적으로 이루어지도록 해야 한다고 주장하였다. 그런 주장이 유치원교육과정에 명시되어 있음에도 불구하고 현행 유아교사평가 자체가 가지고 있는 가장 큰 문제점 중의 하나는 유아교육 프로그램 평가가 체계적으로 수행되고 있지 않다는 점을 지적하고 있다.

유아교육 프로그램 평가로서 교사 평가 방법은 일반적으로 수업에 대한 교사의 자기 평가, 동료나 외부 관찰자 평가, 유아의 비반응적 측정, 유아의 수행 능력, 전문가의 참관평가 또는 학부모 조사 등이 활용될 수 있다(김정환, 2000; 이은해 · 이기숙 1995; 황해익, 2000a Goodwin & Driscoll, 1980). 또한 유아교육 프로그램 평가에 유아발달에 관한 평가를 포함을 주장하는 이영석 · 박재환 · 김경중(1985)은 유아교육평가를 유아들의 전인적 성장 · 발달을 조력하기 위한 과정이나 프로그램이 어느 정도 실현되었고 달성되었는지 알아보는 과정으로 보았다. 그러므로 유아교육 프로그램 평가에는 첫째, 교사평가 둘째, 유아발달평가, 셋째, 유아교육기관 평가 등 모두 포함되어야 한다.

이상의 학자들이 밝힌 교육평가에 대한 개념은 비록 용어의 차이는 있으나 교육활동의 결과를 판단하는 작용이라는 점에 공통점이 있다. 교육평가에 대한 이와 같은 관점을 통해 미루어 볼 때 교육평가는 교육목표 달성뿐 아니라 교수-학습 방법의 개선에 기여하는 측면에서 이루어져야 한다는 것에 의미가 있다. 따라서 유아교육 프로그램 평가 개념도 유아교육의 전반적인 과정과 관련지어 규정지어져야 할 것이며 전체 유아교육과정에서 유아교육 프로그램 효과를 알아보는 평가가 되어야 할 것이다.

2. 유아교육 프로그램 효과

유아교육과정의 효과라는 용어 대신에 유아교육 프로그램의 효과라고 한 것은 수많은 구체적인 유아교육 프로그램들이 개발, 적용되는 과정에서 유아교육과정의 평가가 이루어졌기 때문이다. 유아교육 프로그램 평가는 유아교육 프로그램 효과에 관한 연구로부터 살펴봐야 한다.

대부분의 유아교육 프로그램의 효과에 관한 연구는 1960년 중반부터 이루어지고 있다. 이러한 다양한 유아교육 프로그램들을 분석하여 그 효율성을 측정해 보려는 시도는 1970년대부터 가속화되기 시작되면서 유아기부터 청년기까지를 종단적으로 분석한 연구 결과들이 많이 보고되고 있다. 특히, 유아교육 프로그램에 관한 많은 종단적 연구들을 종합하고 활성화하기 위하여 종단적 연구협회가 1975년에 형성되면서, 최근까지 활발하게 유아교육 프로그램의 효율성을 추적해 나가는 바람직한 연구가 있었다. 따라서 유아교육 프로그램 효과 연구는 단기적 효과와 장기적 효과로 나누어서 다음과 같이 요약 정리될 수 있다.

1) 유아교육 프로그램 단기적 효과

· 유아교육의 단기적 효과를 분석한 연구는 대부분 저소득층 유아를 대상으로 하였다.
· 단기적 효과에 관한 결과로는 학령전기에 유아교육을 받으면 확실히 단기적 효과는 나타나는 것으로 보인다.
· 유아교육 프로그램 참여집단 유아는 IQ 및 학력검사 점수가 통제집단유아에 비해 우세하였으나, 그 영향은 2-3년 정도밖에 지속되지 않았고 초등학교 초기에 감소된다.
· 또한 프로그램 유형에 따라 그 효과는 각기 다르게 나타난다.
· 구조화가 높은 학문 지향적 프로그램일 경우 읽기나 수영역에서 점수가 높게 나타난다.
· 반면 유아 중심적이며 비구조적인 프로그램일수록 유아의 독립성과 친사회적 행동 등이 높은 것으로 나타난다.

2) 유아교육 프로그램의 장기적 효과

· 그레이 등의 3-20세를 종단적으로 연구한 결과에 의하면, 지능에서는 유아교육 프로그램 경험집단이 초등학교 3학년까지 우세했으나 중 · 고등학

교에서는 큰 차이를 보이지 않았다.

· 밀러와 비젤에 의해 계속된 루이의 종단적 실험연구에서 실험집단 유아의 지능지수는 계속 감소하여 중학교에서는 실험집단과 통제집단 간에 유의한 차이가 나타나지 않았다.

· 유아교육 프로그램의 유형에 관계없이 유아교육의 장기효과를 연구한 결과에 따르면 지능발달에서 초등학교 1학년까지 평균 IQ 5.8까지 상승하는 효과를 보였으나, 그 효과는 오래 지속되지 않고 있음을 밝히고 있다.

· 주로 사전검사 및 사후검사에 사용된 측정도구는 네 가지 종류로서 일반지능검사, 사회 · 정서발달 평정척도, 학교준비도 검사, 창의성 검사 등을 하였다.

· 유아교육 프로그램의 구조성과 상호작용 유형에 따른 효율성은 유아의 인지발달보다는 사회 · 정서발달, 학습준비도 및 창의성 발달 측면에서 나타난 것으로 밝혀졌다.

이상으로 유아교육 프로그램 효과가 단기적으로는 효과가 있으나, 장기적으로는 초등 고학년 이후까지 지속되지 않고 있음을 시사하고 있다. 효율성을 가져오는 유아교육 프로그램의 구성요인이 무엇인가가 밝히기 위해서는 유아교육 프로그램 평가에 대한 연구과제와 발전방향에 대해 살펴보아야 할 것이다.

3. 유아교육 프로그램 평가 연구과제 및 발전방향

유아교육 프로그램 평가는 유아교육의 성장 · 발전과 함께 앞으로 관심이 지속적으로 증가할 것이며, 유아교육기관과 교육과정에 대한 다양한 관심이

요구되어지면서 유아교육평가의 중요성이 더욱 강조되고 있다.

1) 연구과제

첫째, 유아교육과정의 목적이 유아의 모든 발달영역을 통합적으로 다루어야 한다는 것과 같이 유아교육 프로그램 평가도 유아의 지적 · 사회적 · 정서적 · 신체적 발달이 균형 있게 유아의 생활교육 속에 통합되어 유아교육과정과 함께 평가되어야 한다.

둘째, 프로그램에는 단기적 효과를 나타내는 것이 있는가 하면 장기적 효과를 나타내는 프로그램이 있다. 이에 따른 프로그램 효과에 관한 지속적 연구가 있어야 한다.

셋째, 유아에게 효율성을 가져오는 유아교육 프로그램의 구성요인이 무엇인가가 밝혀야 한다. 그 구성을 확인한 후에는 유아교육에 가장 적합한 프로그램이 무엇인지를 찾아서 효율성을 높일 수 있는 방법이 개발되어야 한다.

넷째, 학교에서 성공하는 유아와 실패하는 유아의 특성을 구별할 수 있도록 가족변인까지 조사되어야 한다. 이러한 정보는 적절한 부모참여 프로그램 평가방법으로도 사용되어야 한다.

다섯째, 유아에게 나타나는 결과는 유아교육과정에서 교사의 행동, 유아의 행동, 학급환경 등 교육과정 변인과의 관계 속에서 결과의 평가가 아닌 과정으로서 평가가 연구되어야 한다.

여섯째, 교사에게 프로그램 평가에 대한 계속적 장학과 훈련이 요구된다.

2) 발전방향

첫째, 유아교육 프로그램 평가는 교사의 일반적인 자질 및 교육활동 개선을 위해 활용되어야 하며, 유치원교사에게 전문적 자질의 성장 및 인사행정의 기회제공이 될 수 있다.

둘째, 평가를 통해 유아기의 발달 특성을 잘 이해하기 위해서는 관찰에 따른 교사의 영향력이 크므로 더 체계적이고 지속적인 평가방법의 교사연수가 이루어질 수 있을 것이다,

셋째, 프로그램 평가의 내용과 방법의 획일화를 탈피하여 다양한 평가방법이 필요하다. 또한, 과거의 결과중심, 비교중심의 평가방법에서 탈피하려는 유아교육 현장과 학계의 인식이 변화되어질 수 있을 것이다.

넷째, 프로그램 평가는 교사평가자뿐 아니라 부모에게도 실효성 있고 체계적인 연수를 위한 노력들이 점진적으로 발전시켜 나갈 수 있다.

다섯째, 프로그램 평가는 교수 활동의 결과만이 아니라 교수 활동의 과정과 맥락과 연계되어야 한다. 교육목표 선정설정, 교육내용을 선정 · 조직하며 프로그램 개발 및 교육과정에 구체적으로 활용되는 단계로 나아가야 하며, 유아발달의 평가는 효과적이고 책임성 있는 프로그램의 체계를 구축하기 위한 중요한 요소로 방향을 잡아가게 될 것이다.

여섯째, 유아교육 프로그램 평가 결과는 1회적인 평가로 그치는 것이 아니라 지속적인 평가로 프로그램의 질 개선 뿐만 아니라 교사 자신의 교수 활동의 질적 개선과 전문성 신장을 객관적으로 보장받을 수 있다고 본다.

참고문헌

강숙현(1999). 통합 유아교육과정 운영을 위한 발달에 적합한 실제의 대안적 논의. **영유아교육연구** 2(1). 23-41.

고문숙 · 권민균 · 김수영 · 김수향 · 임영심 · 임춘금 · 정정희(2007). **보육과정**. 파주: 양서원.

고후순(1990). **유아교육개론**. 서울: 학문사.

고후순(1992). Froebel의 유아교육사상. 효성여자대학교 박사학위 청구논문.

곽노의(2000). **유아교육사상**. 서울: 문음사.

곽노의(2001). **프뢰벨 생애와 교육**. 파주: 양서원.

곽노의 · 이경순 · 윤승훈(2010). **숲유치원 아이들**. 서울: 교육자치연구소.

곽은복 · 김금주 · 김연진 · 김은심 · 박영희 · 박홍자 · 장미아 · 전선옥 · 정미경 · 최은숙, 최창섭 · 허선자(2004). **유아교육개론**. 서울: 창지사.

곽철규(1985). "J. Dewey의 지식론에서 조명한 교육사상 연구", 중앙대학교 대학원 박사학위 논문.

교육과학기술부(2008). 유치원 교육과정 해설.

교육과학기술부(2011. 9. 4). 5세 누리과정 고시문.

교육과학기술부(2012). 5세 누리과정 지도서.

교육과학기술부 · 보건복지부(2012a). 5세 누리과정 해설서.

교육과학기술부 · 보건복지부(2012b). 5세 누리과정 교사용지침서.

교육부(1993). 유치원 교사용 지도서-종일반 운영지도 자료.

구병두 · 김범준(2007). **교육과정 및 교육평가**. 경기: 공동체.

국무총리실, 교육과학기술부, 보건복지부(2001. 5. 2). 만 5세 공통과정도입 보도자료.

권소영(2000). 프뢰벨과 몬테소리의 종교교육에 관한 비교연구. 장신대 대학원 석사학위 청구논문.

권응호(1996). **에밀**. 서울: 홍신문화사.

권장진(1997). 프뢰벨과 몬테소리 교육이론이 현대 유아교육에 미친 영향에 관한 연구, 경기대학교 석사학위 청구논문.

김경연(1988). "John Dewey의 민주적교육에 관한 연구", 석사학위 논문, 조선대학교 대학원.

김경철(1991). 교육의 기회균등 측면에서 본 한국의 유아교육정책. 효성대학교 대학원 박사학위 청구논문.

김금주 · 김연진 · 윤희경 · 윤덕영 · 곽은복 · 오진희 · 김소향 · 최은숙 · 김은정(2009). **유아교육개론**. 서울: 창지사.

김기태(1983). **교육사연구 입문**. 경기: 교음사.

김기현 · 조복희(2000). 맞벌이 부부의 양육스트레스에 영향을 미치는 생태학적 관련 변인 탐색. **아동학회지, 21**(4), 35-50.

김동욱(2000). Rousseau의 교육사상에 관한 연구. 관동대학교 교육대학원 석사학위논문.

김동일(1992). Rousseau의 아동교육사상에 관한연구. 효성여자대학교 박사학위 논문.

김명순 · 이기숙 · 이옥(2005). 한국 유아교육 · 보육과정의 역사와 미래. **한국유아교육학회 학술대회 자료집**.

김범준 · 구병두(2007). **교육학개론**. 경기: 공동체.

김병길(1985). "J. Dewey의 민주적 교육철학", 중앙대학교 대학원 박사학위 논문.

김봉수(1982). **교육과정**. 서울: 학문사.

김선양(1965). **교육사강의**. 서울: 재동문화사.

김성원 · 석은조 · 신성숙 · 신은정 · 이춘옥(2011). **유아교육개론**. 경기: 공동체.

김수동(1996). 루소의 자연주의 교육사상 연구: 에밀을 중심으로. 성균관대학교 박사학위 논문.

김수영 · 김수임 · 송규운 · 정정희(2003). **영유아 프로그램 -이론과 실제-**. 파주: 양서원.

김수향 · 이은지 · 이용주(2008). **유아교육기관 운영관리**. 서울: 동문사.

김숙이(2003). 페스탈로치의 유아교육사상, 호원대학교 논문집.

김영옥(2002). **유아를 위한 다문화 교육**. 경기: 정민사.

김옥련(1986). **유아교육사**. 경기: 정민사.

김옥련(1993). **유치원 경영관리**. 파주: 교육과학사.

김옥련(2001). **유아교육사**, 경기: 정민사.

김옥련(2001). **유아교육사**. 경기: 정민사.

김옥련 · 박찬옥(1990). **유아교육개론**. 경기: 교육과학사.

김용민(2000). 계간사상-루소 연구서설. 서울: 사회과학원.

김용일(1983). **교육사**. 서울: 숙명여자대학교 출판부.

김은설(2011). 뉴질랜드의 유아교육 · 보육 통합과 육아정책, **교육정책포럼 220호**. 한국교육개발원.

김재만(1980). **듀이 철학**, 서울: 배영사.

김재면(2000). J. J. Rousseau의 교육사상에 대한 고찰. 충남대학교 교육대학원 석사학

김정규(2001). **유아교육과정**. 서울: 동문사.

김정환(1968). **페스탈로치: 백조의 노래**, 서울: 경지사.

김정환(1972). **페스탈로치: 은자의 황혼**, 서울: 서문당.

김정환(1977). 페스탈로치의 교육사상과 교육방법론 연구 省谷논집, 8.

김정환(1986). 유아교육서한연구, 고려대사대논집.

김정환(1989). 페스탈로치의 서간전집연구, 고대사대논집.

김정환 · 이재준 (1991). **페스탈로치의 실천**, 서울: 젊은날.

김제한(1988). **유아교육개론**. 서울: 형설출판사.

김종준(1979). 페스탈로치에 관한 연구, 목포대학 논문집.

김종표(2001). 루소의 자연주의 교육사상과 한국교육의 방향. 계명대학교 교육대학원 석사학위 논문.

김창복(2010). 유치원교육과정과 표준보육과정의 비교와 개편방향. 한국열린유아교육학회 2010 학술대회 발표논문. 49-78.

김태길(1978). **존 듀우이의 사회철학**, 서울: 태양문화사.

김태창(1979). **생애와 사상 루소**. 서울: 유풍출판사.

김희진(2011). OECD 국가의 유아교육 · 보육과정 개발 및 실행 전략. **교육정책포럼 220호**. 한국교육개발원.

나까하라 유리(1976). **유럽의 유아교육**. 서울: 형설출판사.

나정 · 장영숙(2002). OECD **국가들의 유아교육과 보호정책 동향**. 파주: 양서원.

노상우(1998). **교육의 역사와 사상**. 경기: 교육과학사.

노일웅(1996). 프뢰벨의 인간 교육에 나타난 교육사상 연구. 경상대학교 석사학위 청구논문.

류현수 · 김주아 · 조희연(2010). **영유아 프로그램 개발과 평가**. 서울: 동문사.

문미옥(2009). **교육과 보육을 위한 영유아 교육과정**. 서울: 창지사.

문혁준(2004). 취업모와 비취업모의 양육스트레스. **대한가정학회지,** 42(11), 109-122.

미래유아교육연구소(2004). **디스터 유아교육연구회 제3차 워크샵 자료집**. 서울: 미래유아교육연구소.

박덕규(1991). **프뢰벨의 교육사상과 킨더가르텐**, 서울: 민성사.

박은혜(2007). 교사양성, 현직교육 측면에서의 유아교육 · 보육의 통합방안 모색. 한국열린유아교육학회. 2007 춘계학술대회. 51-69.

박의수(1993). **교육의 역사와 철학**. 서울: 동문사.

박호성(1993). 루소의 정치사상: 시민사회와 개인의 문제를 중심으로. 경희대학교 박사학위 논문.

방인옥 · 박찬옥 · 이기현 · 김은희(2009). **유아교육과정**. 경기: 정민사.

서문희 · 장명림 · 문무경 · 양미선(2011). 만 5세 공통과정 추진 방안 연구. 육아정책연구소.

서석남(1983). **어머니의 노래와 애무의 노래**. 파주: 양서원.

서영숙 · 성영혜 · 이효자 · 송인자(1994). **보육교사 양성교재**. 숙명여자대학교 출판부.

서영현 · 반채익(2004). 한국교육사학, 제26권 2호.

서울시교육청(2004). **유치원 에듀케어(Edu-care) 프로그램**.

성종규(1964). **학습지도**, 서울: 광문사.

손인수(1993). **교육철학 및 교육사**. 서울: 교육출판사.

손현목(1989). **에밀**. 파주: 양서원.

신옥순(2005). **유아교육학개론**. 서울: 학지사.

심상미(1988). 페스탈로치의 전인교육사상, 숙명여자대학교 석사학위 논문.

심성경 · 조순옥 · 이정숙 · 이춘자 · 이선경 · 이효숙(2004). **유아교육학개론**. 서울: 창지사.

안인희(1990). **루소의 교육론**. 파주: 양서원.

양옥승(2004). 보살핌의 텍스트로서 유아교육과정 이해. **유아교육연구**, 24(4), 247-262.

양옥승(2008). 이론적 탐구분야로서의 유아교육과정 이해(Ⅱ): 1928~1969년 미국의 교육과정이론을 중심으로. **열린유아교육연구** 3(1), 425-440.

양옥승(2008). 이론적 탐구분야로서의 유아교육과정 이해(Ⅲ): 1970년대 미국의 교육 과정이론을 중심으로. **유아교육연구** 27(6), 383-396.

양옥승 · 황윤세(2002). 유아교육과정 평가에 대한 재개념주의적 접근. **한국영유아보육학**. 28, 195-224.

여성가족부(2006). **2006 보육사업안내**.

염철현(2008). 미국의 이중언어교육법 변천과정에 대한 고찰. 비교교육연구, 18(3), 103-122.

영유아보육법 일부개정 2009. 10. 9. 법률 제9792호.

오천석(1981). **교육철학 신강**, 서울: 교학사.

오천석(1984). **존 듀이의 민주주의와 교육**, 경기: 교육과학사.

왕학수(1950). **페스탈로치,** 세계교육명저총서간행위.

유안진(1987). **유아교육론**. 서울: 창지사.

육아정책연구소(2011). 5세누리과정 고시. 육아정책포럼 9 · 10 제26호. 27-32.

육아정책연구소(2011). 영유아기 발달의 중요성과 정책적 시사점. 육아정책포럼 9 · 10 제26 호. 4-5.

윤희경 · 신혜영 · 임미혜 · 김애옥 · 나은숙 · 이분려 · 장미아(2005). **발달에 적합한 영유아 교육과정**. 파주: 양서원.

은용기 · 길형석(1992). **열린학교 열린교육**. 서울: 대한교과서주식회사.

이기숙(2000). **유아교육과정**. 경기: 교문사.

이기숙 · 김정원 · 이현숙 · 전선옥(2010). **영유아교육과정**. 경기: 공동체.

이기숙 · 장영희 · 정미라 · 엄정애(2002). **유아교육개론**. 파주: 양서원.

이대균 · 송성원(2005). 최신 유아교육기관의 운영관리. 파주: 양서원.

이돈희(1982). **John dewey의 교육사상**, 임한영(편), '존 듀우이와 프라그마티즘'. 서울: 삼일당.

이명환(2006). 숲유치원의 교육학적 원리와 실제. **열린유아교육연구**, 125-152.

이미화(2007). 교육과정, 보육과정 측면에서의 통합 방안 연구. 한국열린유아교육학회. 2007 춘계학술대회. 79-93.

이범식(2001). J. J. Rousseau 자연주의 교육사상 연구. 한남대학교 교육대학원 석사학위 논문.

이상금(1987). **한국근대 유치원 교육사**. 서울: 이화여자대학교 출판부.

이상욱(1996). **프뢰벨과 기독교 유아교육**. 파주: 양서원.

이성한(2008). 일본유아교육과정 변천사. **한국일본교육학연구**. 12(2). 179-197.

이성호(2004). **교육과정개발과 평가**. 파주: 양서원.

이소현(2005). **장애아동 통합을 위한 보육프로그램개발**. 삼성복지재단 연구보고서.

이순자.(1989). 페스탈로치의 교육사상과 방법에 관한 연구, 숙명여자대학교 교육대학원 석사논문.

이순형 외 7인 공저(2010). **유아이중언어 통합교육 프로그램**. 서울: 학지사.

이영미(2009). 화폐 프로젝트가 유아의 경제개념 발달에 미치는 영향. 숭실대학교 교육대학원 석사학위논문.

이영석(1996). **유아교육사상사**. 경기: 교육과학사.

이영석 · 박재환 · 김경중(1985). **유아교육개론**. 서울: 형설출판사.

이영석 · 이항재(1998). **최신 유아교육학개론**. 경기: 교육과학사.

이영석 · 임명희 · 이정화(2003). **현대 유아교육과정**. 서울: 형설출판사.

이원숙(1997). 페스탈로치의 교육사상연구, 경기대학교 교육대학원 석사학위 논문.

이원영(2004). **유아교육법 제정과정과 그 의의. 유아교육정책토론회 자료**. 유아교육발전을 위한 대표자 연대.

이원영 · 박찬옥 · 노영희(1992). **유아의 사회성 발달을 위한 프로그램 개발 연구**. 서울: 한국어린이육영회.

이윤경 · 김선영 · 김성희 · 김지은 · 나종혜 · 문혁준 · 신인숙 · 안선희 · 천희영 · 최은미 · 황혜신 · 황혜정(2005). **유아교육개론**. 서울: 창지사.

이윤희(1998). 프뢰벨에 있어서의 놀이와 창의성 연구. 한국교원대학교 석사학위 청구논문.

이일주(2007). 법규 · 비용 측면에서의 통합방안 모색. 한국열린유아교육학회. 2007 춘계학술대회. 11-43.

이전제 · 곽노의 · 이동흡(2005). 목재교실이 교육을 살린다. 지구 환경시대의 어린이, 41(1).

이종인(2001). **18세기를 가장 과격하게 비판한 사상가 루소**. 서울: 시공로고스 총서.

이혜주(1993). 유아교육 프로그램 유형이 아동의 학업성취, 사회·정서 및 창의성에 미치는 영향. 이화여자대학교 교육대학원 석사학위 논문.

이홍우(1988). **존 듀이의 민주주의와 교육**, 경기: 교육과학사.

이홍우(1992). **증보 교육과정탐구**. 서울: 박영사.

인인희 · 정희숙 · 임현식(1996). **루소의 자연교육 사상**. 서울: 이화여자대학교 출판부.

임미혜 · 이혜원 · 황윤세(2008). **표준보육과정에 기초한 영유아보육과정**. 서울: 학현사.

임미혜 · 장미아 · 신혜영(2010). **쉽게 풀어 쓴 유아교육과정**. 파주: 양서원.

임영심(2007). 교육과정, 보육과정의 측면에서의 통합 방안 연구에 대한 토론. 한국열린유아교육학회. 2007 춘계학술대회. 95-101.

임재택(1992). **현대 유아교육과정**. 파주: 양서원.

임재택(2005). **생태유아교육개론**. 파주: 양서원.

임재택 · 하정연(2004). 부산대학교 부설 어린이집 프로그램: 생태유아교육 프로그램. **한국유아교육학회 2004 정기총회 및 학술대회 자료집**.

임한영(1971). **교육의 철학적 이해**, 경기: 교육과학사.

임한영(1985). **교육사상의 비교연구**, 서울: 배영사.

장명림(2011a). 유아를 위한 교육과정의 통합적 접근. 한국유아교육학회 2011년 정기총회 및 정기학술대회(다양성과 통섭을 향한 한국유아교육의 실천) 자료집.

장명림(2011b). 5세 누리과정의 추진배경과 운영방안, 2011 서울특별시 유치원교육과정 편성 · 운영지침 개정개발위원 연수자료집. 서울특별시교육연구정보원.

장명림(2011c). 5세 누리과정의 효율적 정착을 위한 방안과 과제, **교육정책포럼 220호**. 한국교육개발원.

장명림 · 김은영 · 박수연 · 김온기 · 이일주(2009). 육아지원기관의 질적 수준 관리 방안 연구. 육아정책개발센터.

장명림 · 서문희 · 양미선(2011). 5세 누리과정 해설서 개발. 육아정책연구소.

장전신(1961).**교육철학**, 서울: 동경서적.

정금자(2004). **유아교육사상사**. 경기: 교육과학사.

정지선(2009). 프로젝트 접근법이 유아의 어휘력과 창의성에 미치는 영향. 전북대학교 교육대학원 석사학위논문.

정호표 · 김병희(2002). **교육사상사**. 경기: 교육과학사.

조경원 · 이기숙 · 오욱환 · 이귀윤 · 오은경(1990). **교육학의 이해**. 서울: 이화여자대학교출판부.

조영숙(2001). 18세기 자연주의 교육사상에 관한 연구 J. J. Rousseau를 중심으로. 숙명여자대학교 교육대학원 석사학위 논문.

중앙교육연구원(1976). 유아교육(취학전 교육)의 현황과 추세.

지옥정(2005). **프로젝트 학습 공동체를 위한 프로젝트 접근법의 유아교육 현장적용**. 서울: 창지사.

지옥정 · 김수영 · 정정희 · 고미애 · 조혜진(2008). **유아교육개론**. 서울: 창지사.

최정웅(1978). Rousseau와 Pestalozzi의 교육사상 비교연구. 교육철학회, 교육철학 1호, pp. 73-99.

최정웅(1979). 사회개조를 중심으로 한 페스탈로치의 교육사상.

최정웅(1987). **루소의 교육사상**. 서울: 배영사.

최정웅(1789). 페스탈로치의 가정관과 교육, 경북대학교 박사학위 논문.

최현(1993). 루소의 **인간불평등기원론·사회계약론**. 서울: 집문당.

팽영일(2000). **유아교육사상의 이해**. 경기: 창지사.

팽영일(2000). **유아교육의 역사와 사상**. 파주: 양서원.

한국교육학회 한국사연구회(1989). **교육사상가 평전**. 서울: 교학연구사.

한국여성정책연구원(2007). **한국사회의 다민족, 다문화 지향성에 대한 조사 연구**. 서울: 한국여성정책연구원.

한국유아교육학회(1996). **유아교육사전**. 경기: 교문사.

한임순(1983). **유아교육원리**. 서울: 동문사.

현미숙(1992). 디스타 유아교육 프로그램의 소규모 현황 적용 효과. 성균관대학교 대학원 석사학위 청구논문,

홍석란(1991). 프뢰벨의 놀이이론연구, 한국교원대학교 석사학위 청구논문.

Arthur, H.(1930). Jean-Jacques Rousseauand John Dewey:acomparative study and a critical estimate of their philosophies and their educational and related. Ph. D., Dissertation, New York U.

Becker, W. C.(1977). Teaching reading and language to the disadvantaged-what we have learned from field research. Havard Educational Review, 47(4), pp. 518-543.

Bikel, K.(2001). Der Waldkindergarten, Norden Media, Co.

Bobbitt, F.(1918). The curriculum. Boston: Houghton Mifflin.

Brubacher, J. S.(1966). A history of the problems of education, New York: McGraw-Hill.

Carol, B.(1986). Rousseau and the republic of virtue: The language of politics in the French Revolution, New York: Cornell U. Press.

Columbus: Charles E. Merril Books, Inc.

Decker, C. A., & Decker, J. R.(1992). Planning and administering early childhood programs. New York: Macmillan Publishing Company.

Delaney, J. J.(2003). Virtue in Rousseau's ethics, Ph. D. Dissertation. U. of New York at Buffalo.

Dewey, J.(1968). Democracy and Education, New York: Free Press.

Dewey, J.(1972). Democracy and Education. New York: The Macmillan, Co.

Diesterweg, A. & Froebel, F.(1851). Paedagogis. Ches Jahrbuch. p. 251.

Froebel, F.(1826). The Education of man. New York: Appleton.

Froebel, F.(1968). Die Menschenenerzichung, Bd Ⅱ. Hrsg. v. Erika Hoffmann, Dusseeldorf. Helmut Kupper Verlarg. p. 37.

Frost, S. E.(1966). Historical and philosophical foundations of western education,

Gersten, R. M. & Maggs, A.(1982). Teaching in general case to moderately realted children: evaluation of five year project. Analysis and Intervention in Developmental Disabilities, 2(4), pp. 329-243.

Goldstein, L. S.(2001). 사랑으로 가르치기: 유아교육에 대한 페미니스트 접근 (염지숙 역). 서울: 창지사.

Häafner, P.(2003). Wie schulfäahig macht der Waldkindergarten? in : Kindergarten heute 4/2003, 32-35.

Hicklin, M.(1962). Pestalozzi Children's Village Trogen, Schweiz: Trogen.

Holman, H.(1908). Pestalozzi, An Account of His Life and Work, London: Longmanas Green and Co.

Karness, M. B., Shewedel, A. M., & Williams, M. B.(1983). A comparison of five approaches for education young children from low-income homes. In Consotium for Lomgitudinal Studies, As the tsig is bent. Lasting effects of preschool programs. pp. 137-170. Hillsdale, NJ: Erlbaum.

Katz, L. G., & Chard, S. C.(1989). Engaging children's minds: A project approach. NY: Alblex.

Köollner, S & Leinert, C.(1998). Waldkindergäarten, RIWA Verlag, Augusburg, 1-105.

Kostelnik, M, J., & Soderman, A, K., & Whiren, A, P.(1999). Developmentally appropriate curriculum: best practices in early childhood education. Michigan State University Press. pp. 21-22.

Lawrence, E. M.(1952). Friedrich Froebel and English education. London: U. of London Press.

Leith, S.(1982). Project work: An enigma. In B. Simon & Willcocks(Eds.), Research and practice in the primary classroom(pp. 55-64). London: Routledge & Kegan Paul.

Locke, J.(1830). Some thoughts on education. Boston.

Meyer, A. E.(1949). The Development in the 20th Century, New York: Prentice Hall.

Miklitz, I.(2005). Der Waldkindergarten, Dimensionen eines päadagogischen Ansatzes, Beltz Verlag, Weinheim und Basel.Piaget, J.(1962). Play. Dreams and imitation in childhood. New York: Narton

Miller, L. B. & Dyer, T. L.(1975). Four preschool programs: Their dimensions and effects. Monograph of the Society for Research in Child Development.

Morrison, G. S.(1988). Early childhood education today. Columbus Ohio: Merrill Publishing Co.

Neumann, A.(1999). Waldfüuhlungen, Öokotopia Verlag, Müunster, 12-55.

Pestalozzi, J. H.(1781). Lienhard und Gertrude Erese Teil.

______________(1801). Wie Gertrund ihre Kinder lehrt.

Plowden Report(1967). Children and their primary schools. Report of the Central Advisory Council for Education in England. London: Her Majesty's Stationery Office.

Priestmanm, B.(1946). Froebel education today. London: K. L. P.

Robert. R.(1979). Doctrines of the Great Educators, Hong Kong: The Macmillan Press Ltd.

Rousseau, J. J.(1913). The social contract and discourses, translated by Cole, G. D. H. London: J. M. Dent & Sons.

________(1937). Citizens of Geneva: selections from the letters of Jean-Jacques Rousseau, London: Oxford U. Press.

________(1952). The Social Contractin Great Books of the Western World, Chicago: Encyclopaedia Britannica.

________(1964). The first and second discourses, Edited with introduction and translated by Roger D and Judith R. Masters St. New York: Martin's Press.

Samuel, J.(1972). History and Theory of early childhood education. Belmont: Wadsworth Publishing Company.

Seitz, M., & Hallwachs, U.(1996). Montessori oder Waldorf, Köosel, Müunchen, 96-98.

Shapiro, M. S.(1983). Child's garden: The kindergarten movement from Froebel to Dewey. The Pennsylvania State University Press.

Shede, H-G. (2000). Der Waldkindergarten auf einen bhck. Müunchen: Kösel Verlag.

Silber. K.(1965). Pestalozzi, London: Routledge and Kegan Paul.

Sister, M.R. & Walch(1952). Pestalozzian Theory of Education, Washington D.C : The Catholic U. of America Press.

Spodek, B.(1991). Early childhood curriculum and cultural definitions of knowledge. In B. Spodek & O. N. Saracho(Eds.), Issues in early childhood curriculum(pp. 1-20). New York: Teacher College Press.

Walch, M. R.(1952). Pestalozzi and Pestalozzian theory of education, Washington D.C.: The Catholic University of America Press.

저자 소개

✍ 김숙이

미국 Massachusetts 주립대학교 박사
현재, 호원대학교 유아교육과 교수

✍ 고문숙

중앙대학교 박사
현재, 대구 미래대학 유아교육과 교수

✍ 김수향

동덕여대 박사
현재, 위덕대학교 유아교육과 교수

✍ 손수민

미국 SUNY Buffalo대학교 박사
현재, 강남대학교 유아교육과 교수

✍ 이춘옥

계명대학교 박사
현재, 경북과학대학교 유아교육과 교수

✍ 전정민

성균관대학교 박사
현재, 성균관대학교 교육개발연구소 전임 연구원

유아교육과정 – 개정판

SYkim
2014. 8.

초판발행 2012년 9월 5일
개정3쇄 2014년 8월 25일

저 자 김숙이 · 고문숙 · 김수향 · 손수민 · 이춘옥 · 전정민
발행인 김현태
발행처 태영출판사

주 소 (152-705) 서울 구로구 구로동 104-10 동남오피스텔 201호
전 화 02 · 839-3757, 839-3752
팩 스 02 · 837-3754
등 록 2005년 5월 30일 제12-421호
http://www.taeyeongbook.co.kr
E-mail tys2005@hanmail.net
ISBN 978-89-6302-108-9 93370
정 가 15,000원

NAVER 태영출판사

* 잘못 만들어진 책은 교환해 드립니다.